浙江省普通本科高校"十四五"重点立项建设教材

U0499712

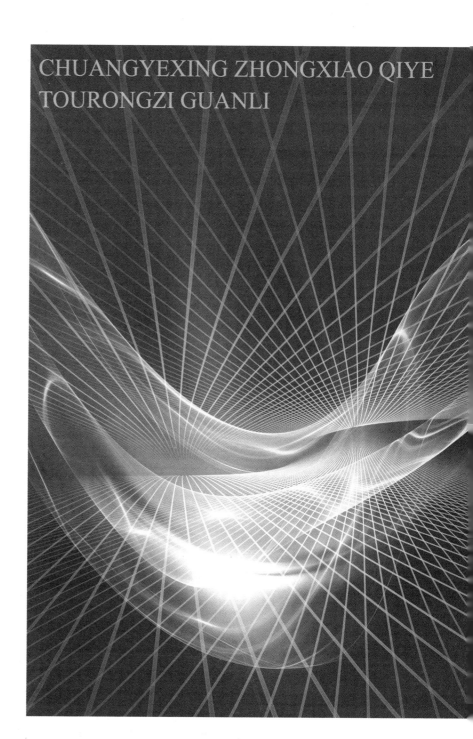

CHUANGYEXING ZHONGXIAO QIYE
TOURONGZI GUANLI

创业型中小企业投融资管理

主　编　雷新途
副主编　安维东

中国财经出版传媒集团
经济科学出版社
Economic Science Press
·北京·

图书在版编目（CIP）数据

创业型中小企业投融资管理/雷新途主编．—北京：
经济科学出版社，2023.10
ISBN 978 - 7 - 5218 - 5347 - 6

Ⅰ.①创⋯　Ⅱ.①雷⋯　Ⅲ.①中小企业 - 投资管理②
中小企业 - 企业融资 - 管理　Ⅳ.①F276.3

中国国家版本馆 CIP 数据核字（2023）第 210250 号

责任编辑：刘　莎
责任校对：刘　昕
责任印制：邱　天

创业型中小企业投融资管理

CHUANGYEXING ZHONGXIAO QIYE TOURONGZI GUANLI

主　编：雷新途

副主编：安维东

经济科学出版社出版、发行　新华书店经销

社址：北京市海淀区阜成路甲 28 号　邮编：100142

总编部电话：010 - 88191217　发行部电话：010 - 88191522

网址：www. esp. com. cn

电子邮箱：esp@ esp. com. cn

天猫网店：经济科学出版社旗舰店

网址：http://jjkxcbs. tmall. com

固安华明印业有限公司印装

787 × 1092　16 开　20.25 印张　340000 字

2023 年 10 月第 1 版　2023 年 10 月第 1 次印刷

ISBN 978 - 7 - 5218 - 5347 - 6　定价：79.00 元

前　　言

众所周知，被称为经济"毛细血管"的中小企业，是我国扩大就业、改善民生、促进创业创新的重要力量。中小企业和民营经济高度重叠，是保市场主体、保就业的主力军，是提升产业链、供应链稳定性和竞争力的关键环节，是解决关键核心技术"卡脖子"问题的重要力量，是构建新发展格局的有力支撑。习近平总书记高度重视中小企业发展，明确指出"我国中小企业有灵气、有活力，善于迎难而上、自强不息"，强调"中小企业能办大事"。近年来，在大众创业万众创新的时代大背景下，研究创业型中小企业的投融资问题更是成为一个理论与实务界的热点。

与当前我国如火如荼的创业实践相比，长久以来，我国高校管理类专业普遍缺少一本聚焦创业型中小企业投融资管理、股权规划、估值与定价等特殊财务问题的教材。同类教材往往存在针对性不强等问题，既未体现中小企业财务问题的特殊性，也未体现创业财务的内在逻辑和要求。甚至很多教材名为"中小企业财务管理"名实不符，拿掉"中小"二字亦未尝不可。

中小企业财务管理的特殊性在于驱动中小企业财务机理的特殊性。本书编写组认为驱动中小企业财务特殊机理在于：（1）创业因素。中小企业产业尚未定型，正处于创业的试错阶段，企业创业阶段的投融资管理是不同于一般公司的投融资管理而具有特殊性。最为典型的例子就是创业项目的财务评价问题。通常意义上，采用贴现指标（如 NPV、PI、IRR、DPP）和非贴现指标（ROIC、PP）对项目进行财务评价是一般财务管理教材中关于项目投资财务评价的主要方法。但是对于创业项目的财务评价主要内容是创业项目的商业机会评价，评价方法显然不同于一般项目投资的财务评价。（2）成长因素。创业型中小企业显著的特点在于其高成长性。不进则退，对创业型中小企业而言，不成长即意味着企业失败乃至死亡。高成长是生存的根本，更是创业型中小企业价值创造的源泉，其也因此是创业型中小企业财务估值最为核心的参数。而另一方面，快速成长带来的财务困境也是众多创业型企业失败的主因。成长有喜悦，可提升估值，但更有烦恼，如何处理高速成长中财务政策与经营战略的匹配问题、财务风险与经营风险组合问题都是攸关创业型中小企业成败的关键。（3）规模因素。毋庸置疑，中小企业财务特殊性很大原因在于其规模性。小规模企业财务与通常大中型公司财务面临不同的内外环境，其投融资深受规模约束和限制。这尤其表现在财务资源获取也即融资管理问题上。中小企业"融资难、融资贵"通常与其规模相关，小规模致使中小企业通常表现出治理结构不完善、会计核算不健全、无足够的抵押品、融资无规模效益等特征而产生融资约束。创业型中小企业通过债务融资工具与制度创新，试图突破规模约束和限制以获取财务资源，这明显不同于一般公司融资管理的知识、理论与技能。

本教材内容设计和编排思路如下：

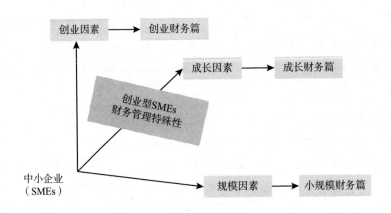

基于上述驱动中小企业财务特殊机理的分析，教材编写组认为创业型中小企业财务管理应包括三大核心内容，即（1）创业财务；（2）小规模财务；（3）成长财务。与此相应，本教材内容设计与编排体系由三大部分组成，即（1）创业财务篇；（2）成长财务篇；（3）小规模财务篇。这是本教材内容设计与编排的基本思路。全书共十一章，其中：创业财务篇由四章构成，分别是第一章创业与创业投资财务、第二章创业投资的运作管理、第三章创业型中小企业估值与定价、第四章创业型中小企业的对赌协议；成长财务篇由四章构成，分别是第五章企业生命周期与成长财务战略、第六章企业可持续增长的财务战略、第七章创业型中小企业股权规划、第八章创业型中小企业股权融资规划；小规模财务篇由三章构成，分别是第九章中小企业的银行贷款、第十章中小企业集群融资、第十一章中小企业供应链融资。

作为浙江省普通本科高校"十四五"重点立项建设教材，本教材立足于创新创业、数字技术、数字经济等全新理财环境，紧扣高成长、创业型中小企业特殊财务机理，聚焦"创业财务""成长财务""小规模财务"三个核心内容，研究创业型中小企业创业投资、估值与定价、股权结构设计、成长战略与财务规划、融资制度创新、集群融资、创业板与科创板上市等财务决策与管理的基本知识、理论与方法。其既是关于创业型中小企业特殊财务问题的专题性教材，也是将公司财务管理一般理论与方法具体应用于创业管理领域的教材。教材特色与创新主要有：（1）课程思政浸润全程。教材植入大量的创业财务案例、科技创新以及全球互联网趋势，激励新时代的大学生努力投身创新创业的热潮。构建思政融合新路径，通过在各章节知识点、案例中积极融入思政元素，植入红色基因，培养具有家国情怀堪当民族复兴大任的新时代创新创业型财务管理人才，引导学生进行深刻的社会观察和创新创业实践，启蒙创新创业意识，激发创新创业精神，树立家国情怀，激励大学生敢于有梦、勇于追梦、勤于圆梦。（2）教材体系与内容新颖。当前市面上现有的冠以"中小企业财务管理"或"创业财务管理"为数不多的教材，在内容上普遍缺乏针对性，已无法满足创业型中小企业投融资管理的需求。本教材按照创业投资财务、成长财务、小规模财务三个维度来组织教材体系。内容紧紧抓住"中小企业"财务管理和"创业型企业"财务管理的特殊性，充分考虑到了与创业型中小企财务管理息息相关的创业问题、成长问题与小规模问题。（3）强化案例教学。教材构建了学理论－学案例－做案例的教材学习模式。重视理论知识的介绍，更重视通过真实的创业过程中的财务案例去激发广大学生的创新创业意识与财务思维，引导学生在案例教学中去提高运用知识与实践应用的能力。（4）科教融合度高。本教材积极吸纳国内外关于创业型中小企业投融资管理最新研究成果。比如，创业企业估值技术的最新发展、创始人控制权维持机制（双层股权结构、有限合伙制等）、估值风险的期权管理工具（对赌协议）的应用以及我国多层次资本市场（科创板、创业板、新三板）制度创新对创业型中小企业的机会与挑战等。（5）线上线下资源丰富。目前已形成教材配套案例集、拓展阅读材料等课程配套资料，并以数字化（二维码）形式嵌入教材中，便于学生使用。

本书由浙江工业大学会计学科六位科教融合型教师所组成的编写组完成。雷新途教授、博士担任主编，安维东博士担任副主编，其他参编者为金鑫副教授、博士，王治皓博士，廖科智博士，徐攀副教授、博士。各章执笔人分别为：第一章，王治皓；第二章，王治皓、雷新途；第三章，廖科智、雷新途；第四章，廖科智；第五章、第六章，雷新途；第七章，安维东、雷新途；第八章，安维东；第九章、第十章，金鑫；第十一章，徐攀。最后由雷新途和安维东总纂并定稿。

由于作者水平所限，书中难免存在不足甚至错误，恳请读者批评指正，以便今后修订完善。

本教材受到浙江省普通本科高校"十四五"重点立项建设教材项目、浙江工业大学重点教材建设项目的共同资助。在编写过程中也得到浙江工业大学管理学院领导和同仁的很多帮助，在此一并致谢。

雷新途

2023 年 12 月于杭州

目　　录

创业财务篇

第一章　创业与创业投资财务 ································ 003

【引入案例】 ··· 003

第一节　创业概述 ··· 004

第二节　创业投资的历史演进 ······························· 007

第三节　创业投资的含义与特征 ····························· 010

第四节　创业投资机构的分类 ······························· 017

第五节　创业投资的资金来源 ······························· 022

本章小结 ··· 025

本章思考题 ··· 025

【本章案例分析】 ··· 025

聚焦九鼎投资，看 PE 骄子是如何炼成的 ····················· 025

第二章　创业投资的运作管理 ···························· 029

【引入案例】 ··· 029

第一节　创业投资的运作过程 ······························· 030

第二节　影响创业投资的主要因素 ··························· 038

第三节　创业投资的投资策略 ······························· 048

本章小结 ··· 050

本章思考题 ··· 051

【本章案例分析】 ··· 051

为创新而生的羽翼：中安庐阳创业投资基金的探求之路 ········· 051

第三章　创业型中小企业估值与定价 ·················· 055

　　【引入案例】 ································· 055

　　第一节　贴现现金流估值法 ·················· 056

　　第二节　实物期权估值法 ····················· 059

　　第三节　相对估值法 ························· 063

　　第四节　互联网创新创业型公司估值法：估值的财务创新 ·········· 066

　　第五节　估值的定价基础：估值贴现率问题 ······· 069

　　本章小结 ································ 071

　　本章思考题 ······························ 071

　　【本章案例分析】 ························· 072

　　横看成岭侧成峰，远近高低各不同——小米、美团估值之谜 ·········· 072

第四章　创业型中小企业的对赌协议 ··········· 075

　　【引入案例】 ································· 075

　　第一节　对赌协议的概念与产生背景 ··········· 076

　　第二节　对赌协议的目标与原理 ·············· 078

　　第三节　对赌协议的条款设计 ················ 081

　　第四节　对赌协议的会计、税收与法律问题 ······ 085

　　本章小结 ································ 090

　　本章思考题 ······························ 090

　　【本章案例分析】 ························· 090

　　"并"溢商誉，"赌"减风险，对赌协议是并购风险防控的

　　　　"九阳真经"吗 ························· 090

成长财务篇

第五章　企业生命周期与成长财务战略 ··········· 097

　　【引入案例】 ································· 097

　　第一节　企业财务战略概述 ·················· 099

　　第二节　企业生命周期与企业经营、财务特征 ····· 105

　　第三节　基于企业生命周期阶段的中小企业财务战略选择 ·········· 109

本章小结 ……………………………………………………………… 117

本章思考题 …………………………………………………………… 118

【本章案例分析】 …………………………………………………… 118

泰格医药基于生命周期理论的企业财务战略选择 ………………… 118

第六章　企业可持续增长的财务战略 …………………………… 122

【引入案例】 ………………………………………………………… 122

第一节　企业可持续增长理论 ……………………………………… 123

第二节　企业价值创造理论 ………………………………………… 127

第三节　财务战略矩阵与财务战略选择 …………………………… 132

本章小结 ……………………………………………………………… 142

本章思考题 …………………………………………………………… 142

【本章案例分析】 …………………………………………………… 143

华谊兄弟的可持续增长财务战略 …………………………………… 143

第七章　创业型中小企业股权规划 ……………………………… 146

【引入案例】 ………………………………………………………… 146

第一节　股权与股权结构概述 ……………………………………… 148

第二节　创业型中小企业初始股权结构规划 ……………………… 153

第三节　创业型中小企业股权结构的动态调整 …………………… 158

第四节　创业型中小企业控制权维持机制设计 …………………… 162

本章小结 ……………………………………………………………… 170

本章思考题 …………………………………………………………… 170

【本章案例分析】 …………………………………………………… 171

"雷士照明"股权之争 ……………………………………………… 171

第八章　创业型中小企业股权融资规划 ………………………… 175

【引入案例】 ………………………………………………………… 175

第一节　股权融资概述 ……………………………………………… 177

第二节　商业计划书 ………………………………………………… 182

第三节　股权融资流程与策略 ……………………………………… 186

第四节　我国多层次资本市场的发展 ……………………………… 192

第五节　创业型中小企业上市流程 ················· 197

本章小结 ···························· 206

本章思考题 ·························· 206

【本章案例分析】 ······················ 207

风投助力，"阿里巴巴"成功上市 ·············· 207

小规模财务篇

第九章　中小企业的银行信贷 ··············· 213

【引入案例】 ·························· 213

第一节　中小企业的银行信贷创新 ·············· 214

第二节　中小企业委托贷款融资 ··············· 220

第三节　中小企业信用担保融资 ··············· 222

第四节　中小企业过桥贷款融资 ··············· 226

第五节　中小企业票据的贴现融资 ·············· 228

第六节　中小企业的质押融资 ················ 232

本章小结 ···························· 239

本章思考题 ·························· 239

【本章案例分析】 ······················ 240

"财园信贷通"破解中小微企业融资难题——力烁制衣的筹资之路 ······ 240

第十章　中小企业集群融资 ················ 244

【引入案例】 ·························· 244

第一节　中小企业集群融资概述 ··············· 245

第二节　中小企业集合债券 ················· 250

第三节　中小企业集合票据 ················· 256

第四节　中小企业集群担保 ················· 261

第五节　中小企业团体贷款 ················· 265

本章小结 ···························· 267

本章思考题 ·························· 268

【本章案例分析】 ······················ 268

科技型小微企业融资困局的破解？——H公司集合可转债的探索 ········ 268

第十一章　中小企业供应链融资 ················ 272

　【引入案例】 ··········· 273

　第一节　中小企业供应链融资概述 ·········· 274

　第二节　创业型中小企业供应链融资基本原理与运作框架 ········· 280

　第三节　创业型中小企业供应链融资品种 ········· 284

　第四节　中小企业供应链融资平台 ········· 291

　第五节　创业型中小企业供应链融资成本与风险 ·········· 297

　本章小结 ·········· 305

　本章思考题 ·········· 305

　【本章案例分析】 ·········· 306

　供应链金融数字化助力永辉超市 ········· 306

参考文献 ·········· 308

创业财务篇 →

第一章

创业与创业投资财务

在如今的商业环境中，创业投资已经成为了创业公司获得资金和资源的重要途径之一。通过与创业投资机构合作，创业者可以获得更多的资金支持、管理经验和市场资源，从而加速企业的增长和发展。同时，对于创业投资者来说，他们也可以通过投资初创企业来获得高额的回报和利润。本章将从创业与创业投资的历史演进、创业投资的含义与特征、创业投资机构的分类及创业投资的资金来源展开阐述。

本章的学习目标

1. 掌握创业及创业投资的概念
2. 了解创业投资的历史演进过程
3. 能够全面地归纳总结出创业投资需要考虑的要素
4. 能够准确区分不同创业投资类型的特征

 引入案例

红杉资本于 1972 年在美国硅谷成立。在成立之后的 30 多年之中，红杉资本作为第一家风险投资机构，先后投资了如苹果（Apple）、谷歌（Google）、思科（Cisco）、雅虎（Yahoo）、领英（Linkedin）等众多领导潮流的公司。红杉资本中国基金是 2005 年 9 月由携程网和如家酒店的创始人沈南鹏与红杉资本共同创办。红杉中国的合伙人及投资团队兼备国际经济发展视野和本土创业企业经验，从成立以来，红杉中国管理约 20 亿美元的海外基金和 40 亿元人民币的国内基金，主要投资在科技、消费服务业、医疗健康、新能源和清洁技术等众多具有代表意义的高成长中国公司。

红杉资本是风险投资领域真正的传奇。作为一家运营多年的风险投资机构，它战胜了科技跃迁和经济波动，从而获得与这一生命长度相呼应的优秀项目。外界常引用这样一种说法：它投资超过 500 家公司，其中 130 多家成功上市，另有 100 多个项目借助兼并收购成功退出。

案例来源：李开秀，靳景玉，毛跃一. 风险投资经典案例解析. 重庆：重庆大学出版社，2020.

第一节　创业概述

一、创业的概念

创业的概念来源于英文"Entrepreneurship"和"Venture"。在 14～15 世纪，手工业工场这种具有偶然性和自发性的原始企业组织形态已经出现了。在 20 世纪，现代科技的日新月异和企业的新老更替，又使"创业活动"成为了一种持续而自觉的现代经济活动。在现代社会中，人们赋予了"创业"两层含义：一是指创建企业，二是指公司内部重构，实现再创业。在由美国百森商学院和英国伦敦商学院牵头、40 多个国家和地区参与完成的《全球创业观察》（*Global Entrepreneurship Monitor*，GEM）的研究报告中，将成立时间不长于 42 个月的企业视为创业企业，即新建企业。

关于创业的研究主要集中在解释和促进创业在经济增长中发挥的作用，学者们从不同的视角来解释创业。19 世纪法国经济学家萨伊提出创业是将资源从生产力较低的地方转移到较高的地方。熊彼得则是从创业内涵的角度来解释创业，他认为创业是将原来的生产要素进行重新组合，并由改变功能来满足市场需求，从而创造利润，创业者就是实践这些创新组合的人。部分学者将创业定义为新企业的创建，也有学者更进一步阐述了创业的含义，将创业分为新创企业的创业和已建立企业的创业。例如，韦伯提出，创业的目的为企业创造更多的利润，同时在自身能够承担的经济风险范围内，接管或者组织一个或部分经济体，最终通过交易满足消费群体的需求。此外，科尔认为创业是一种有目的性的行为，设立、维系和发展以利润为导向的企业。另外，也有学者给出创业的定义是创业是一个人不管是独立的还是在一个组织内部追踪和捕获机会的过程,这一过程与其当时控制的资源无关。创业是一种为了导入从未出现过的新产品或新服务,通过对组织结构、市场和原材料等的组织整合,而进行的对商业机会的发现、评估和开发的活动。侧重于理解机会是如何形成的,将来的产品或服务由谁来发明、创造和利用,并且将会产生什么样的后果。目前,学者对创业的定义更多关注的是对机会的追求。

创业是一种需要创业者综合运用运营、组织、服务、技术、工程作业的一系列的行为,是基于思考、推理和判断的行为,创业是一种劳动方式。根据杰夫里·提蒙斯所著的《创业创造》,这本创业教育领域的经典教科书的定义:创业是由思考、推导与运气结合,由运气带来的机会所驱动,需要领导者在策略上有统领全局的能力和和谐的领导能力的一种行为。我国台湾研究创业管理的著名学者刘常勇教授强调,创业包含精神和实体两个层面,精神层面的含义,代表一种"以创新为基础的做事与思考方式";也包括实体层面的含义,代表一种"发掘机会,并组织资源建立新公司或发展新事业,进而创造新的市场价值"。

创业是一种商业活动,它以创新、风险承担和资源配置为基础,旨在创造价值并获取收益。创业活动通常涉及创造新的产品或服务,开拓新的市场,组织新的企业,以及实施新的商业模式。

二、创业的意义

创业对于社会发展具有重要的意义,它不仅可以帮助创业者实现财富和成功的梦想,还可以促进社会经济的发展。创业可以带来新的就业机会,促进技术进步和创新,提高社会的生产力,创造更多的价值。此外,创业还可以激发人们的创造力和激情,培养创业者的自信心和独立思考能力,推动社会的发展。此外,创业还可以带来更多的社会变革。创业者通过创新的商业模式、新的产品和服务,可以改变传统行业,打破旧有的规则和惯例,推动社会的进步和发展。创业还可以帮助更多的人实现自己的梦想,让更多的人有机会获得成功和财富,创造更加公平和包容的社会环境。创业推动了经济增长和社会创新,是国家和社会能够持续发展的力量来源,创业创造了灿烂的人类文明,同时也能够为人类世界带来更美好的未来。

创业需要创业者具备多种能力,包括专业知识、创新能力、抗风险能力、领导力、资源整合能力、沟通能力、团队合作能力等。专业知识是创业者必备的基础,它可以帮助创业者了解所处行业的发展趋势和市场需求,更好地进行市场分析和战略规划。创新能力是创业的核心，它可以帮助创业者发现新的商机，创造新的产品和服务，满足市场需求。抗风险能力是创业者面对挑战时必须具备的能力，它可以帮助创业者应对不确定性和风险，保持冷静和理智。领导力和资源整合能力是创业成功的关键，它可以帮助创业者有效地管理团队，整合各种资源，实现创业目标。沟通能力和团队合作能力则是创业者与他人合作的重要保障，它可以帮助创业者更好地与他人沟通，建立良好的团队氛围，促进团队的协作和发展。

三、创业的特点

（一）高风险

创新创业是建立在创新基础上的创业，但是创新受到人们现有的认知、行为习惯等方面的影响，阻碍对创新的接受，使得创新创业会面临比传统创业更高的风险。正如彼得德鲁克所言：真正重大的创新，每成功一个，就有 99 个失败，有 99 个闻所未闻。

1730 年法国经济学家理查德·坎蒂隆首次提出了创业者的概念，将创业者定义为在商业活动中承担财务风险的人。因此，创业行为会给创业者带来难以预期的结果，往往伴随着较高的风险。大部分创业者往往会在创业时尽可能地搜集全面、准确和可靠的信息，从而帮助他们去降低风险，并获得更多的收益。因此，创业行为本质上是一个风险决策的过程。与非创业者相比，创业者之所以采取风险行为是因为他们对创业风险的感知比其他人更小。也许其他人会把一些行为看作是冒险行为，而创业者却并不认为自己在冒风险进行决策。因此，在创业过程中的高风险项目往往伴随着创业者的冒险行为决策。创业者甘愿承担高风险在一定程度上也促进了创业活动的蓬勃发展，从而推动了经济的发展和社会的进步。

（二）高回报

创新创业是通过对已有技术、产品和服务的更优化组合，对现有资源的更优化配置，能给客户带来更大、更多的新价值，从而开创所在创业领域的"蓝海"，获得更多的竞争优势，也获取更大的回报。创业活动承担高风险的同时也会给创业者和投资人带来高额的回报，这也是创业活动蓬勃发展的原因之一。

除了利润方面的高回报，创业活动本身充满了困难和挑战，这些经历对于创业者来说能够帮助他们迅速成长，提高他们的能力，实现人生价值。此外，创业活动往往伴随着对全新领域的探索，成功的创业企业能够创造大量的就业机会，对社会发展也是一种巨大的贡献。

（三）　促进上升

创新创业是在创新基础上的创业活动，创新是创业的基础和前提，同时创业又是创新成果的载体和呈现，并在创业活动过程中，不断优化资源配置、总结提炼，以实现创新的更新和升级。创新带动创业，创业促进创新。

具体来说，在创业环境中企业需要不断创新以适应市场的快速变化和竞争压力，这种环境有助于激发人们的创新思维，推动新的技术和产品的出现。同时，创业提供了将创新想法转化为实际产品或服务的机会。通过实践，人们可以验证自己的创新理念，改进产品，提高成功率。从外部性来看，成功的创业企业可以为其他企业提供创新的案例，激发更多人的创新热情。

第二节　创业投资的历史演进

一、创业投资的起源

在创业投资行业出现之前，快速成长的公司就已在进行融资活动了。银行以贷款的形式为创业企业提供债权融资，而一些周期较长、风险较大的项目则通常从富有的个人手中融资。在 19 世纪末 20 世纪初的 20 年里，富有的家族已经开始成立专门的机构来管理自己的投资。诸如洛克菲勒、范德比尔特、惠特尼等大家族就投资多家企业并作为这些企业的顾问，这些企业包括美国电话电报公司的前身、美国东方航空以及麦克唐纳公司等。

1945 年 10 月，波士顿联邦储备银行的负责人拉尔夫·弗兰德斯（Ralph Flanders）提出要避免经济再次萧条，就需要新成立一家公司，专门为初创企业提供融资。他提出这家公司不仅要在"选择最具潜力的项目和分散风险"上比大多数个人投资者更系统化，而且这家公司要想长期获得成功，它还需要引入全国的"信托基金的巨大积累"（比如，养老金和其他机构资金）。美国研究和发展公司（ARD）正是在这样的环境下诞生了，成为世界上第一家创业投资公司。

二、创业投资的发展

SBIC 公司在 1958 年得到了两项强有力的政策支持：一方面是这类公司可以从联邦政府借入最多相当于其一半资本金的资金，另一方面是公司可以享受一系列的税收优惠政策。反过来，SBIC 需要将其投资领域严格限制在小企业上。客观上推动了苹果、康柏（惠普一部分）和英特尔等互联网企业的发展。更为严格的是，它的投资结构也受到了诸多限制。比如，SBIC 不能持有投资公司的股权（尽管其持有的债权可以转化为股权），对于小企业的控制权也受到了限制。

20 世纪 80 年代左右，创业投资行业进入了一个新的发展阶段，许多创业投资公司开始成立，并为创业者提供资金支持。90 年代，互联网的出现更加推动了创业投资的发展，许多投资者开始投资于互联网公司，如电子商务、社交媒体和软件等。作为亚洲经济的领头羊，截至 1996 年日本成立的创业投资公司达 100 余家，投资额高达 150 亿日元以上。21 世纪初，创业投资继续发展，许多新兴的行业，如人工智能、金融科技和生物医学等，也开始受到投资者的关注。

同时，美国劳工部于 1979 年就《员工退休收入保障法案》的"审慎人"准则进行说明。此前，法案禁止将养老金投资于风险投资基金或其他高风险资产类别，而当时劳工部就此准则的说明则明确允许养老金管理人投资于高风险资产，包括私募股权。而这段时期的另一个重大变化是有限合伙制成为了私募股权投资机构主要的组织结构形式。

从 20 世纪 80 年代到 21 世纪初，风险投资和私募股权如雨后春笋般涌现，发展迅速。通过合伙方式专业从事风险投资、杠杆收购、夹层投资、不良债务及相关投资的美元基金的规模，从 1980 年的 50 亿美元增长到 2009 年底的 5 800 多亿美元。截至 2020 年 6 月，已经达到了 4.74 万亿美元。

三、创业投资在中国的发展历程

中国创业投资从 20 世纪 80 年代中期开始，兴起于 90 年代，经 2002～2004 年的调整，2005 年，全面复苏并快速发展，持续至今。

1985 年，中国新技术创业投资公司（以下简称"中创公司"）成立，这是中国第一家创业投资机构。中创公司由国家科学技术委员会和财政部共同发起，出资 1 000 万美元作为启动资金，旨在为中国的高新技术产业发展提供资本和管理支持，帮助它们实现快速增长。中创公司成立的第一个月内，便收到了 200 多份商业计划书。但热闹过后，问题便接踵而至。中创公司成立 8 年后，《公司法》才出台、5 年后，中国第一家证券交易所——上海证券交易所才开业。这意味着，没有并购与股权转让，便没有退出机制，中创公司回笼资金的方式基本上只剩下分红。1998 年，中创公司迫于资金压力，利用金融牌照高息揽储，被央行关闭清算，黯然退出历史舞台。

1986 年，中国开始实施"863"计划，一些技术、知识相对密集的高技术园区先后成立了具有风险投资公司性质的创业中心。从 1988 年开始，科技部成立了火炬基金，在新加坡上市，募集资金 1 亿美元，用于中国新技术企业的发展。火炬基金是典型的风险投资基金。1989 年，国家科委、国防科工委和招商局共同出资组建中国科招高技术有限公司，对国内高新技术企业进行投资。

1999 年，科技部、国家发展计划委员会、经济贸易委员会、人民银行、财政部、税务总局、证监会七部委联合出台《关于建立风险投资机制的若干意见》，全国人大常委会通过了《关于修改〈中华人民共和国公司法〉的决议》，科技部"科技型中小企业技术创新基金"正式启动。

2006 年，我国证券市场股权分置改革基本完成，中小板重新开市，《国家中长期科学和技术发展规划纲要（2006—2020）》中明确提出："探索以政府财政资金为引导，政策性金融、商业性金融资金投入为主的方式，采取积极措施，促进更多资本进入风险投资市场。"

2007 年 2 月 7 日，财政部、国家税务总局发布的《关于促进创业投资企业发展有关税收政策的通知》中规定，创业投资企业采取股权投资方式投资于未上市中小高新技术企业 2 年以上（含 2 年），符合条件的，可按其对中小高新技术企业投资额的 70% 抵扣该创业投资企业的应纳税所得额。一些地方政府基于国家出台的上述政策陆续出台了地方性的法规，也有力地促进了创业风险投资的发展。

2008 年 10 月 18 日，国务院转发发展改革委等部门《关于创业投资引导基金规范设立与运作指导意见》的通知，2008 年 11 月，首个国家层面的政府创业引导基金也正式启动。

2009 年，深圳证券交易所创业板正式推出，创业投资在国内可以通过创业板上市退出获得收益。创业投资机构受对创业板预期的影响，以及国内经济基本面好转，投资活动恢复活力，投资案例数量和投资规模坏比增长显著。

近年来，中国创业投资业的发展呈现这几个特点。创业投资机构数量不断增加，规模不断扩大；创业投资领域逐渐拓展，涉及的行业越来越多；创业投资主体多元化，包括政府、企业、个人等；创业投资方式多样化，包括股权投资、债权投资、并购等。

可以看出，我国创业投资的发展历程与部分发达国家相比起步较晚，尽管经过多年的发展和相关法律的完善，仍然存在一些不足。例如，我国的资本市场尚不够成熟，导致创业投资的退出渠道不够通畅，使得创业投资机构的投资回报率较低；我国创业投资的投资者主要是国有企业和政府，而国外创业投资的投资者则更加多元化，包括个人投资者、机构投资者和政府投资者等。

第三节　创业投资的含义与特征

一、创业投资的含义

创业投资是指向处于创建或成长过程中的未上市成长性、创新性创业企业进行投资，并相应获得股东权益等，为被投企业提供投后增值服务，以期所投资创业企业发育成熟或相对成熟后，主要通过股权转让或上市退出获取资本增值收益的实体投资活动。这种投资通常具有较高的风险性和回报率，因为初创企业和新兴企业通常没有足够的历史业绩和财务数据来证明其的可行性和潜力。

二、创业投资的目的

创业投资的目的是帮助初创企业或新兴企业获得资金，以便他们能够实现其商业计划，并在未来实现盈利。创业投资者通常希望在较短的时间内获得较高的回报，因此他们倾向于投资于具有高增长潜力的企业。

三、创业投资的方式

创业投资可以通过直接投资或通过创业投资基金等方式进行。直接投资是指投资者直接投资于初创企业，而创业投资基金是指专门用于投资于初创企业或新兴企业的基金。创业投资基金通常由投资者出资组成，并由专业的基金管理公司管理。

创业投资在全球范围内都受到了广泛的关注和投资。许多著名的创业投资公司，如红杉资本、凯鹏华盈等，在全球范围内都有广泛的投资组合。创业投资不仅为初创企业提供了资金，而且还为他们提供了经验和专业知识，以帮助他们在竞争激烈的市场中取得成功。

四、创业投资的风险

创业投资的风险，主要来自以下几个方面。

（一）技术风险

初创企业通常依赖于新技术或新的商业模式，这些技术或模式可能存在未经验证的风险。例如，在企业的初创时期，可能会在技术开发的过程中遇到困难，导致无法按时完成技术开发，最终使产品难以达到预期效果。此外，随着技术的迅速发展和变迁，技术更新换代也非常快，如果初创企业无法跟进技术的进步与发展，可能会导致技术过时，从而失去市场竞争力。同时，技术风险还体现在知识产权方面的问题，创业企业可能会面临着由于侵犯他人专利、商标或版权等而产生的法律纠纷和经济损失。

（二）市场风险

初创企业通常面临着较高的市场风险，因为他们的产品或服务可能尚未被市场接受，或者市场需求可能发生变化。一方面，市场的需求是不断变化的，如果创业企业无法及时跟进市场的需求变化，可能会导致产品或服务的销售量不足，影响企业的盈利能力。另一方面，企业如果无法在激烈的市场竞争中脱颖而出，很可能会被其他竞争对手挤出市场。此外，由于部分行业和市场存在准入限制，因此如果创业企业无法获得相关许可证明，可能会无法进入这些市场，影响企业的长期发展。

（三）竞争风险

初创企业通常面临着激烈的竞争，他们可能需要在市场上与已经建立起来的企业竞争。首先，市场竞争是激烈的，如果创业企业的竞争对手推出了更具竞争力的产品或服务，可能会导致创业企业的市场份额下降。其次，竞争对手可能已经在市场上占据了一定的份额，如果创业企业无法在短时间内超越竞争对手，可能会影响企业的发展。此外，竞争对手可能会采取价格战略来抢占市场份额，如果创业企业无法跟进，可能会导致销售不足和利润下降。

（四）管理风险

初创企业通常由少数创始人或管理团队创立和管理，他们的能力和经验可能会影响企业的发展。创业企业的成功与否，很大程度上取决于管理团队的经验和能力。如果管理团队缺乏经验或能力不足，可能会导致企业的发展受阻。另外，管理团队的合作关系也是非常重要的。如果管理团队之间存在矛盾或分歧，可能会影响企业的发展。同时，创业企业需要保持管理团队的稳定性，如果管理团队频繁更换，可能会影响企业的发展。

（五）法律风险

初创企业可能面临着法律风险，因为他们可能需要遵守各种法律法规和政策。一方面，法律法规的变化是不可避免的。如果创业企业没有及时了解和适应法律法规的变化，可能会面临法律风险。另一方面，创业企业需要保护自己的知识产权，如果没有及时申请专利或商标，可能会被其他企业侵权，同时也要避免自身侵犯其他企业的知识产权而面临法律纠纷。此外，在合同履行方面，创业企业如果没有明确约定合同或者没有履行合同，可能会导致法律纠纷。

五、创业投资的主要回报来源

创业投资的回报，主要来自以下几个方面。

（一）股权收益

创业投资者通过投资于初创企业获得股权，当企业成功上市或被收购时，投资者可以获得股权的收益。创业投资者的股权收益回报取决于创业企业的发展情况和市场环境。创业企业需要建立完善的管理制度和业务模式，提高企业的盈利能力和市值，从而为投资者带来更好的股权收益回报。在创业投资者退出创业企业之前，其获得的股权收益主要是分红收益；在退出时的主要股权收益来自股票价格上涨带来的市值增长收益。

（二）利润收益

创业投资者可以通过企业的盈利获得收益。当企业实现盈利时，投资者可以按照其持有的股权比例获得利润。创业企业可以通过提高产品或服务的质量和价格，扩大市场份额，增加销售收入，从而增加自身的利润。此外，创业企业也可以通过优化生产流程，降低原材料和劳动力成本，提高生产效率，降低成本，从而增加自身的利润。

（三）资本收益

创业投资者可以通过企业的资本收益获得收益。当企业通过股权融资或债务融资获得资金时，投资者可以获得资本收益。创业企业可以通过加强业务发展，增加销售收入、拓展市场份额、提高客户满意度等方式，提高企业的核心竞争力和市场地位，从而提高估值，为投资者创造更多的资本收益。

六、创业投资者进行创业投资时的主要考虑因素

（一）投资对象的可行性和潜力

创业投资者应该仔细研究投资对象的商业计划和市场前景，以确定其可行性和潜力。具体来说，创业投资者可以评估投资对象所处市场的规模、增长率、竞争情况、市场份额等因素，以判断市场对投资对象的需求和发展潜力。此外，创业投资者可以通过评估投资对象的技术水平、技术成熟度、技术创新能力、技术竞争力等因素，以判断投资对象的技术可行性和发展潜力。同时，商业模式分析也是投资对象可行性的重要因素。通过评估投资对象的商业模式、盈利模式、客户关系、市场定位等因素，以判断投资对象的商业可行性和发展潜力。

（二）投资者的经验和专业知识

创业投资者应该具备相关的经验和专业知识，以便能够对投资对象进行准确的评估和判断。例如，投资者可以通过阅读投资书籍、参加投资培训课程、关注投资媒体等方式，学习投资知识和技巧，提高自己的投资水平。此外，投资者可以寻求专业的投资建议和服务。例如，投资顾问、投资银行、财务顾问等，以获得专业的投资建议和支持。

（三）投资者的风险承受能力

创业投资者应该具备足够的风险承受能力，以便能够承受投资失败带来的损失。首先，创业投资者要评估自身的财务状况，包括收入、负债、资产、投资组合等因素，以判断其是否具备足够的财务承受能力。其次，创业投资者要评估自

身的投资经验，包括投资的类型、投资的时间、投资的回报等因素，以判断其是否具备足够的投资经验和风险承受能力。最后，创业投资者要评估自身的投资目标，包括投资的期限、投资的回报率、投资的风险承受能力等因素。

（四）投资者的退出机制

创业投资者的退出机制是指创业投资者在投资的企业发展到一定阶段后，将其投资的股份转让给其他投资者或公开市场，从而获得投资回报的机制。创业投资者应该考虑投资对象的退出机制，以便在投资对象成功上市或被收购时能够及时退出。例如，创业投资者可以通过企业的IPO，将其投资的股份转让给公开市场，从而获得投资回报。创业投资者也可以通过企业的兼并和收购将其投资的股份转让给其他企业，从而获得投资回报。此外，二级市场交易、创业公司回购、破产清算等也是创业投资者的退出路径。创业投资者需要根据企业的发展情况和市场环境，选择合适的退出机制，以获得最大的投资回报。

七、创业投资的特征

创业投资具有以下几个特征：

（一）投资对象主要为高科技、高成长潜力的企业

风险投资者通常希望投资于具有较高科技含量和较高成长潜力的企业，以便能够获得较高的回报。高科技企业通常指那些采用新技术、新方法、新材料等开发新产品或服务的企业，这些企业通常具有较高的技术含量和创新能力。由于高科技、高成长潜力的企业往往具有高风险，难以通过银行贷款的传统融资方式获得资金，创业投资恰巧能够满足这些企业的融资需求。

（二）高风险性

创业投资具有较高的风险性，因为初创企业通常面临着较高的技术风险、市场风险、竞争风险和管理风险。具体来说，初创企业通常依赖于新技术或新的商业模式，这些技术或模式可能存在未经验证的风险。如果这些技术或模式无法实现预期的效果，那么初创企业可能会面临失败的风险。因此，创业投资者在进行投资时应该仔细评估投资对象的可行性和潜力，并且具备足够的风险承受能力。另外，创业投资者还可以通过投资于多个初创企业、分散投资等方式来降低投资风险。

（三）高回报率

首先，创业投资具有较高的回报率，因为创业投资公司通常会投资于初创公司，这些公司的潜力很大，但风险也很高。如果这些公司成功了，那么创业投资公司就可以获得高额回报。其次，创业投资者通过投资于初创企业获得股权，当企业成功上市或被收购时，投资者可以获得股权的收益。

（四）投资期限较长

创业投资的投资期限通常较长，这是因为初创企业通常需要较长的时间才能实现盈利、获得资本支持、实现规模化和成长。因此，创业投资者在进行投资时应该具备足够的耐心和风险承受能力，并且应该考虑投资对象的可行性和潜力。

（五）投资决策较为复杂

创业投资的投资决策较为复杂，这是因为投资对象的可行性和潜力需要仔细评估和判断，并且投资决策的结果受到多种因素的影响。创业投资决策涉及多个方面，包括投资对象的可行性和潜力、投资者的风险承受能力、投资期限、投资金额、投资回报率等。因此，进行评估和决策的过程较为复杂。

（六）投资者需要具备相关经验和专业知识

创业投资者需要具备相关的经验和专业知识，以便能够对投资对象进行准确的评估和判断。另外，创业投资者还可以通过阅读相关书籍、参加培训课程、与其他投资者交流等方式来不断提高自己的经验和专业知识。

（七）投资者需要具备足够的风险承受能力

创业投资者需要具备足够的风险承受能力，以便能够承受投资失败带来的损失。创业投资是一种高风险、高回报的投资方式，适合那些具有较高的风险承受能力、足够的经验和专业知识，并且希望在较短的时间内获得较高回报的投资者。

（八）创业投资追求的是回收资金，不以控制公司为目的

创业投资者通常会在投资后积极参与公司的经营决策，以帮助公司实现盈利和发展。他们可能会提供技术、管理、市场等方面的支持，并且可能会向公司提供资金支持。但是，他们通常不会试图控制公司的经营决策，而是希望通过公司

的经营和发展获得回报。

八、创业投资与传统金融投资的区别

创业投资与传统的金融投资在投资对象、投资方式、管理运作、投资回收、投资风险等方面存在明显区别。

（一）投资对象

创业投资的对象通常为初创企业或新兴企业，而传统金融投资的投资对象通常为已经成熟的企业或资产。创业投资的对象通常处于初创阶段或成长阶段，而金融投资的投资对象通常已经进入成熟阶段。因此，创业投资看重的是投资对象未来的成长潜力和市场机会，而传统金融投资则注重的是被投资对象的营利性。

（二）投资方式

创业投资通常以股权的方式进行投资，投资者关注的是创业企业的未来发展前景，创业公司失败时也无需偿还投资。而传统的金融投资既包括股权投资也包括债券投资，股权投资关注的是公司的营利性，债券投资需要按时还本付息，更多关注的是投资对象的安全性。

（三）管理运作

创业投资以初始股权的方式进行投资，关注的是被投资对象的未来发展潜力。因此，在日常的管理运作中，创业投资会积极地参与到被投资对象的运营决策当中。而传统的金融投资中，股权投资会对高管的经营决策给出建议和咨询，一般不会对企业的决策起到决定性的作用，而债权投资则不会对企业的决策进行干涉。

（四）投资回收

创业投资机构通过积极地参与创业公司的运营决策，以未来创业公司获得巨大发展上市后为目标，从而实现转让原始股权获得收益。在传统的金融投资中，股权投资主要获得分红收益和股票价格上涨带来的资本利得收益，债权投资的收益是指依照约定收回本息。

（五）投资风险

由于创业公司失败的可能性极高，因此创业投资背后的风险也远远大于传统的金融投资，但与此同时，创业投资一旦成功带来的收益也极为可观。相比之下，传统的金融投资的风险主要来自市场波动和利率变动等因素。投资者可能面临的风险包括股票价格下跌、债券收益率波动、汇率变动等。尽管金融投资也存在一定的风险，但相对于创业投资来说，其风险相对较为可预测和可控。因此，投资者在进行投资决策时，需要认真评估自己的风险承受能力和投资目标，选择适合自己的投资类型。同时，无论是创业投资还是金融投资，都需要进行充分的尽职调查和风险评估，以减少投资风险。

九、创业投资的影响

创业投资对经济和社会都产生了积极的影响，具体如下。

创业投资可以促进经济增长和创新。创业投资支持的企业往往是新兴的、具有创新性的企业，这些企业通过开发新产品、新技术或新的商业模式来满足市场需求，加速了技术的进步与发展，实现了高科技成果的转化。因此，创业投资可以推动经济的发展，创造新的就业机会，提高社会的生产力。

创业投资可以促进资本流动和优化配置资源。创业投资机构通过对高风险、高回报项目的投资促进资本的流动，从而推动具有成长潜力行业和领域的进步和发展，实现社会资源的优化配置。

创业投资可以促进社会中的创新精神和创新文化。由于创业投资机构的投资对象往往是初创企业，这类企业的创始人通常更具有创新和冒险精神，创业投资对其给予的资金、管理和咨询等一系列支持，可以激励创业者勇于创新创业，推动社会的进步和发展。

第四节　创业投资机构的分类

创业投资机构按照投资主体的不同，可分为天使投资人、风险投资机构、企业风险投资等。下面将分别介绍不同类别的创业投资机构。

一、天使投资人

（一）天使投资人的定义

天使投资最初源自纽约百老汇，指的是富人对公益演出的出资资助行为，像天使从天而降帮助演员实现理想。后来，天使投资逐渐被应用于对高风险、高收益项目的早期投资，相应地，投资人被称为天使投资人，投资资本被称作天使资本。

具体来说，天使投资人是指个人投资者或小型机构，他们通常在创业公司的早期阶段提供资金支持。天使投资人通常会提供资金，并与创业公司合作，帮助公司建立商业模式和发展业务。此时，创业公司的产品和服务尚未完善和成型。一般来说，天使投资人的投资金额较小，而且是一次性的，因此他们的风险也相对较高。

（二）天使投资的特点

天使投资是一种高风险、高回报的投资方式，通常在创业公司的早期阶段进行投资。以下是天使投资的一些特点。

（1）天使投资阶段，主要是创业企业的种子阶段，投资周期也更长，因此天使投资人通常需要具有较高的风险承受能力。相应地，天使投资的回报通常较高。如果创业公司成功，天使投资人可以获得数倍甚至数10倍的投资回报。

（2）天使投资人通常具有丰富的商业经验。因此，天使投资不仅为创业企业提供资金，同时也会为创业公司提供商业建议和指导，帮助创业企业成长和发展。

（3）天使投资人的投资金额通常较小，在我国天使投资金额大致在50万～500万元，美国的天使投资金额通常为1万～20万美元之间，但他们通常会提供更多的支持和指导，帮助创业公司建立商业模式和发展业务。

（4）天使投资的交易架构与风险投资机构相比不够正式，对投资项目的控制权更弱。大部分天使投资人接受的是创业公司的普通股，而风险投资机构则接受优先股。

（5）天使投资人通常是富有的个人和小型机构，因此其投资形式主要是个人进行的直接投资，对创业项目进行考察，相应的审查程序也更加简单。

（三）合格的天使投资人具有的特征

（1）合格的天使投资人通常具有丰富的商业经验，从而为创业公司提供商业建议和指导。天使投资人通常是个人投资者，他们投资的企业通常处于初创阶段，需要具备一定的商业经验和投资经验，才能更好地帮助企业发展。因此，合格的天使投资人通常具有丰富的商业经验，包括企业管理、市场营销、财务管理等方面的经验。

（2）合格的天使投资人需要具有较高的风险承受能力，能够承受投资失败的可能性。天使投资人投资的企业通常处于初创阶段，风险较高，需要具备较高的风险承受能力，才能在投资中获得回报。因此，合格的天使投资人需要具有较高的风险承受能力，能够承受投资失败的可能性，并有足够的资金和心理准备来应对风险。

（3）合格的天使投资人通常会制定明确的投资策略，包括投资领域、投资金额、投资期限等方面。天使投资人投资的企业通常处于初创阶段，需要具备一定的投资策略，才能更好地帮助企业发展。因此，合格的天使投资人通常会制定明确的投资策略，包括投资行业、投资阶段、投资金额、投资期限等方面，以便更好地进行投资决策和管理。

（4）合格的天使投资人通常具有广泛的人际网络，可以帮助创业公司拓展业务和建立合作关系。天使投资人通常需要寻找具有潜力的初创企业进行投资，因此需要具备广泛的人际网络，能够获取有价值的投资信息和机会。因此，合格的天使投资人通常具有广泛的人际网络，包括企业家、投资人、专家、行业协会等方面的联系，能够更好地发掘投资机会和支持企业发展。

二、风险投资公司

（一）风险投资公司的定义

风险投资公司是创业投资体系中的核心机构，它们是连接资金来源与资金运用的金融中介，是创业投资最直接的参与人和实际操作人，同时也最直接地承受风险、分享收益。风险投资机构将创业企业与资本联系起来，从而促进了社会资源的有效配置。

（二）风险投资公司的作用

风险投资公司的作用是帮助创业公司获得资金，同时为创业公司提供资源和支持，以帮助他们实现成功。风险投资公司通常会向初创企业提供资金、经验和资源等方面的支持，以帮助他们发展业务并实现盈利。同时，风险投资公司也能够帮助资本找到合适的投资项目，构建起资本与创业项目有效连接的桥梁。

（三）风险投资公司的形式

风险投资公司的主流形式是通过风险投资基金的形式进行投资，基金的组织形式通常为有限合伙制。有限合伙制中的有限合伙人（limited partner）是风险投资机构资金的出资人，不负责资金的具体经营，而基金的经营管理者被称为普通合伙人（general partner），普通合伙人的出资比例一般仅为总投资额的1%。有限合伙人以出资额为上限对投资公司和企业承担有限责任，普通合伙人则对风险投资基金的管理负有无限连带责任。有限合伙人往往是机构投资者，包括养老基金、保险公司、公募基金及银行等，有时也包括个人投资者。

此外，由个人投资者发起的风险投资机构通常先成立有限责任公司，个人投资者作为公司股东的同时，以主要合伙人发起风险投资机构。

三、企业风险投资

（一）企业风险投资的定义

企业风险投资（corporate venture capital，简称CVC），指非金融企业通过内部或外部的途径，以投资的方式参与新兴企业或新技术的开发和创新活动，以期获得财务回报和战略价值。本质上来说，企业风险投资的运作方式与私人风险投资公司相同，但是其资金来源是母公司，也会允许少量的外部资金，运作的目标是为了整个集团的战略发展。

（二）企业风险投资的类型

根据投资目的和投资方式，企业风险投资主要分为以下几种类型。

（1）战略型投资，也称为驱动型投资。这类的企业风险投资是以获取战略资源和市场地位为目的，投资与企业主营业务相关的领域，帮助企业实现战略目标。此类投资往往不特别看重财务回报。例如，小米公司的生态链投资，以手机为主营业务的小米集团，从2014年开始投资手机的周边产品，并以股权投资的方式加盟创业公司，从而实现自身产品线的扩充，并逐渐形成小米智能生态链。

（2）创新型投资。此类企业风险投资是以发掘和培育新技术、新市场和新商业模式为目的，投资于初创企业或成长期企业，帮助企业实现创新发展，与战略型投资相比，创新型投资的投资对象与本公司的业务并不密切相关，但是会因为该类投资在未来增加公司的价值。例如，英特尔对音视频软件和硬件公司的投资促进了自身奔腾芯片产品的销量，从而增加了公司的价值。

（3）财务型投资。该类企业风险投资以获取投资收益为目的，投资于股票、债券等金融产品或投资于其他企业，帮助企业实现财务增长。例如，腾讯集团旗下投资部门腾讯投资对蔚来汽车进行投资，截至 2022 年 2 月，腾讯投资持股蔚来汽车 9.8%，拥有 17.4% 投票权。

（4）跨境型投资。此类企业风险投资以拓展全球市场为目的，投资于海外企业，帮助企业实现全球化发展。例如，中化集团并购先正达，通过整合母公司在国内的相关资产，从而实现企业业务规模和管理效率的提升。

（三）企业风险投资的主要运营模式

企业风险投资的主要运营模式包括：直接投资部门、全资子公司、附属投资机构及参与或设立外部投资基金等。

1. 直接投资部门

直接投资部门，是指的是企业内部设置的投资部门主导企业的内外部投资。投资部门不具有法人资格。例如，京东、字节跳动、美团、滴滴等知名互联网企业均设置了战略投资部门或投资并购部门。企业的直接投资部门不仅关注企业的内部投资机会，还承担着企业未来业务规划的职能，企业能否敏锐地捕捉到投资机会与投资部门息息相关。

2. 全资子公司

企业风险投资全资子公司，是指由母公司设立的具有独立法人资格的投资公司，对集团内的投资业务进行统一管理，负责集团的投资和资本运作业务。例如，阿里巴巴的子公司蚂蚁金服、菜鸟网络、阿里健康、阿里影业等均是阿里集团的主要投资主体。

3. 附属投资机构

企业风险投资的附属投资机构运营模式，指的是企业与第三方创业投资机构合作设立投资机构。例如，从 2017 年开始，字节跳动就作为 LP 加入了以黑蚁资本为代表的多家投资机构。

4. 设立外部投资基金

企业风险投资设立外部投资基金的运行模式，指的是企业参投或设立外部基金，包括与第三方投资机构设立的投资基金、企业联合地方政府、产业资本共同发起的投资基金等。例如，2021 年 8 月，字节跳动投资管理有限公司发生工商变更，正式更名为天津字节跳动私募基金管理有限公司。字节跳动股权投资公司正式变为普通合伙人（GP），拥有对外募集基金的资格。类似的还有阿里集团的阿里巴巴创业者基金、阿里巴巴 eWTP 生态基金等。

不同模式的企业风险投资各有优势。在实践中，大部分企业不只拥有一种风险投资模式，而是结合不同的投资项目将不同模式的风险投资进行组合，实现资源的有效整合，提高投资业务的灵活性和投资效率。

第五节　创业投资的资金来源

在创业投资资金的来源方面，我国和美国存在明显差异。本节将分别从我国和美国的创业资金来源展开介绍。

一、我国创业投资的资金来源

我国创业投资的资金来源多种多样，政府资助、企业创业投资资金、金融机构的创业投资资金、个人资金等都是我国创业投资资金的重要来源。

（一）政府资助

以政府资助为资金来源的创业投资通常是指由政府出资设立的，旨在支持创业和创新的创业投资基金。在我国，政府资助的创业投资基金最早出现于 2002 年 1 月。当时，由政府出资引导社会资本投资中关村，将财政资金采用股权投资的方式进行运作，支持中关村创业企业的设立与发展。2015 年，财政部《政府投资基金暂行管理办法》的出台，对政府投资基金的概念给出了明确定义。政府投资基金，是指由各级政府通过预算安排，以单独出资或与社会资本共同出资设立，采用股权投资等市场化方式，引导社会各类资本投资经济社会发展的重点领域和薄弱环节，支持相关产业和领域发展的资金。随着 2016 年《政府出资产业投资基金管理暂行办法》的出台，政府出资的创业投资基金有了新的概念，即政府出资产业投资基金，指的是由政府出资，主要投资于非公开交易企业股权的股权投资基金和创业投资基金。

无论是政府引导资金、政府投资基金，还是政府出资产业投资基金，均由政府出资支持采用股权投资方式进行运作，起到了培育出具有竞争力的创业企业、落实产业政策、引导社会资本投资和支持国家经济发展的作用。此外，政府资助的创业投资基金通常也会配套相关的税收优惠和其他政策支持，从而帮助创业企业成长和发展。但同时政府出资的创业基金，也会受到政府部门的影响，在投资决策方面的独立性，可能不如其他创业投资基金。

（二）企业创业投资资金

正如本章第三节介绍的企业风险投资，也是创业投资机构类型之一。我国以互联网企业为代表的部分上市公司和大型民营科技企业通过自筹资金进行了大量的创业投资实践。因此，来自企业的创业投资资金也是我国创业投资资金的重要来源。例如，我国互联网行业的龙头企业代表BAT，均设立了专门的投资部门或者子公司进行创业投资。截至2021年，我国企业创业投资的机构数量已经超过800家，参与的投资案例数量占整个创业投资市场的比例接近20%。

（三）金融机构的创业投资资金

来自金融机构的创业投资基金主要指的是银行通过贷款的形式满足了部分高科技企业项目的融资需求。首先，考虑风险控制因素，银行主要是在高科技技术企业的发展后期进行投资。其次，银行也会通过设立科技风险贷款基金为科技创业项目提供资金。此外，部分信托公司也会为创业企业提供资金。

（四）个人资金

除了来自机构的资金外，创业企业的资金也有部分来自个人资金。例如，我们在前面章节介绍的天使投资就是个人为创业企业提供资金的直接方式。天使投资往往对投资人的个人特质要求较高，不仅要求投资人能够敏锐地捕捉到有发展潜力的投资项目，还能够为创业企业提供自身的行业经验。此外，个人投资者也可以通过参股创业投资公司或购买创业投资基金来间接为创业企业提供资金。创业投资基金的管理需要专业的团队，恰好能够弥补个人投资者在专业领域内的不足，是个人投资者参与创业投资的有效途径和选择。

（五）来自国外的创业投资资金

随着经济全球化和我国经济的快速发展，部分来自国外的创业投资资金也通过中外合资、外资独资创业投资基金的方式为我国创业企业提供资金。

二、美国创业投资的资金来源

（一）个人投资者

与我国以政府资助和企业资金为主的创业投资资金结构不同的是，个人投资者也是美国创业投资资金的重要来源。近年来，美国资本市场逐渐兴起了独立创业投资家，又被称为"个人 VC"，英文名称为"Solo VC"。独立创业投资家是创投基金的唯一普通合伙人，与传统的 VC 争夺领投权。

（二）公共养老金

自 20 世纪 80 年代开始，公共养老金逐渐成为美国资本市场的重要参与者。公共养老金关注的是向退休员工支付承诺的养老金，巨额的资金池使其成为了美国资本市场的重要力量。由于公共养老金可以从雇员处获得定期收入，因此具有良好的流动性。自 2009 年起，美国公共养老金投资于私募股权基金的数量呈爆发式增长，这是因为募集基金数量的减少和公共养老金良好的流动性共同作用的结果。

（三）捐赠基金

除了个人投资者外，捐赠基金也是美国资本市场最早的参与者。捐赠基金指的是用来支持大学和基金会的资金池。与公共养老金相比，捐赠基金受到的监管更少，也是投资于私募股权的第一批机构之一。在管理方式方面，捐赠基金由个人管理，在私募股权投资中具有主动地位。

（四）金融机构

除了银行控股公司外，投资银行也是美国创业投资基金的重要资金来源者。此外，保险公司也是创业投资的重要参与者。

通过对比，我们可以看出，中美在创业投资的资金来源方面存在明显差异。例如，政府部门在我国创业投资中具有主导地位，而美国政府部门则参与较少；我国个人投资者直接参与创业投资的比例较少，而美国的个人投资者则是创业投资的重要力量。

本章小结

本章主要介绍了创业及创业投资的概念及内涵，使读者能够对创业和创业投资有了明确的认知和理解。此外，充分认识到创业投资需要考虑的要素，也是理解创业理论和进行创业实践的核心问题，本章对该问题进行了详细的阐述。

本章思考题

1. 为什么需要创业投资？
2. 创业投资有哪些类型？它们有什么不同？
3. 创业投资机构对被投资企业有何影响？
4. 天使投资存在哪些风险，应该如何防范？
5. 企业风险投资对自身企业发展和运营有什么影响？
6. 结合当下中国的经济环境，探讨中国企业 CVC 发展机遇与趋势？
7. 创业投资不同的资金来源对投资策略有什么影响？
8. 如果你是一个天使投资人，你打算选择哪种或哪几种方式参与创业型中小企业的投资，为什么？

本章案例分析

聚焦九鼎投资，看 PE 骄子是如何炼成的

自成立开始，北京同创九鼎投资管理股份有限公司（曾用简称"九鼎投资"，现称"九鼎集团"）便不走寻常路，一次又一次向 PE（private equity，私募股权投资）界展示自己的创新之举。

2014 年 4 月 23 日，全国中小企业股份转让系统（俗称"新三板"）披露九鼎投资"上市"相关文件。这意味着，九鼎投资成为国内首家获批挂牌"新三板"的 PE 机构。2015 年 11 月，随着九鼎投资在新三板第三次海量融资成功完成，九鼎投资凭借 1 100 亿元的总市值成为新三板市场上唯一的市值过千亿的公司，董事长吴刚本人也以 180 亿元身家位列胡润百富榜第 120 位，荣登新三板首富。

九鼎投资成立时，正值中国 A 股指数即将突破 6 000 点的空前高位之际。然

而就在九鼎投资成立后不久，一场全球性的金融风暴令包括国际私募投资巨头在内的金融机构们损失惨重，中国的 PE 投资市场也因此一度陷入低潮。诞生伊始即逢巨变的九鼎投资，也只能小心翼翼地在市场中寻找着投资机会。

此时，仍还年轻的九鼎在募资方面已经有了自己独特的想法。2009 年 3 月，蔡蕾在接受媒体采访时表示，成立一年多的九鼎基金募集超过 10 亿元的大基金很耗费精力，不如多募集几个中小规模的基金更加灵活。当时，九鼎投资管理的五只基金总资金约为 20 亿元，平均每只基金规模为 4 亿~5 亿元。正是这一"小规模募集"的筹资模式，开启了九鼎此后的财富之路。在此模式下，他们抓住了被大型 PE 机构忽视的一个群体：中小企业业主。在其后数年中，九鼎一手抓住中小企业主手中的项目公司进行包装，一手把他们发展成为自己庞大的基金投资人群体，逐步将"突击入股"（Pre-IPO）发展为一套滚雪球式的"PE 产业链"投资模式。然而此时，作为 PE 行业"新人"的九鼎，依然谨慎而低调。

幸运的是，成立于 2007 年的九鼎投资恰好赶上了 2009 年 10 月创业板的开闸。从某种程度上说，正是创业板造就了九鼎。在第一批创业板的 28 家公司中，九鼎独中金亚科技、吉峰农机两个项目。仅吉峰农机一个项目，九鼎就获利约2.7 亿元。作为创业板初期的大牛股，吉峰农机不但让九鼎一炮打响，还给它带来了数以亿计的丰厚投资回报。正如九鼎投资的一位副总裁所说："做私募股权选择在什么时间进入、什么时间发力很重要，因为这非常影响公司的规模和成长速度。"创业板就是九鼎最大的助推器，九鼎正好在资本市场暴发的时刻，踩准了节奏。之后，九鼎果断抓住了 PE 投资行业发展的有利经营环境，在全国进行快速扩张，一路高歌猛进。

了解九鼎的人会发现，"不走寻常路"也是九鼎发展的一大特色。原本传统的私募股权都是精耕细作，但是九鼎却把 PE 工厂化，颠覆了人们对传统私募股权的认识。九鼎以制造业做金融业，从立项、调研、评审到投资决策委员会投票决策，九鼎都有自己的标准，完成了流程化。九鼎的 PE 工业化生产模式，使九鼎在成立后仅仅四年的时间里，打造出 300 多人的团队，投资了上百个项目。其中，成功上市 10 余家，并实现管理资产规模超百亿。在这短短的四年时间里，九鼎依靠其首创的流程切割、人海战术、广设办事处等经营模式，在资本市场上风生水起。甚至在创投界，九鼎达到了无人不知、无人不晓的地步。

2010 年，根据私募股权投资领域第三方独立研究机构投中集团发布的排名数据，九鼎投资已经成功挤入中国私募股权投资机构前十强，成为中国 PE 界最耀眼的新星。也是在这一年，九鼎成为本土创投中第一批成立美元基金的创投，迈出国际化的第一步。

刚刚诞生的九鼎投资已经展现了强烈的风格：剽悍凶狠、勇于创新、决策灵活、极度勤奋，这是中国成功的民营企业创业者的共同特征。然而九鼎在短短四年内创造炫目的成绩单的同时，其业务模式也遭受到前所未有的强烈质疑。在这四年的时间里，九鼎也因其凶悍的风格，被贴上了"游戏规则破坏者""PE公敌"等种种标签。就在此时，比质疑更直接的风险随着2012年国内证券市场IPO的暂停而突然来临。

刚开始，九鼎因为年轻没有谈判能力。为了筹集更多的资金，九鼎不得不做出很多创新举措。归结起来有四点：第一，零首付。成立基金先不用打钱，有项目才划钱。第二，出资人决策。九鼎负责找项目，汇报给出资人，出资人投票决定。第三，一次性付管理费。然而按行业惯例，不管钱投没投出去，每年都提2%管理费，而九鼎的管理费只一次性付3%，跟投资额挂钩。第四，投资款银行托管，保证资金安全。在这些创新中，尤数将行业惯例按年收取2%管理费改为一次性收取3%，这一条在整个行业中引起的震动最大。九鼎这一"搅局"的举措，既给了自己压力，也让同行们颇不舒服。

按照PE工业化生产模式，九鼎一方面通过庞大的直销队伍向全国的中小投资者推销一个又一个富于吸引力的主题私募基金，以此筹措出高达百亿元规模的投资资金；另一方面则以"扫街式"的密集拜访和调查，搜集了数千家企业资料，从中进行挑选包装。九鼎选择项目不看是处于第一梯队还是第二梯队，也不看市盈率，而是看行业前景，看企业本身，他们认为好的企业物超所值。正因此，曾有许多业内人士反映，九鼎经常以比别人高几倍甚至10倍的价格挤走竞争对手抢夺项目。久而久之，九鼎在业内便以抢项目、速投、多投著称。九鼎也给人留下了"凶悍"的印象。由于业内僧多粥少，好的企业通常有十几家甚至几十家创投在争夺。九鼎这样快速的投资行为不可避免地触犯到了其他创投的利益。圈内人形象地把九鼎人比作一群"狼"，每逢交锋时刻就会呼喊"狼又来了"。

九鼎的快速投资模式也引来了众多对其冒险和激进的质疑。一位同行人士反映，很多知名PE机构都感觉风险太大的项目，行业新秀——九鼎反而高价进入。同样，有业内人士认为，九鼎的尽职调查缺位。正如阿诺刀具董秘王薇在引入PE时所了解的一样，PE业界同行对九鼎有褒有贬，而且是贬大于褒。甚至还有人说九鼎压根不做尽职调查，只高价抢项目。当然，事实或许并非如此。当九鼎的研究员在阿诺刀具公司附近住下，还说要住七八天的时候，王薇吓了一跳。她突然意识到，原来九鼎的尽职调查并非尽如传说中的一样。后来，她把九鼎的尽职调查报告拿给同行看时，大家都很服气。但是不得不承认，九鼎短时期招这么多人，难免良莠不齐，再加上业绩驱动太强烈，不可避免会出现个别人用高价招揽项目的情况。这既增加了某些投资项目的风险，也给九鼎的行业形象造成了不良影响。

增值服务一向是判断创投公司专业性的重要标准。然而九鼎是从 2010 年才开始意识到投后管理的重要性，随后设立了投后管理部门，以弥补前几年项目激增留下的投后管理服务欠缺问题。也正因为如此，在九鼎发展前期，一直有同行人士批评九鼎并不重视投后管理，不能很好地提供增值服务。

九鼎集团依靠其高超的资本运作技巧和综合性资产管理机构的布局，成为新三板市值第一的 PE 机构。而今，九鼎集团旗下子公司九鼎投资亦借壳登陆 A 股，实现了母公司、子公司双台上市。由此，九鼎打通了在新三板与 A 股市场的通道，使资金的募集渠道更加多元化。截至目前，九鼎系已手握 A 股企业九鼎投资，以及两家新三板企业九鼎集团和九信金融三个资本平台。这对野心勃勃的九鼎投资来说，就如同给猛虎插上了翅膀。但是一个硬币有两面，未来的市场对于"不走寻常路"的九鼎来说，机遇很大，压力不小。难以预测的是，站在最高处，不知道他还能蝉联多久，且让我们拭目以待。

案例来源：李海涛，尹贺. 聚焦九鼎投资，看 PE 骄子是如何炼成的. 中国管理案例共享中心案例库. 2017.

案例思考题

1. 从创业投资融、投、管、退四个环节去分析，九鼎在其商业模式上有哪些特征？

2. 为实现成为综合性资产管理机构的目标，九鼎集团是如何进行资本运作，构建资本平台的？

3. 如果你是一家私募股权投资机构的负责人，通过九鼎集团的传奇经历，认为还有哪些地方值得我们学习借鉴？

第二章

创业投资的运作管理

创业投资作为资本市场重要的资本，为具有高成长潜力的初创企业提供了资金来源，在这个过程中凝结了创业投资者的智慧。创业投资促进了社会创新和经济增长，因为它鼓励人们创造新的企业和产品，并为投资者带来回报。然而，由于初创企业的成功率较低，创业投资往往充满了诸多风险和不确定性，这就要求创业投资者在运作管理时做出准确恰当的判断，从而促进创业投资项目的成功。本章将系统介绍创业投资的运作管理，包括创业投资运作过程、创业投资的经营管理、创业投资的投资策略等内容。

本章的学习目标

1. 掌握创业投资的运作过程
2. 理解审慎评估投资项目的内涵和意义
3. 能够根据创业企业的不同发展阶段，总结创业投资的决策要素
4. 了解创业投资的不同投资策略及其优缺点

 引入案例

VANCL（凡客诚品），由卓越网创始人陈年创办于 2007 年，产品涵盖男装、女装、童装、鞋、家居、配饰、化妆品等七大类。在 2007～2009 年的三年里，凡客每年以 29 576% 的增速疯狂成长。凡客经过 8 年 7 轮的高频率融资，融资总额超过了 6.2 亿美元，投资方包括联创策源、IDG 资本、赛富投资基金、启明创投、中信产业基金、淡马锡等，最高估值达 50 亿美元。雷军曾领投了 1 亿美元给凡客。凡客的急速扩张，产品问题越来越多，导致衣服的质量不断缩水。打开凡客的网站，用户评论骂声一片；提及凡客，就想到质量差。投资打了水

漂的雷军这样调侃自己："我人生最倒霉的事情是投了凡客，以后只能穿凡客的产品。"

案例来源：龙娟. 凡客诚品营销策略存在的问题及对策分析［J］. 现代商业，2016（04）：30－31.

第一节 创业投资的运作过程

创业投资的运作过程主要包括：初选投资项目、审慎投资项目、展开项目谈判和完成项目投资。

一、初选投资项目

（一）创业投资项目的来源

投资项目通常要有项目建议书或投资申请书，创业投资机构会从各种渠道收集大量的投资项目并从中选择。创业投资机构的项目来源有很多：与创业企业家的直接接触、中介机构介绍、政府相关机构介绍、高校和科研院所主动寻找、参与高技术成果交流会、同行或专业人士介绍等。创业投资机构在项目申请数量较少或没有得到合适满意的创业项目时，可能会有针对性地主动出击寻找投资项目。当然，很多情况下，也会被动收到创业项目的申请。

（二）创业投资项目初选的原因

创业投资项目初选作为创业投资过程中，在收到众多项目投资申请书之后的第一步筛选，有其存在的必要性和重要性。创业投资机构进行项目初选的原因主要在于节省成本和时间、对申请项目进行分类管理、提高创业投资机构的竞争力三方面。

（1）省成本和时间。如果对创业投资机构获取的每个创业投资项目在一开始就进行相同程度的评估、选择和决策，在这一过程中将会消耗大量的人力物力，这显然是不能够被创业投资机构和创业投资家所接受的。因此，需要逐步地、分层次地对所有项目进行一轮再一轮地审查，而且每一轮的评估决策标准都要有相应的侧重点。比如，在项目初选时期，创业投资机构相关筛选人员粗略地查看创业投资项目申请书，抓住重点内容。一旦发现该项目的投资规模、投资行业等信息和自己的创业投资政策明显不相符，就可以将这一项目淘汰。

经过筛选后，每一轮的投资项目数量会逐渐减少。假设收取的商业计划书有1 000份，最后实际投资的可能是其中的10个项目，整个过程呈现出金字塔的结构，如图2 - 1所示。

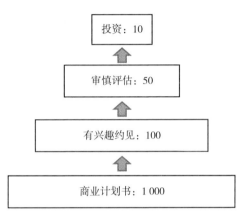

图 2 - 1　创业投资项目筛选的金字塔结构

（2）对申请项目进行分类管理。创业投资机构在对创业项目进行初选时，也会对这些项目的具体内容有大致的了解，可以为众多申请项目打上反映其主要特点的标签，有利于对项目进行分类管理，同时为后面的层层筛选提供便利。创业投资机构通常都是得到各式各样的投资项目申请书，经过项目初选才能将项目申请书分门别类地整理清楚，便于管理。

（3）提高创业投资机构的竞争力。创业投资项目的筛选质量和筛选效率直接影响着创业投资机构能否找到一个好项目、能否投资成功、能否提升自身机构的价值和声誉。顺利完成项目初选，在一定程度上能够提高创业投资机构的竞争力。一个创业投资机构的发展能力和发展前景，在于其能否发现极具潜力的创业项目。而项目初选这一环节可以提高筛选效率，将不符合条件的项目直接淘汰，不参与下一步的评估选择，缩短整个项目的选择过程，及时捕捉优秀的投资项目。

（三）创业投资项目初选的主要标准

1. 投资规模

考虑到管理每个创业投资项目要花费的时间和成本，创业投资机构可能不愿意把投资分配到大量的小额交易中去。同时，出于投资风险因素的考虑，创业投资家也不会将所有投资孤注一掷，通常是将创业投资资本分散于多个投资项目中去。因此，创业投资机构在项目初选时，应将规模效益和风险控制进行合理平衡。

大多数创业投资机构都规定了对创业项目的最高和最低投资额，而且每个创业投资机构理想的投资规模与其创业资金的规模有关。一般创业投资机构的政策是把对单个被投资企业或企业集团的投资限制在可供投出资本总额的一定比例之内。这样一来，如果创业资金的规模较大，那么其每项投资的规模就会相应地高于投资规模较小的创业资金，而对于超过最大值的投资项目，创业投资机构将会选择与其他机构联合投资。

2. 投资行业

创业投资机构出于控制风险和增大回报的目的，大都坚持行业集中投资原则，对拟投资创业企业的所处行业都有自己的偏好，而且往往会选择他们所专长的领域进行投资，因为这不但会减轻进一步评估筛选的难度，而且也便于投资以后实施监督和向被投资企业提供有效的帮助。此外，尽管没有任何法律规范或文件对创业投资的客体加以限制，但多数创业投资家们为了达到预期的高额投资回报，都热衷于把资金投入到高新技术创新的中小企业之中，特别是生产新技术产品或开发现有技术新用途的相关行业。

3. 投资阶段

创业投资机构对创业企业或创业项目所处的阶段都有自己的偏好，只有定位在某一投资阶段，才能熟悉该阶段的投资策略和操作技巧等。通过具体投资阶段的定位，才能积蓄核心竞争能力，提高竞争优势。对发展阶段的偏好与创业投资机构所处的地区、资金来源、自身经验及行业的竞争程度有关。比如，美国在1984年以前的创业投资活动大部分集中在种子阶段和初创阶段，而到1984年以后，创业投资渐渐侧重于成长阶段之后。我国台湾地区的创业投资正好相反，在创业投资行业刚刚兴起时，大部分创业投资机构都会选择对发展后期的创业企业进行投资，而随着行业内竞争的加剧，投资收益率不断下降，迫使创业投资家去寻找具有发展潜力的初创企业。

4. 地理位置

由于创业投资家要经常地参加被投资企业的经营管理以及实行必要的监督控制，创业投资机构一般选择在其自身或分支机构所在地的创业企业进行投资。如果被投资企业的地理位置远离创业投资机构，将会给创业投资家的参与造成极大的不便和较高的管理成本。而且，即使创业投资家并不刻意追求地理上的集中，他们的投资组合也会自然而然地表现出这一特点来。另一方面，某一创业投资机构的声誉和形象在创业投资行业中非常重要，良好的声誉和形象只有在一定地域范围内才能够发挥出最大的作用。

（四）　不同阶段的项目初选

由于创业企业或创业项目处于不同发展阶段，其特性、目标与所面对的风险均不相同，项目初选评价也随着创业企业或创业项目的成长阶段而有不同的侧重点。因此，研究分析种子阶段、成长阶段、成熟阶段创业项目的特点是很必要的。

1. 种子阶段的投资项目

由于这类创业企业尚未成立或成立不久，创业投资机构很难从经营计划书或商业计划书摘要等资料来评估其企业性质与营运业绩，再加上所面对的市场风险与技术风险远比其成长阶段高。因此，创业投资机构通常是采取全方位的评估与分析。

首先，在筛选方案时，创业投资机构会要求产业性质与其投资专长的领域密切相关，同时地点也必须较为临近，目的是希望通过积极地提供增值服务来降低投资风险。在评估方案阶段，较偏重对创业企业家及其创业团队人员的经历、背景、人格特质，经营团队的专长与管理能力、技术能力和相关产品或服务的市场潜力等方面的分析，对于经营计划书中呈现的竞争优势与投资利益也是评估的重点。而在财务计划方面，因各项数字多属预测性，仅能从规划的合理程度来判断。但是许多创业投资机构会认为项目的股东结构将是很重要的考虑因素，原因是早期项目是否成功与主要股东间的合作与共识密切相关。

一般而言，早期项目的评估工作较为困难，许多决策都只是基于经验判断，因此创业投资机构必须对产品技术市场的发展具有深入的熟悉了解程度。

2. 成长阶段的投资项目

处在成长期的企业，由于产品已被市场接受，且市场需求比较明确，企业组织又渐具规模，此时筹资的主要目的是在既有的基础上，继续研发新产品并扩大生产规模，以建立竞争优势，扩大市场占有率。由于这类投资项目风险较低且获利稳定，因此是创业投资主要的投资对象。通常创业投资机构会通过产业调查与市场分析，主动地寻找投资对象，并在收集了充分的信息后，再做出最有利的投资决策。创业投资机构对于这类投资项目的考虑主要在于投资对象的企业性质以及未来继续成长获利的机会，因此评估的重点放在风险企业过去与现在的财务状况、经营机构的经营理念与管理能力、市场目前的竞争态势、市场增长的潜力以及在产品技术开发上的能力与具有的优势等方面。另外，有关资金的回收年限、方式、项目运营中可能遭遇的风险，以及企业未来是否具备上市的机会，也会成为投资决策的重要评估内容。一般而言，成长、扩张期的项目较依赖理性的决策，充分的信息收集与完善的评估过程通常能达到降低投资风险的效果。

3. 成熟阶段的投资项目

成熟期的投资项目无论在市场或技术上的风险都比较低，经营组织的管理能力也可以从过去的经营成就与财务资料中发掘。因此，创业投资机构的评估重点主要在财务状况、市场竞争优势，以及资金回收年限、方式与持续经营风险等方面，目的是衡量其股票上市的时机与市场价值。另外，经营团队的经营理念是否能与投资公司相配合，也是评估的一项重要内容。一般而言，成熟阶段的投资项目回收年限较短，回收风险较低，评估工作并不复杂，反而会将较多的时间关注于双方的协议谈判。

创业投资本质上就是一种风险性的投资行为，无论采用如何严谨的评估程序，都无法完全免除失败的风险，因此许多有经验的投资家，都会将评估的最终焦点放在创业企业家与经营团体身上。他们认为，经营环境与市场的变化是不可预知也无法控制的，唯有经营者的强烈愿望与意志力才能克服这些困难与挑战，并确保投资项目的最后成功，所以创业投资家凭借丰富的阅历，选择具有创业精神与专业能力的经营团队作为主要的投资对象。同时，我们也必须认识到，阅历和经验在投资项目评估中确实扮演着十分重要的角色，但客观的数据资料与科学的实证分析，对于决策也有着不可替代的效果。

二、审慎评估投资项目

（一）审慎评估含义

创业投资项目的审慎评估，是指对经过初选的创业企业进行成长性评价，对创业投资项目的所有特点和细节进行考察和分析，以产品和技术为基础，以企业为载体，以团队管理为关键，以超额利润为目标，既注重市场需求分析，更强调创业企业的竞争优劣势和企业外部环境机会与威胁，判断该项目是否值得投资，为投资决策提供参考。

审慎评估是一项复杂而又费时的工作。为保证项目审慎评估的有效性，创业投资机构需要花大量的时间和精力，通过各种途径对创业企业在市场、产品、技术、管理、财务、竞争对手等方面的情况进行详细调查论证，这就是所谓的尽职调查。尽职调查的目的一方面是为了对创业企业商业计划书的内容进行核实，另一方面也会收集一些商业计划书之外的内容为项目评价做准备。尽职调查是创业投资项目审慎评估中的一项重要活动，创业投资项目的审慎评估是建立在尽职调查所取得数据的基础之上的，是对尽职调查所得到的各种信息所做的一种综合分析。尽职调查所获信息的真实性、全面性、创业投资者自身的经验和素质，以及创业投资机构的评价制度，共同决定了评价结果的准确性。

尽职调查小组通过与创业企业家及其管理层所有成员的多次会面来收集各种信息，这个小组还将与其他人员，如创业者的前业务伙伴和前投资者、实际或潜在的联合投资者、消费者、供应商、信用机构和行业协会进行接触。他们将深入取证，仔细分析企业的经营计划、经营业绩、实际财务报表和预测财务报表，并实地视察工厂和资产设备，与创业企业已有员工进行适当接触，了解公司产品的技术特征、销售前景和市场价值。这个调查过程常常使创业企业家的耐心消磨殆尽，创业企业家可能无法满足创业投资家的某些要求，双方要多多沟通协商，有些创业投资机构甚至还会征求其他创业投资机构或创业投资家的意见。

（二）审慎评估特点

创业投资项目的审慎评估与传统普通项目的审慎评估决策具有共性，但由于创业投资项目的高风险、高收益、高成长性等特点，决定了创业投资机构对创业投资项目的审慎评估又具有与一般传统投资活动不同的特性，这主要表现在以下几个方面。

（1）参照对比性。与传统普通投资相比，创业投资面向的是新创企业或新创项目，主要以高新技术知识为基础，具有独特性和先进性的特点，存在更大的不确定性。传统投资通过能够找到相应的参照物，企业经营状况比较稳定，相对容易进行预测和评价；而创业投资项目通常难以做出精确的、定量的预测，只能做一些定性的判断。创业投资项目相关产品还远没有形成产业化，也没有形成竞争性市场，从事这些产品技术开发的企业的行业界限也就难以清楚地划分。因此，对这类项目的审慎评估只能寻求最相近的行业为参照对比对象。

（2）价值增值性。创业投资的审慎评估实际上是创业投资机构对其拟投资创业企业的价值所做的全面谨慎评价，而且创业投资机构决定投资与否考虑更多的是未来价值，它与创业企业价值评估紧密相关，但却不等同于创业企业的价值评估。其评估结果不仅受到创业企业本身内在因素的影响，而且受到创业投资机构诸多因素，如投资组合、创业投资机构现有资源等的影响。创业投资机构提供给创业企业的不仅仅是资金，还有管理、技术上的支持，以及客户、供应商等资源。因此，同样一家创业企业，其对不同的创业投资机构来说，价值是不一样的。大多数创业投资机构都制定了自己投资的行业标准，这不仅是因为他们熟悉这些行业，而且也是为了更好地发挥他们的资源优势。

（3）无形性。创业投资项目拥有的宝贵资产通常是智慧和技术等无形资产，这在实际的评估决策中就体现为创业投资项目所含知识价值的评估问题，涉及无形资产在股权结构中的比例大小。因此，对无形资产的价值评估和认定就成了创业投资项目的重点和难点。

（4）阶段投入性。创业投资的所投项目，通常是将一项科研成果转化为新技术产品，这一过程往往可以分为好几个阶段，创业投资机构也相应地把总投资分为几次投入，以上一发展阶段目标的实现作为下一阶段资金投入的标准和前提。这就要求创业投资项目的评估逐阶段进行，需要不断地修正完善，为投资者提供尽可能系统全面详尽的信息，促进最后投资的成功。

（5）整体性。传统投资项目方案多数是由投资者自己策划和设计的，而创业投资中的项目规划是由创业者完成和提供的。因此，创业投资的审慎评估除了评价创业企业本身的情况外，还需要对其他相关方面进行评价。创业投资项目的评估决策大多是从整体角度、经过层层筛选之后确定的，在评估决策时突出整体性，具体涉及管理与团队、产品及技术、市场与竞争、财务状况、风险机制、回报预测、退出方式等方面的综合评估决策。

三、展开项目谈判

创业投资机构与项目核心人员谈判的目的有三个。一是考察项目核心人员的基本素质；二是核实创业项目商业计划书的主要事项；三是就投资强度、进入时期、以何种程度参与企业决策与监控、退出方式等问题和创业者进行谈判。

（一）项目核心人员的基本素质

项目核心人员的基本素质主要是指企业家的素质。一位优秀的企业家应该具备良好的道德素质、身体素质、文化素质和经营素质，通常表现在这几个方面。有坚强的毅力和创业激情；对所从事的行业具有敏锐的洞察力和超前的战略眼光；道德高尚、胸怀坦荡、诚实守信；有很强的领导力、组织力和号召力；知识渊博、精明能干、乐观豁达、坚忍不拔；敢于承担责任又能急流勇退。

（二）创业投资机构核实商业计划书

主要包括对市场、产品或服务、优势和风险、项目运作策略及实施方案、资金使用计划和退出方式等方面的问题进行进一步的深入探讨，在定性分析的基础上尽可能定量化。

一是市场。需要阐述的问题有目标市场现有规模、增长潜力、供求关系、开发潜在市场的技术创新能力、目标市场区域、现有和潜在竞争者的数量、扩大现有市场的竞争手段、市场进入壁垒、市场竞争的优劣程度、市场占有率、电子商务和网络营销覆盖率等，并要求提供更加详细的资料、科学的计算方法和较为精确的计算结果。

二是产品或服务。需要阐述的问题有产品或服务的创新性、产品或服务的竞争力分析、产品或服务的知名度、产品或服务的技术指标、产品或服务的预期生命周期、产品或服务的最终目标群体、产品或服务满意度因素分析、产品或服务竞争对手及其分析。

三是项目运作策略与实施方案。需要阐述的问题有创业企业供应与采购运作策略与实施方案、生产运作策略与实施方案、市场运作策略与实施方案、财务运作策略与实施方案、人力资源管理运作策略与实施方案以及联盟或合作的运作策略与实施方案。

四是资金使用计划和退出方式。需要阐述的问题有总投资的需求、投资规划、资金筹措、资金的使用计划、创业资本的增值倍数与回报率以及变现途径和可能的退出方案。

五是优势和风险。需要阐述的问题有创业企业面临的产品或服务优势与风险、市场优势与风险、财务优势与风险、管理优势与风险、宏观环境政策的优势与风险。

（三）投资强度、进入时期、参与程度与退出方式

投资强度：在确定投资规模时，投资人需要综合考虑企业的市场规模、竞争状况、产品或服务的创新性等因素。同时，创业者也需要向投资人展示自己的财务规划和资金使用计划，以证明自己有能力合理分配资金并实现企业的发展目标。

进入时期：投资人需要了解企业的运营阶段和发展计划，以便确定合适的进入时机。一般来说，创业公司会经历种子轮、天使轮、Pre－A轮、A轮等不同

的融资阶段。在谈判中，创业者需要向投资人展示自己所处的融资阶段，并说明未来的发展规划和目标。

参与程度：投资人通常希望在企业中拥有一定的话语权和决策权，但具体的参与程度会因个人偏好和投资策略而有所不同。在谈判中，创业者需要向投资人展示自己的管理能力和团队合作精神，让投资人相信自己可以有效地领导企业。同时，创业者也需要明确自己对公司的定位和发展方向，以免出现意见不合的情况。

退出方式：投资人通常希望通过上市、并购等方式实现投资回报。在谈判中，创业者需要向投资人展示自己的长期规划和发展愿景，让投资人相信自己的企业具有可持续的盈利能力和成长潜力。同时，创业者也需要了解不同退出方式的风险和收益，并选择最适合自己的方案。

四、完成项目投资

在进行谈判和周密的调查核实之后，部分项目状况与商业计划书所写内容不一致。例如，有的技术产业化不成熟、有的过分地夸大市场前景、有的财务制度混乱、有的对风险只字不谈等。

因此，在进行完全面的尽职调查之后，一般情况下又可排除一大半没有投资价值或是风险过高的项目，剩下的有投资价值且风险也相对可控的项目将通过最后的综合评价排序进行对比，然后将收益风险综合指标靠前的项目确定为拟投资项目，并提交决策层评估做出最终决策。

第二节　影响创业投资的主要因素

在创业投资运作过程中，影响创业投资的主要因素关系着投资的正确与否。大量研究表明，决策要素的选择与投资决策者的主观意识和风险偏好有很大关系。在分析对比了很多学者关于高风险投资项目选择评价指标体系后，我们可以发现国家制度、地域、思想和经济发展程度的不同都影响创业投资决策要素的选择。本节从创业投资项目整体的角度出发，从创业者素质、技术、市场、财务、环境、投资退出等多方面来介绍创业投资项目的决策要素。

一、创业者素质评估

创业投资项目与传统投资项目不同，它更依赖于人的因素，更需要借助创业者或创业团队的智慧、毅力、才干等来有效降低投资风险，推动创业企业发展壮大，走向成功。正如露比（Ruby，1984）所指出的："对于一个创业企业来说，容量大且成长迅速的市场是比较重要的，但在所有因素中，保持创业企业的良好管理和拥有强有力的管理者是最重要的。"因此，创业者素质的高低是投资成功与否的第一考虑要素。

（1）创业者的经历与背景。创业者所受的教育背景、工作经历与创业者的经营能力、管理能力、个人魅力等有着直接的影响关系。因此，通过了解创业者的各种经历，包括相关投资成功或失败的经历，可以用于评价创业者个人以及创业投资项目。另外，在创业者经历方面中还需要了解创业者的个人财务状况、家庭成员状况等，这些将共同作为创业者背景方面的评价内容，都是衡量创业企业家综合素质的因素之一。

（2）创业者的精神品质。创业者应具备良好的社会道德品质，需要对社会进步和经济发展承担一定的责任，具备诚实正直的道德品质，这也是投资者和创业者双方合作的基础。除此以外，创业者还应具备锲而不舍、脚踏实地、敢于创新的品质，具有高度的责任心，愿意全身心投入到创业事业之中，有强烈的使命感，心理素质过硬，有追求成功的意愿。创业者个人的人际关系也是非常重要的，人际关系网络代表了创业者的交际能力和沟通能力。

（3）创业者的能力素质。评价创业者的个人能力，主要通过了解创业者个人具备哪些能力以及拥有各种能力的程度，来评价这些创业者个人能力对未来项目运作的影响程度，以此作为项目评价的重要指标。对于创业者的能力，可以概括为技术技能、概念技能、人际技能等，进一步细化还可以分为：经营管理能力、市场开拓能力、财务管理能力、社会交往和沟通能力、风险控制能力、市场适应能力、不断地学习和创新能力等。创业企业家作为创业团队的带头人，更应该具有为了实现团队目标而影响促进他人的领导能力，具有一种鼓舞并激励他人超越自己正常绩效水平的才能。

（4）创业者的身体素质。创业者身负重大责任，尤其在企业的初创阶段，很多方面的事情都需要创业者本人亲力亲为，进行宏观控制、微观把握，进行组织、协调、控制等活动，这些活动不仅需要付出大量的脑力劳动，还要消耗大量的体力，同时还须承担极大的精神压力。没有一个良好的身体素质也是无法胜任这些工作的，因此创业者必须具备良好的身体素质，具有强健的体魄和旺盛的精力，确保创业投资项目能够顺利进行下去。

（5）创业者对商业模式的把握程度。商业模式构成了一个创业企业的核心内容，是创业企业生存和发展的前提。当创业企业拥有一套成熟的商业模式时，可以快速地建立起企业的竞争优势，为客户提供独特的产品和服务价值，从而为投资者带来收益，同时也可以降低投资者的投资风险，帮助创业企业应对外在的威胁，抓住潜在的机会，从容应对可能遭遇的市场竞争与挑战。商业模式通常包括这几方面内容。①企业的营利方式是什么，目标市场和目标消费群体在哪里，消费者对企业产品或服务的可接受的价格是多少，愿意花费多少钱去购买这些产品或服务？②在本行业中，有多少主要的竞争对手，企业处于什么样的竞争地位，企业的竞争优势是什么？③以前是否有过其他公司在同样产品和服务上投资成功的先例，是否获得成功，若未成功那么失败的原因是什么？④本行业中产品和服务的价格趋势是怎样的？⑤采取什么方式实现销售？⑥企业是否为独立的法人，与哪些公司有关联，如投资、金融担保等的相对独立性。

（6）创业团队成员之间的合作性和互补性。由于创业企业团队不是一个人，而是一个创业小组。因此，创业团队的整体素质和团结协作能力就非常重要。在创业团队中，"人心齐，泰山移"，指的就是创业团队成员之间应具有合作的精神和态度，以保证信息的交流畅通和资源的充分利用。但是，如果创业成员之间冲突不断、钩心斗角、互相推诿，那可想而知，这样的创业团队是不可能经营好一个企业或者做好一个项目的，更不会受到创业投资机构的青睐。创业团队成员之间的互补性是指创业企业团队的人员结构与知识结构必须合理，其成员应包括技术开发、企业管理、财务运作及市场营销等各种专业特长且具有丰富经验的人士，其目的是保证创业企业团队成员之间分工明确，但又能达到相互协调、取长补短的目的。丰富的人才组合，有助于很好地应对市场和环境的变化，利于企业未来的发展。相反，若在某一环节出现相对缺口或弱势，就会影响整个团队的发展。

二、技术评估

创业投资对象主要是高新技术企业，对于创业投资家而言，理想的投资对象即创业企业所拥有的技术不仅具有区别于竞争对手技术的特点，还应存在较小可控的实施风险，应用该项技术能够使投资者获得高于社会平均投资的回报率。创业项目的技术水平及研发实力是企业具有竞争力与获利的前提条件，技术方面的评价内容包括以下几点。

（1）技术的先进性。创业企业技术的先进性与含金量会直接体现于产品在市场上的竞争能力水平，对于高新技术企业尤其如此。技术能力是创业投资考虑的第一要素，从某种意义来说，先进技术就是高新技术企业建立和生存的基础。创业投资在评估高新技术企业或具体项目以前，需要详细了解所投资企业的技术水平和该项技术的发展趋势等，这些内容的掌握程度将关系到投资的成功与否。总之，技术先进性是对高新技术企业投资的前提，拥有创新的、先进的、独特的技术可为投资者带来显著的投资优势，先进技术也是创造产品市场，为创业企业带来超额利润的关键。技术先进性的评价主要是根据国内外现有的同等技术所达到的参数来确定其是否具有先进性。

（2）技术的成熟可靠性。成熟可靠性主要是指其接近最后可用可销产品的程度和在规定时间内无故障地发挥其特点功能的概率。创业投资者必须认识到，即使一项技术属于国内领先技术，但是仅仅停留在实验室阶段，没有在实际生产环境中实现过，其一旦投资生产就会出现问题，这也是我国高新技术投资失败的主要原因之一。因此，为了降低投资风险，在进行高新技术创业项目评价时，需要认真考察该项技术的成熟程度，确认其配套的工程技术和产品技术已经完善，能够达到可靠性标准。

（3）技术的可替代性。替代技术是指可以用多种方法来获得同一产品或服务的技术。替代技术基本上能实现与原技术同样的功能，如果替代技术在成本、可靠性等方面有更多的优势，那么计划投资的高新技术项目的风险就会加大。如果现有的替代技术在成本、可靠性等方面未达到上述程度，创业投资者及评估者应了解替代技术的发展趋势，预测在不久的将来是否会对拟投资技术构成威胁，在进行了这些调查的基础上才能去评价技术的可实施性。

（4）技术的发展前景。对于高新技术的评估，不仅要了解技术的现状。如是否为国内或国际先进技术、是否为成熟技术等，还需对该项技术的发展趋势进行预测，以此来把握技术的生命周期规律，从而来判断拟投资的技术是属于其生命周期的哪个阶段，是属于成长型、成熟型还是收缩型，以此来辅助判断技术的可投资价值。处于不同阶段的技术的投资价值明显是不同的。例如，对于处于成熟阶段的技术来说，其发展潜力有限，长期获利能力会受到限制，未来发展前景会逐渐不如收缩期的同一技术；而对于新兴技术来说，有存在较大的发展空间，可通过不断地技术创新来步入成熟阶段，此类技术的长期获利能力较强。

（5）专利和知识产权保护程度。最近几年，我国由高新技术产业知识产权引起的纠纷越来越多，有相当一部分高新技术企业在初创阶段不重视知识产权的保护，而导致在后来蒙受巨大损失。一方面是存在侵权风险，即非知识产权拥有者以非法手段利用知识财产而给知识产权拥有者造成的损失，常见的有各种盗版音像影视产品；另一方面是存在泄密风险，是指泄露技术秘密或商业秘密而造成的损失。所以，对于创业投资项目技术指标的建立，也需考虑技术所涉及的知识产权保护问题。做好高新技术的知识产权保护工作，会促进企业产品和服务的独特性，不但可以防止企业产品被仿冒，还可以提升高新技术企业的无形价值。

三、市场评估

在选择创业企业或创业项目时，进行市场评估是为了防止市场风险。由于市场及相关外部环境的不确定性，很容易导致企业市场萎缩、达不到预期的市场效果乃至影响企业生存与发展。对创业企业市场的评价和预测是审慎评估环节的重要组成部分，市场分析是产品、技术和财务评价的基础，任何一个投资项目都必须有足够的市场规模和顾客需求潜力才能获得持续发展动力。

（1）市场规模和占有率。市场规模是指直接消费或间接使用创业企业产品的数量，市场占有率则反映了创业企业的市场地位和市场竞争状况，同时也决定了企业的现实获利能力。创业企业具有高风险、高收益、高成长的特点，产品的目标市场容量越大、市场规模越大，那么该产品获得成功的可能性也会提高。反之，产品规模较小，市场容量小，同时也存在着同类产品和替代产品的竞争，该产品创造高额利润的空间就会缩小，也不会给投资者带来很高的投资回报率。创业期必须通过扩大市场的占有率才能提升企业的市场价值，基于此，创业投资机构应该科学合理地结合市场现有规模、市场潜在增长率来评估创业企业的市场占有率，以便决定是否投资及投资数额。

（2）进入壁垒。创业企业的产品和服务通常是利用创新型技术的结果，一旦该产品投入市场，获得市场认可，带来经济效益，将会出现一批市场跟随者来瓜分市场份额。因此，在进行市场评估时，也要考虑将来建立市场壁垒，防止市场跟进者推出模仿产品而对创业企业的领先地位造成威胁。建立高效的技术壁垒可以阻止后来者进入市场参与竞争，也可使创业企业在一定时间内保持垄断地位，获得由垄断地位带来的高利润。创业企业是否计划建立市场的进入壁垒以及壁垒保护期的长短，是投资家在进行投资以前需要重视的因素。

（3）市场竞争性。不管创业企业使用的技术有多么先进、成熟，推出的产品具有多大的独特性，以及企业在技术领域方面建立壁垒有多完善，都会有竞争对手为追求高额利润而进入该目标市场参与竞争。目前，全球经济和市场一体化，信息技术和通信技术的发展为市场的自由竞争提供了可能，市场上存在的竞争对手会减少创新企业的市场份额，降低企业的经营效益。市场竞争性越强，创业企业的可得利润会降低，投资回报率也会降低，同时创业企业的产品还需面对替代品的竞争。进行市场评估也要进行产品目标市场的竞争性调查，市场竞争过度激烈，不利于企业的长久发展。

（4）市场需求的稳定性。创业企业产品的市场需求具有高度的不确定性，一旦有更先进技术的出现和廉价替代品的推出，将会导致创业企业产品和服务的市场需求急剧下降，甚至失去该目标市场。对于创业投资者来说，创业企业如果能够快速地适应市场变化也是很好的。但在评价目标市场的时候，会希望所面对的市场相对稳定，尽量少有大起大落的现象。市场需求的稳定性越强，创业投资企业面临的风险越小。

四、财务评估

（1）资本结构。资本结构是指创业企业资产负债表中负债与所有者权益之间的比例关系。资本结构是管理决策的重要内容之一，因为资本结构的变动会直接影响创业企业的价值，所以创业投资机构必须将创业企业的资本结构作为财务评估方面的一个重点。当创业企业试图改变其资本结构时，这种改变实际上是在向市场及投资者提供关于公司未来发展、未来收益及其公司市场价值的一种信号。由于信号的潜在作用与反作用的影响是巨大的，因此，创业投资机构和创业企业都必须谨慎改变当前的资本结构。最佳资本结构的确定必须结合创业企业面临的经营风险，对于经营风险较高的创业企业，保持适度或较低的负债比率不仅是可行的而且还是必需的。

（2）财务历史状况。财务历史状况是指创业投资机构通过各种途径所收集的有关创业企业过去经营的财务状况，其主要的资料来源是创业企业提供给创业投资机构的商业计划书以及创业企业的历史财务报表等。同时，创业投资机构主要通过审查创业企业过去的资产负债表、现金流量表、利润表等，以考察创业企业历史财务资料的真实性，并科学评估创业企业的历史业绩和预测创业企业的未来财务状况。

（3）财务计划的合理性。创业企业未来的发展虽然带有很大的不确定性，但企业的发展目标还是必须用企业的财务计划和财务预测情况反映出来的。财务计划是指企业以货币形式预计计划期内资金的取得与运用和各项经营收支及财务成果的书面文件。财务计划包括投资的资本需求、流动资金概况、产品和服务的销售收入预测、预计资产负债表、利润计划、现金流量计划等。财务计划的合理性考察是对各种财务数据的合理程度评估及融资规划的可行性判断等。对财务计划进行合理的预测,可使企业各项目标具体化,明确企业的融资计划,有助于投资者做出投资决策。

五、环境评估

对创业企业或创业投资项目的环境评估是为了降低在项目生产经营过程中,由于可控和不可控的各种环境因素的变化而影响创业企业成长发展的风险。投资活动能否顺利进行,以及投资项目建成后的生产经营是否有利可图,往往取决于投资环境的优劣状况。因为任何一个投资项目如果缺乏赖以生存和发展的各种必要因素,那么该项投资意向会在可行性论证中被淘汰,即使勉强作出了投资决策,也必定在建设过程和生产经营活动中遇到种种困难,导致投资失败。不同的环境给创业项目既提供了机遇又带来了威胁,因此,创业投资机构在评估创业项目时,应该慎重评估创业企业和创业项目所处的环境。

(1)企业文化环境。强有力的企业文化可以成为激发员工积极性、使员工全身心投入工作的动力,也可以有效地促进企业中长期业绩的增长,甚至可以渗透到企业的产品和服务中。越来越多的管理理论和实践表明:在当今全球化的市场竞争环境中,企业核心竞争力的组成要素不仅包括有形资源。如能源、技术、设备、人力、产品等,还包括品牌、企业文化等众多无形资源。现代营销理论指出,企业市场营销的内涵不再仅仅是产品与服务的传送,更重要的是企业文化和经营理念的传播。当某一企业文化被其目标市场接受和认可,那么自然而然会接受蕴含其企业文化的产品和服务。企业文化的认同,将极大地提升企业的市场竞争能力。在进行创业企业项目评估时,需要重视该企业的企业文化对现有企业和未来发展的影响,对于创业企业来说,具有合理的经营理念和有力的企业文化是保障其得以发展壮大的基础。

(2)所属行业环境。由于创业投资机构是专业性投资公司,他们所投资的项目都具有行业性限制。创业投资机构对行业的选择范围很狭窄,他们主要投资于那些比较熟悉的行业,或者是与熟悉行业相关的产业。因此,创业投资机构在分析一个项目的盈利能力和抗风险能力时,应先分析其所处行业的盈利潜力和风险大小。从决策的角度看,只有定位于某一行业,集中在某一领域,创业投资机构才能熟悉该领域,从而使其在最短时间内做出合理的决策。创业投资机构对行业环境的评估可以从行业发展方向、行业增长率、行业生命周期、国家产业政策、行业进入壁垒、行业竞争程度等进行综合评估。

（3）政策法规环境。政策法规包括政府在对高新技术企业所涉及的税收、质量标准、技术标准、环保政策，以及对行业发展所制定的财政支持政策、项目审批（备案）制度等。了解对于创业企业或创业项目所涉及的各种政策法规，也是创业投资企业进行项目评估考虑的重点。和西方国家的自由市场经济不一样，我国的市场经济要受到政府宏观调控的影响，我国企业的发展受到政府的制约程度高。创业投资与国家情况关系非常密切，一个创业企业要想在某个环境中立足，既要符合国家各项政策，又要符合当地政府的制度，所以相关的法律政策是否齐全、是否完善、是否稳定，所投项目在所在地有多少有关此项目或相关项目的扶持政策、政府的态度等，与投资评价密切相关，直接影响投资成功与否。

（4）宏观经济环境。宏观经济环境也是影响投资活动的重要因素之一，宏观经济环境的各种不确定性的存在以及相互作用，可能成为导致创业投资失败的原因，宏观经济环境主要表现在这几个方面。①国家经济发展状况。经济发展较快，并能保持持续增长势头的国家和地区，往往是经济前景比较好的地区，它能为创业投资提供更多的投资机会，有利于投资者进行比较选择。②产业政策和投资导向的变化。国家为了实现一定的发展目标，通过制定不同时期、不同发展阶段的产业政策和投资导向来鼓励或限制某些产业的发展。而创业投资是一种长期投资，在投资过程中国家产业政策和投资导向的变更，都将可能给投资带来一定的风险。③利率及汇率的稳定性。市场利率的变动将会影响企业筹资成本、影响企业的财务状况及盈利水平、影响创业投资的收益。各种经济的、政治的因素常常使外汇汇率在短期内大起大落，加大了外汇风险，给企业吸纳外资及原材料、设备的进口及产品的出口带来风险。

六、投资退出规划

创业投资的退出是其运作过程中的最后一个阶段。创业投资既不是通过经营产品而获得产业利润，也不是为了产品开发与公司发展而长期持有所投企业的股权，而是以获得最高资本增值收益为唯一目的。因此，创业投资机构需要选择最适当的时机，以最合理的方式实现资本退出。在评估投资企业或投资项目时，对投资退出相关内容的考虑是必要的。

（1）投资回收期。创业企业发展过程中具有较大的不确定性，投资回收期的长短不仅影响着创业企业的资本增值速度，而且还关系着自身投资风险的大小，投资回收期越短，面临的投资风险越小，反之，面临的投资风险越大。因此，创业投资机构应科学预测创业项目的投资回收期，选择最佳的投资风险和投资收益组合。

（2）投资收益率。投资收益率的高低代表了创业项目为创业投资机构实现价值的多少。由于创业投资机构主要从事高风险的创业投资，其目的也就是为了获得高于社会平均收益率的回报，因此投资收益的指标是每个投资企业最关注的指标。创业企业为了能够吸引创业投资机构的注意，往往高估投资所能带来的回报率，所以创业投资机构应慎重评估创业企业的相关财务资料，客观预测创业项目的期望收益。投资收益的评估一般包括两部分，一方面是对企业近期的收益水平进行评估，另一方面是对企业未来若干年的收益水平进行评估。

（3）投资退出方式。投资退出的渠道越畅通，创业投资机构所承受的退出风险就相对越低，所以在同等的预期收益水平条件下，退出渠道更畅通的创业企业容易受到创业投资机构的青睐。在我国的创业投资行业中，投资项目退出方式主要有首次公开发行（IPO）、企业并购、股份回购、破产清算等。不同的退出方式对创业投资机构和创业企业有着不同的影响。一般而言，首次公开发行（IPO）是最理想的退出方式，成功地退出机制可以保障创业资本的循环和增值。对投资退出方式的提前衡量和考虑可以提高创业投资的成功率，具有良好的投资变现渠道是创业投资机构重点关注的因素。

七、创业投资对被投资项目的监管方式

创业投资机构对被投资项目的监管是指创业投资机构在投资项目过程中，对其进行监管和管理的工作。创业投资机构通常会对被投资项目进行尽职调查，以确保其投资的项目是真实、可行的，并且能够获得预期的回报。此外，创业投资机构还会对投资项目进行持续跟踪和监督，以确保其运营状况良好，并及时采取必要的措施来保护自己的利益。

具体来说，创业投资对被投资项目的监管方式主要包括以下几点。

1. 尽职调查

创业投资机构在决定是否投资某个项目之前，会对该项目进行尽职调查，以了解其真实性、可行性和潜在风险等信息。尽职调查的目的是帮助投资人更好地了解被投资项目的风险和潜力，以便做出更明智的投资决策。

2. 投资协议

创业投资的投资协议是指投资人和被投资项目的所有者之间签订的一种法律文件，用于规定投资人向被投资项目提供资金的条件、权利和义务，以及投资金额、股权比例、退出机制等方面的内容。创业投资者与被投资对象之间的投资协议是一份非常重要的法律文件，它不仅规定了投资人和被投资项目的所有者之间的权利和义务，而且也是在投资过程中的重要依据。因此，在签订投资协议之前，投资人和被投资项目的所有者应该仔细审查和协商投资协议的各项条款，以确保投资协议的合理性、公平性和有效性。

3. 监督和管理

创业投资机构会对投资项目进行持续跟踪和监督，以确保其运营状况良好，并及时采取必要的措施来保护自己的利益。具体来说，创业投资机构对投资项目的监督管理方式主要包括参与董事会会议、财务报告审计、管理层监督、项目进展跟踪等。总的来说，监督管理是一个非常重要的环节，它不仅可以帮助投资人更好地掌握被投资项目的发展情况，还可以帮助被投资项目更好地实现发展目标。因此，在进行创业投资时，投资人应该根据被投资项目的特点和发展阶段，制定相应的监督管理措施，以确保投资的成功和效益。

4. 定期报告

创业投资的定期报告是指投资人对被投资项目进行的一种定期汇报和沟通行为，目的是及时了解被投资项目的发展情况和运营状况，以及及时发现问题并采取相应的措施。具体来说，定期报告的内容主要包括财务报告、运营情况、风险管理、发展规划等方面。定期报告是一种非常重要的沟通方式，它可以帮助投资人及时了解被投资项目的发展情况和运营状况，以及及时发现问题并采取相应的措施。

5. 参与决策

创业投资的参与决策是指投资人对被投资项目的重大决策进行参与和影响的行为，目的是帮助被投资项目做出更明智的决策，以及最大化投资人的投资回报，参与的决策包括但不限于投资金额、股权比例、管理层人选等方面的决策。参与决策可以帮助投资人更好地掌握被投资项目的发展情况，以及帮助被投资项目做出更明智的决策。因此，在进行创业投资时，投资人应该要求被投资项目给予充分的参与决策机会，并积极参与公司的重大决策，以确保投资的成功和效益。

第三节　创业投资的投资策略

由于创业投资本身具有高风险性和不确定性，创业投资通过利用投资策略更好地管理风险、最大化收益、确定投资组合、增加投资灵活性和提高投资决策质量等。通过制定投资策略，创业投资机构可以更好地了解市场需求和竞争情况，选择具有潜力的项目进行投资。同时，也可以更好地控制投资风险，避免过度集中于某一领域或项目，从而保证整个投资组合的安全性和稳定性。以下是常见的创业投资机构采取的投资策略。

一、在不同行业和项目上分散投资

创业投资机构在不同行业和项目上分散投资是指创业投资机构将其投资资金分散到多个不同行业和项目中，以降低整体风险并最大化投资回报。

分散投资是创业投资中的一种重要策略，它可以帮助投资者降低投资组合中的行业和项目集中度，从而减少单一行业或项目的风险对投资组合的影响。当一个行业或项目出现问题时，分散投资可以帮助投资者将损失限制在一定范围内。

分散投资的概念还可以扩展到地理区域和其他资产类别。例如，股票、债券等。创业投资机构可以在多个地理区域进行投资，以减少地域风险；同时，创业投资机构还可以在股票、债券等其他资产类别中进行投资，以减少整体风险。

分散投资可以帮助创业投资机构降低风险并最大化投资回报，但同时也会带来一些额外的成本和管理难度。因此，创业投资机构需要在分散投资和集中投资之间进行平衡，以找到最佳的投资组合。

例如，红杉资本是一家全球性的创业投资机构，其投资组合包括科技、医疗、消费品、金融等多个行业。红杉资本在科技行业的投资包括了电商、人工智能、云计算等；在医疗行业的投资包括了生物技术、医疗器械、医疗服务等；在消费品行业的投资包括了食品、饮料、时尚等。

二、对同一项目不同阶段的分段投资

创业投资机构对同一项目不同阶段的分段投资，是指创业投资机构在同一项目的不同发展阶段进行投资，以获得更高的投资回报。这种投资策略通常被称为"分段投资"或"分阶段投资"。

分段投资的概念源于创业投资的高风险性和不确定性。在初创公司的早期阶段，其商业模式和市场机会尚未得到验证，因此风险较高。如果创业投资机构在这个阶段进行大量投资，可能会面临更大的风险。在公司成长到一定阶段后，其商业模式和市场机会得到了验证，风险降低，但是投资回报率也可能降低。因此，创业投资机构通常会在同一项目的不同发展阶段进行分段投资，以获得更高的投资回报。通过分段投资，创业投资机构可以在初创公司的早期阶段进行较小的投资，并在公司成长到一定阶段后进行更大的投资，从而降低整体风险。

具体来说，种子期企业通常需要较大的投资来进行研发、市场推广和团队建设等活动，但其商业模式和市场机会尚未得到验证，因此其未来发展存在较大的不确定性。此外，种子期企业通常需要较长的时间来发展和成长。成长期企业的投资风险主要来源于其商业模式和市场机会已经得到验证，但其市场份额和盈利能力仍然存在较大的不确定性。成长期企业通常需要较大的投资来扩大生产能力、开拓新市场和扩大销售渠道等活动，但其市场份额和盈利能力仍然存在较大的不确定性。成熟期企业的投资风险主要来源于其市场份额和盈利能力已经得到验证，但其竞争环境和市场机会仍然存在较大的不确定性。成熟期企业通常需要较小的投资来维持其市场份额和盈利能力，但其竞争环境和市场机会仍然存在较大的不确定性。此外，成熟期企业通常已经有了较高的估值，因此其投资回报率可能较低。

由此，分段投资是创业投资机构在同一项目的不同发展阶段进行投资的一种策略。通过分段投资，创业投资机构可以更好地控制风险，并获得更高的投资回报。

三、对同一项目进行投资的不同组合

创业投资机构对同一项目进行投资的不同组合，指的是创业投资机构使用多种投资工具来进行投资，以获得更高的投资回报。这些投资工具包括股权投资、债权投资、可转债投资、优先股投资等。

股权投资是指创业投资机构购买创业企业的股份，成为企业的股东，并获得相应的股东权益。股权投资的风险较高，但投资回报率也较高。如果创业企业发展良好，其股价可能会上涨，创业投资机构可以通过出售股份获得更高的投资回报。

　　债权投资是指创业投资机构购买创业企业的债券或其他债务证券，获得相应的债权。债权投资的风险较低，但投资回报率也较低。如果企业发展良好，其债券价格可能会上涨，创业投资机构可以通过出售债券获得更高的投资回报。

　　可转债投资是指创业投资机构购买创业企业的可转债，获得相应的债权。可转债具有股权和债权的双重属性，其投资风险和投资回报率介于股权投资和债权投资之间。

　　优先股投资是指创业投资机构购买创业企业的优先股，获得相应的股东权益。优先股具有股权和债权的双重属性，其投资风险和投资回报率介于股权投资和债权投资之间。

　　由此，创业投资机构利用不同的投资工具进行投资，可以帮助其更好地控制风险和投资回报，并获得更高的投资回报。创业投资机构需要根据其投资目标和风险承受能力，选择适当的投资工具，并对其投资组合进行定期评估和调整，以确保其符合公司的风险承受能力和投资目标。

四、在同一项目上联合投资

　　创业投资机构在同一项目上联合投资，指的是多个创业投资机构共同出资，对同一项目进行投资。这种投资策略通常被称为"联合投资"或"联合出资"。

　　联合投资的概念源于创业投资的高风险性和不确定性。在初创公司的早期阶段，其商业模式和市场机会尚未得到验证，因此风险较高。在公司成长到一定阶段后，其商业模式和市场机会得到了验证，风险降低，投资回报率也可能更高。因此，多个创业投资机构通常会在同一项目的不同发展阶段进行联合投资，以获得更高的投资回报。同时，联合投资也能够有效解决单一创业投资机构资金规模有限的问题，从而充分满足项目的融资需求。

　　此外，联合投资可以帮助多个创业投资机构更好地控制风险。如果一家创业投资机构在公司的初创阶段进行大量投资，可能会面临更大的风险。通过联合投资，多个创业投资机构可以共同承担风险，从而降低整体风险。多家创业投资机构的联合投资也能够将不同创业投资机构的专业性进行整合，更好地实现风险分散。

▌本章小结

　　本章首先介绍了创业投资的运作管理过程，使读者充分了解了创业投资运作的整个过程，对创业投资有了更加深入的认识。在第二节中主要介绍了影响创业投资决策的核心要素，使读者明确影响创业投资能否成功的核心因素。第三节则是介绍了不同的创业投资策略。不同的投资策略在风险防控和收益获得方面的侧重点不一样，因此要根据实际投资需求进行适当的选择和组合。

本章思考题

1. 投资者寻找投资机会有哪些渠道？

2. 创业者如何找到投资者？

3. 创业投资机构应该如何构建自己的投资组合，有哪些注意事项？

4. 创业投资机构应该如何监管被投资对象？

5. 创业投资机构需要对创业团队做详尽的背景调查，调查主要包含哪些内容？

6. 一般情况下，风险投资的项目决策过程经历哪些步骤？

7. 假设你是一位经验丰富的创业投资家，打算成立自己的创业投资基金。在募集资金时，你可能遇到什么样的挑战，你打算如何克服这些困难？你打算通过什么样的组织形式构建你的公司，需要吸引什么样的人才呢？

本章案例分析

为创新而生的羽翼：中安庐阳创业投资基金的探求之路

2018 年 5 月，新上任的合肥市庐阳区区长来到合肥市 IE 果园，听取中安庐阳创业投资基金运营情况的专项汇报。作为 IE 果园的掌舵人，安徽爱意果园投资管理有限公司董事长张总在汇报会上对基金的开展情况进行了详细的报告。

带着详细的基金运营报告、自身和庐阳区的出资意向，IE 果园团队首先来到合肥市产投。分管基金管理部的主任在详细了解了中安庐阳基金一年多以来投资管理工作和被投企业的成长情况之后，认为：被投企业都属于合肥市重点发展的新兴产业且发展迅速，完全达到了基金设立的初衷；而由被投企业所辐射带动的产业链上游供应商、下游客户及相关人才在合肥的聚集更是让人惊喜。市产投对于继续设立中安庐阳二期基金表示了认可，承诺将根据之前的约定参与出资。在省高新投，中安庐阳基金的表现同样备受认可。高新投董事长直言 IE 果园这样的平台和团队完全符合省级股权投资基金子基金遵循"产业＋基金""基地＋

基金"、省市联动的发展思路。因此，省高新投确定要参与共同发起设立中安庐阳二期基金。

省市区三方的积极表态，让 IE 果园团队倍感欣慰，也让张总终于松了一口气。因为这一定程度上说明 IE 果园"招得来、留得住、能发展"的深度协同孵化和中安庐阳创投基金"孵化＋投资"的运营模式，确实如预期在助力科技成果转化和科技型中小企业发展上发挥了作用、产生了价值。

IE 果园，中文"双创果园"。I 代表创新，E 代表创业。果园围绕初创科技企业成长和传统企业创新及转型升级，构建全阶段全要素资源配置"5×10×6×3×4"的果园模式。IE 果园将创新企业成长细分为"创新创意、孵化培育、加速发展、规模发展、集群发展"五个阶段，通过构建十大服务中心，重点打造"634 服务体系"运营模式：即"六大数据库"、"三大协同"和"四个精准服务"，构建全要素资源配置的创新型创业服务模式。

仅仅半年时间，IE 果园先后被认定为合肥市首批众创空间、合肥市科技企业孵化器，并被列入合肥市政府双创示范行动计划（2015～2017 年）重点建设的创业创新空间。2015 年 12 月，时任省委副书记李国英、市委书记吴存荣来考察后给予了高度评价。2016 年 2 月，安徽爱意果园投资管理有限公司与庐阳经开区管委会签订首期 5 年的委托协议，以国家级科技企业孵化器为目标运营 IE 果园。

然而荣誉和赞许并没有让张总沾沾自喜，他一直在思考，如何真正为入驻的创新企业提供有价值的支持，助力他们的成长。IE 果园定位于科技创新项目的引进与孵化，创新项目在落地发展的初期，亟须启动资金开展产品的研发优化、人员扩展和市场推广。然而现在有一个现实问题深深困扰着 IE 果园团队，资金从哪里来？

IE 果园首先想到的是为企业对接金融机构进行融资。可是，对于银行而言，早期项目没有实物资产可供抵押很难放贷。而省内现有的股权投资基金，大部分为政府资金，具有明显风险厌恶特征，通常投放在处于成长期和成熟期并且有财务数据作为评估依据的企业，因此很难青睐 IE 果园引进孵化的早期项目。

在金融机构融资无果之下，张总及合伙人也尝试拿出个人积累的财富投资项目。到 2016 年 2 月，自然人团队累计投资 4 360 万元，但这显然不是长久之计。比如，最近来访的硅谷校友邱博士的航空发动机 CAE 设计软件平台等创新项目，其技术水平属于国际领先和填补国内空白，且十分有意愿回国落户 IE 果园发展，但因为启动资金的缺口，导致迟迟无法实质性推进。

就在 IE 果园为早期创新项目的资金来源绞尽脑汁的时候，2016 年 2 月底，一次与安徽省高新投公司的业务交流，让张总眼前一亮。

从交流中，张总获知，省高新投公司根据 2015 年安徽省发展意见中关于"推动市、县（市、区）设立天使投资基金，通过与园区孵化器融合发展等多种方式，支持初创期创新型企业加快发展"的要求及省领导的部署，正在策划联合相关有意愿的市、产业园区、企业集团，共同设立创业投资基金集群。此创业投资基金集群的部署面向安徽发展、面向实体经济、面向重点产业和安徽战略性新兴产业集聚发展基地，培育和支持高成长性、创新型中小微企业。

而此前，张总已经知道，从 2014 年起，合肥市政府开始发布《合肥市政府投资引导基金管理办法》，并安排专项资金给合肥市创业投资引导基金参股设立的创业投资机构，主要向创业期中小企业投资，引导基金不以营利为目的，并在约定的期限内退出。

综合当下的省市政策，联系 IE 果园目前的发展困境，张总顿然想到：如果通过政府引导基金平台的支持，组建 IE 果园关联的创业投资基金。通过股权投资方式为科技创新企业输送资金，不是既符合省市相关政策的导向，又正好解决了孵化企业的资金困局吗？这样一来，关联的创业投资基金不是也可以充分利用 IE 果园对孵化项目的价值识别能力和后期孵化服务能力，以促进被投企业的成长发展，同时化解早期项目投资潜在的高风险隐患吗？

有了想法就要马上付诸行动。于是，张总当即召集 IE 果园平台合伙人，在相关专业律师的辅导下，在研究了省市相关政策文件后，迅速形成了发起成立创业投资基金的详细报告，向庐阳区政府、合肥市政府、安徽省投资集团的主管领导进行汇报。这个方案立即得到了相关各方的高度认可和支持，紧接着就进入了实施阶段。

2016 年 4 月，张总等 IE 果园平台股东注册成立合肥爱意果园投资管理中心（有限合伙），作为即将成立的创业投资基金的管理人。投资管理中心由一位 IE 果园的股东，同时也是资深投资专家的朱总领衔，任投资部负责人。并遴选 IE 果园有良好企业管理和学历背景的人员，前往安徽省高新投公司相关单位实习，作为基金投资经理的人选。最终决定以投资经理陈杰（化名）和赵万（化名）为主要人员成立了投资部团队。

2016 年 6 月，安徽省高新技术产业投资有限公司、合肥市创业投资引导基金有限公司、合肥庐阳国有资产投资控股集团有限公司签署了《关于发起设立创投基金的框架协议》，发起成立合肥中安庐阳创业投资基金合伙企业（有限合伙），基金总规模 5 亿元，首期出资 1 亿元，基金管理人为合肥爱意果园投资管理中心（有限合伙）。2016 年 8 月，一期基金合肥中安庐阳创业投资基金合伙企业（有限合伙）注册成立。2017 年 4 月，一期基金 1 亿元资金全部实缴到位。

从此，江淮大地上，又多了一支面向高层次人才项目招引孵化，以"孵化 + 投资"为特色，政府引导基金参股、市场化运作的创业投资基金。中安庐阳基金成为合肥市政府"争取到 2020 年，各级政府参与设立产业基金 50 只，引入各类基金 150 只，累计吸引社会资本 1 000 亿元，打造基金丛林"的一部分。

中安庐阳创投基金一期基金设立以来，依托庐阳 IE 果园国家级科技企业孵化平台，围绕新一代信息技术（大数据、软件开发）、半导体芯片设计和半导体辅助产业、新能源与节能环保、大健康（高端医疗器械、基因及生物技术）四大主导产业，截至 2018 年末已投资项目 9 个（7 295 万元），全部为合肥本地项目（其中 7 个为庐阳区项目）。未来三年，预计可实现营业总收入超过 50 亿元，将有力促进本区域科技企业创新发展。其中，低品位废余热制深冷、闪存与运算一体的 NOR - AI 芯片、体积最小的闪存芯片、新一代智慧节能型洁净空气技术、航空发动机 CAE 设计软件等技术均处于国内领先地位。

一期基金基本完成投资任务，"孵化 + 投资"模式的独特优势崭露峥嵘，已然达到基金设立的初衷。基金已投项目不仅自身发展迅速，并且极大地带动了半导体、燃气轮机、物联网、节能环保等产业链各业务节点在安徽的落户与发展。

案例来源：李海东，盛嘉隆，陈玉红，刘志迎. 为创新而生的羽翼：中安庐阳创业投资基金的探求之路. 中国管理案例共享中心案例库，2020.

案例思考题

1. 创业投资基金的主要资金来源是哪些？中安庐阳基金的资金来源有什么？为什么中安庐阳基金要采用有限合伙制？成立中安庐阳基金能达到 IE 果园的初衷吗？

2. 不同的风险投资机构有不同的投资标的选择，结合上述案例，分析讨论影响风险投资机构的投资决策的重要因素有哪些？

3. 一般而言，创投基金会采用什么样的方式开展管理监控？

第三章

创业型中小企业估值与定价

创业投资领域，最令人困惑的问题之一就是受资公司的价值问题。虽然，受资公司的股权价格可以由双方协商决定；但创业投资不是一次性交易，双方还要在一起合作。双方协商的结果不合理，往往会导致某一方，甚至是双方的心理不平衡等后遗症。如果企业的股权价格过高，就会加大投资者的风险。如果企业股权价格过低，可能导致创业者不努力和其他道德风险。因此，在创业投资中对创业型中小企业进行估值与定价都是至关重要的，企业价值的评估是创业投资管理人和受资公司所不得不关心的问题。与成熟企业相比，创业型中小企业在前期的现金流表现可能并不如人意。因此，如何利用科学有效的方法对创业型中小企业进行估值是本章关注的核心问题。接下来，我们将介绍创业型中小企业估值定价的一系列方法，从而解决实际投资中的估值问题。

本章的学习目标

1. 掌握常见的创业型中小企业估值方法
2. 理解创业型中小企业估值的关键因素
3. 结合企业特点及所处的发展阶段，能够基于已有数据对给定的企业进行合理估值

 引入案例

小米科技有限责任公司（简称小米）成立于 2010 年 3 月 3 日，是一家以智能手机、智能硬件和 IoT 平台为核心的全球化移动互联网公司。小米自成立之初以"铁人三项"的商业模式迅速抢占市场，营业收入持续较快增长。2018 年 7 月 9 日，小米在香港主板上市，股票代码为 01810. HK，成为港交所首个同股不

同权上市公司。当日，小米的收盘价为 16.8 港币，较发行价下跌 1.18%，总市值约 3 759.19 亿港元。目前，小米成为全球第三大智能手机制造商，拥有全球最大的消费级智能物联网平台。

小米共经历 9 轮融资，历时 4 年，成功融资 15.812 亿美元。融资后，小米集团估值为 450 亿美元，成为当时全球估值排名第二的创业公司，发展潜力巨大。投资方方面，投资方从最初的国内投资机构晨兴资本、顺为资本等到 IDG - Accel、Apoletto 等国外投资机构，投资人遍布全球，投资人对公司发展信心十足。

案例来源：李唯滨，张玉静. 横看成岭侧成峰，远近高低各不同——小米、美团估值之谜. 中国管理案例共享中心案例库，2020.

第一节　贴现现金流估值法

一、贴现现金流估值法的概念

贴现现金流估值法（discounted cash flow，DCF）是一种基于企业未来现金流量现值的评估方法，用于估计企业未来现金流量的现值，由此确定企业价值。该方法考虑了企业未来的自由现金流量（FCFF）和企业价值（enterprise value，EV）之间的关系，以及企业未来现金流量的不确定性。在估计未来现金流时，要充分考虑创业企业所在行业的发展前景、未来的投入和产出、企业的竞争力、企业的内外部风险及货币的时间价值等多方面的因素。而折现率的确定与货币的时间价值紧密相关，通常需要考虑无风险利率和风险溢价。

二、贴现现金流估值法的步骤

（一）预测企业未来的现金流量

企业未来的自由现金流量（FCFF）。自由现金流量是指企业在扣除投资活动和融资活动后的现金流量，即企业实际可用于分配给所有者的现金流量。预测企业未来的现金流量是贴现现金流估值法的关键步骤，在预测时需要考虑合理假设、不确定性、现金流量完整性、未来变化和敏感性分析等因素，以确保预测的准确性和可靠性。

具体来说，在预测自由现金流量需要合理的假设，包括企业的增长率、资本支出、折旧和摊销等。这些假设应该基于企业的历史数据、行业趋势和企业战略等因素进行合理确定。此外，随着国内外经济政治环境的不确定性增加，在预测企业的未来现金流时也应该将不确定因素纳入考虑范围，包括市场需求、竞争环境、政策法规等因素。在预测现金流时，要充分考虑企业经营活动、筹资活动和投资活动的现金流，确保企业现金流的完整性。同时，预测自由现金流量需要考虑未来可能的变化，包括市场需求、产品创新、企业战略等。应该对企业未来的发展趋势和变化进行合理预测，并调整假设和预测。最后，要进行敏感性分析来评估关键因素的影响程度，并确定企业的风险水平和抗风险能力。

（二）确定贴现率

贴现率是在贴现现金流估值法中用于计算未来现金流量现值的重要参数，通常是根据企业的风险水平、市场利率和企业未来现金流量的不确定性等因素来确定的。确定贴现率的方法有多种，常用的包括债券利率法、加权平均资本成本（weighted average cost of capital，WACC）法、期权定价法等。

债券利率法是根据市场上同期限、同风险等级的债券的利率来确定贴现率。该方法假设企业的未来现金流量与债券的现金流量相似，因此可以使用债券的利率作为贴现率的参考。但是该方法简单地将创业企业的现金流与已有债券相比，以债券利率作为折现率计算的结果与实际相比误差较大。

以加权平均资本成本法作为折现率时，是将企业的每种资金类别的成本，包括普通股、优先股、债券、长期债务等都通过资金所占权重的形式包含进来。假设一家创业型中小企业的资本来源只有债权和股权，那么它的加权资本成本为：

$$r_{WACC} = \left(\frac{D}{V}\right) \times r_d \times (1-t) + \left(\frac{E}{V}\right) \times r_e$$

其中，r_{WACC} 为加权资本成本，D 为企业的债权市值，E 为股权的市值，r_d 为债务资本成本，r_e 为股权资本成本，V 为债务市值和股权市值之和，t 为税率。其中，股权资本成本 r_e 利用资本资产定价模型（CAPM）进行计算，此处不再赘述。

此外，期权定价法是基于期权理论，将企业未来现金流量视为一种看涨期权，通过计算期权的价值来确定贴现率。该方法考虑了企业未来现金流量的不确定性和时间价值，可以准确地反映企业的风险水平。

（三）计算企业的现值 PV

利用预测的现金流和折现率进行计算可以得到企业的现值：

$$PV = \left[\sum_{t=1}^{T} \frac{FCF_t}{(1+r)^t} \right] + \frac{TV}{(1+r)^T}$$

其中，PV 为通过贴现现金流估值法计算的企业现值，FCF_t 为预估的第 t 期的自由现金流，r 为折现率，TV 为企业的终值。

（四）计算企业的净现值（NPV）

将预测的未来现金流量现值与企业的总资产、总负债相减，得出企业的净现值。计算公式如下：

$$NPV = PV - (D + E)$$

其中，D 和 E 分别为当前企业的债权市值和股权市值。如果企业的 NPV 大于 0，则说明企业未来具有增长价值，可以进行投资，反之则不建议投资。

三、贴现现金流估值法的优缺点

（一）贴现现金流估值法的优点

首先，利用贴现现金流估值法进行创业型中小企业估值贴合资产定价和公司财务学的相关理论；其次，贴现现金流估值法考虑了货币的时间价值，将未来现金流量按照贴现率折现到当前的价值，可以评估投资项目的现值和收益率；再次，该方法的计算过程不依赖于市场价格，适合用来评估创业型中小企业价值；最后，贴现现金流估值法可以进行敏感性分析，通过改变关键假设，如预测的现金流量、贴现率和增长率等，来评估估值的敏感性。

（二）贴现现金流估值法的缺点

首先，预测企业未来的现金流量具有不确定性，可能导致利用贴现现金流折现法的估值结果的偏差；其次，贴现率具有不确定性，受到资本结构、市场环境和政策变化的影响；最后，贴现现金流折现法仅适用于典型的现金流形态（先现金流流出，再现金流流入），一旦现金流形态发生改变，会扭曲是否可以投资的结论。

第二节　实物期权估值法

考虑到投资过程的灵活性和环境的变化，利用贴现现金流估值的方法对创业型中小企业进行估值可能缺乏一定的合理性。而实物期权估值法则可以避免部分估值方法不能根据市场环境灵活改变的弊端。例如，提高或降低生产率、延后开发或者放弃投资等变化均会对创业型中小企业的估值结果产生影响，而贴现现金流折现法无法度量这种变化。在实践中，创业型中小企业的多轮融资过程会采用分阶段投资的方式，在投资合同中给予创业投资者优先购买权，这种权利赋予了投资人在特定日期购买资产的权利，而贴现现金流折现估值的方法无法满足这种投资实践中所需要的灵活性。

一、实物期权估值法的概念

实物期权估值法是一种基于实物期权理论的估值方法，主要用于评估具有现金流量特性的资产价值。实物期权理论认为，期权的价值不仅取决于标的资产的价格变动，还取决于其现金流量特性。因此，实物期权估值法需要考虑资产的现金流量特性，对期权进行定价。实物期权的主要形式包括放弃期权、扩展期权、收缩期权、选择期权、混合期权等，二项式模型是最广泛的实物期权估值方法。

投资于创业型中小企业的过程与期权投资类似，如果创业型中小企业能够成功，那么投资人将获得巨大的收益；如果创业型中小企业失败，则投资人损失投入的风险资本。而投资期权的过程也是如此，假如投资人购买一种看跌期权，它赋予投资人在未来某一时期售出期权的权利。因此，我们可以将创业型中小企业的价值看作是期权的价值。

实物期权估值法可以很好地评估初创企业的价值，因为它考虑了企业未来现金流量的不确定性和风险。具体来说，实物期权估值法的基本思路是，首先，估计初创企业未来的现金流量现值，包括确定性现金流量和不确定性现金流量。其次，使用二叉树定价模型，对企业的期权进行定价，考虑企业的不确定性和风险。

在实践中，利用实物期权估值法对初创企业进行估值，需要考虑以下几个方面。

第一，高度不确定性。初创企业的未来发展具有很高的不确定性，因此需要使用高度不确定性的现金流量预测模型。第二，创新能力。初创企业通常具有很强的创新能力，这种能力可以为企业带来巨大的价值。因此，在估值时需要考虑企业的创新能力对其价值的影响。第三，风险偏好。初创企业的投资者通常具有不同的风险偏好，这会影响他们对企业价值的评估。因此，在估值时需要考虑投资者的风险偏好对企业价值的影响。综上所述，利用实物期权估值法对初创企业进行估值是一种有效的方法，可以考虑企业的不确定性和风险，更好地评估企业的价值。

二、实物期权估值法的步骤：以布莱克—斯科尔斯模型为例

布莱克—斯科尔斯模型在对股票的欧式期权进行估值时，将行权价格 X、股票价格 S、期权到期日前时间 T、股票波动率 σ、无风险利率 rf 作为变量，利用这些变量对未来某一时点购买某只股票的权利进行估值。因此，我们在对创业型中小企业进行估值时，也可以采取类似的方式进行估值。在确定变量的估计值后，利用布莱克—斯科尔斯模型或买入期权估值表对期权的价值进行计算。

$$C = SN(d_1) - Xe^{-rT}N(d_2)$$

其中：

$$d_1 = \frac{\ln\left(\dfrac{S}{X}\right) + (r_f + \sigma^2/2)T}{\sigma\sqrt{T}}$$

$$d_2 = d_1 - \sigma\sqrt{T}$$

具体来说，股票期权的行权价格 X 对应着创业型中小企业所需投资的现值，也就是上一小节中我们介绍的股权价值和债权价值之和的现值；股票价格 S 对应着创业型中小企业未来现金流的现值；期权到期日前时间 T 对应在创业投资中指的是投资决策可以延后的时间长度；股票波动率 σ 对应的是创业企业的资产风险；无风险利率 r_f 对应的是无风险回报率，该变量在股票期权估值和创业企业估值时的概念是一致的。

在实践中利用实物期权法进行估值时，首先，要确定创业型中小企业的资产范围，确定需要评估的资产范围指的是确定哪些资产具有实物期权特性。其次，分析资产的现金流量特性，对于每个资产，需要分析其现金流量特性，包括确定性现金流量和不确定性现金流量，并且根据资产的现金流量特性，预测未来的现金流量。接着使用二叉树定价模型进行定价，对每个资产的期权进行定价，考虑

资产的不确定性和风险，根据资产的定价结果计算加权平均资产价值。

三、实物期权估值法的优缺点

(一) 实物期权估值法的优点

首先，实物期权估值法考虑了资产的不确定性和风险。具体来说，考虑了资产未来现金流量的不确定性和风险，可以更准确地评估资产的价值；其次，实物期权估值法符合创业投资风险高和多阶段投资的特性；再次，实物期权估值法克服了贴现现金流估值法灵活性不足的缺陷；最后，实物期权估值法适用于具有复杂现金流量特性的资产，如商业地产、电力资产等。

(二) 实物期权估值法的缺点

首先，实物期权估值法的计算过程比较复杂，需要使用二叉树定价模型等复杂的数学工具；其次，在业界内不常用，理解起来复杂；再次，真实的投资过程可能难以简化为有价期权的定价问题；最后，布莱克—斯科尔斯模型本身的假设在现实世界难以实现。

【案例 3 - 1】

基于实物期权估值法的 L 公司企业估值评估

该案例以 2011 ~ 2015 年 L 公司的年度报告为数据来源，利用贴现现金流法对 L 公司现有业务形成估值，另一部分则是对公司尚未形成收入的业务可能带来的收益进行估值，即期权价值，通过布莱克—斯科尔斯模型进行估算，二者之和则为 L 公司的总价值。

(一) 对现有资产的价值进行估值

通过贴现现金流估值法对公司进行估值，以过往的营业收入作为数据来源，预测未来的营业收入，进一步估算 L 公司的自由现金流，从而根据本章第一节的方法估算现有资产的价值评估。先利用 L 公司 2004 ~ 2014 年季度营业收入为数据样本，预测出 2016 ~ 2020 年的公司营业收入，进而预测出 2016 ~ 2020 年自由现金流，如表 3 - 1 所示。此外，使用 CAPM 模型测算出公司的股权回报率为 14.5%，假定负债成本为 8%，加权平均成本为 9.9%。

表 3 - 1　　　　　　　　　　2016～2020 年 L 公司自由现金流　　　　　单位：万元

经营指标	2016 年	2017 年	2018 年	2019 年	2020 年
主营收入	1 254 500	1 651 000	1 847 500	2 044 000	2 240 500
营业成本	515 452	941 579	1 053 645	1 165 711	1 277 776
销售费用	87 815	115 570	129 325	143 080	156 835
管理费用	37 635	49 530	55 425	61 320	67 215
营业税金及附加	48 938	64 406	72 072	79 737	87 403
息税前利润（EBIT）	364 660	479 915	537 033	594 152	651 271
所得税（15%）	54 699	71 987	80 555	89 123	97 691
息前税后利润	309 961	407 928	456 478	505 029	553 580
固定资产	116 829	153 755	172 054	190 354	208 654
折旧	22 488	29 596	33 118	36 641	40 163
固定资产净额	94 341	124 159	138 936	153 713	168 491
固定资产净额增加额	31 407	29 818	14 777	14 777	14 778
资本支出	53 895	59 414	47 895	51 418	54 941
经营性流动资产	1 366 721	1 798 690	2 012 768	2 226 845	2 440 923
经营性流动负债	885 443	1 165 298	1 303 991	1 442 683	1 581 376
净营运资本	481 278	633 392	708 777	784 162	859 547
净营运资本增加额	21 676	152 114	75 385	75 385	75 385
折旧及摊销	22 488	29 596	33 118	36 641	40 163
自由现金流量	224 659	372 591	453 220	486 729	535 280

由于本节主要介绍的是实物期权估值法，故不再介绍贴现现金流法的详细计算过程。通过估算，我们计算出现有资产价值为 740.67 亿元。

（二）期权价值计算

前文中我们介绍过，利用布莱克—斯科尔斯模型进行估值时，将标的资产现值 S、期权执行价格 X、期权到期日前时间 T、标的资产波动率 σ、无风险利率 r_f 作为变量。

根据步骤 1 的计算结果我们可以知道 $S = 740.67$ 亿元，假定 $X = 131.67$ 亿元，$T = 10$ 年，$r_f = 5.32\%$，$\sigma = 49.5\%$，那么根据布莱克—斯科尔斯模型，我们可以计算出期权价值为 673.36 亿元。因此，L 公司的估值总价值为 740.67 + 673.36 = 1 414.03（亿元）。

第三节　相对估值法

一、相对估值法的概念

相对估值法是指通过比较被评估对象与其他类似资产的价值比率或者市场价格比率来评估被评估对象价值的一种评估方法。相对估值法通常使用市盈率、市净率、企业价值/息税折旧摊销前利润、企业价值/收入等指标。

利用相对估值法对创业型中小企业进行估值的关键是找到与被估值对象具有相似价值特征的企业。在确定相似价值特征企业时，需要考虑包括风险、企业增长水平、资本结构、现金流等多个因素。因此，利用相对估值法对创业企业进行估值时，要通过市场调查，对比评估选择恰当的参照企业，并且通过对比分析进行调整，确定恰当的评估价值。

在对参照企业进行选择时，非上市企业和上市企业均可作为估值的参照对象。但是值得注意的是，与上市企业相比，非上市企业往往难以确定其估值，因此难以比较估值对象和参照对象。同时，非上市企业的信息披露是非强制性的，因此难以获得相关会计信息进行估值。因此，选择上市公司作为估值对象能够提升估值的准确性。此外，根据上市公司并购交易中的定价数据作为估值参考对象也是对创业型中小企业进行估值时参照对象的选择之一。然而，上市公司无论是在营业收入还是生产规模上都相对成熟，因此以上市公司为参照对象评估创业型中小企业的价值可能也会使估值结果产生误差。

二、估值指标的选择

在选择评估指标时，应该根据评估对象的特点和评估目的来确定。下面我们将对常见的估值指标进行介绍。

（一）市场比率法

通常使用市盈率、市净率、市销率等比率来评估资产的价值。市盈率（P/E）是指估值对象的市场价格与每股盈利的比率，市净率是指估值对象的市场价格与股东权益的比率。市场比率法的优点是简单易懂，可以直接反映市场对资产价值的判断，但是缺点是可比资产的选择和市场价格的确定可能存在偏差，影响评估结果的准确性。例如，采用市盈率估计创业企业的估值公式为：

创业型中小企业的价值＝参照企业的市盈率×创业型中小企业的每股收益

在利用市盈率对创业型中小企业进行估值时，需要确定的核心指标是参照企业的市盈率和未来创业企业的每股收益。而收益的确定需要根据近一年或近三年的营业利润综合判断，避免由于行业周期的变化带来的估计误差。市盈率的判断需要详细地分析参照企业，才能够得到一个相对准确的值。

市净率是企业的每股股价与每股净资产的比率。市净率越低，说明企业的投资价值越高，反之，则投资价值越低。从本质上来说，市净率衡量的是哪个公司可以在投入较少情况下，得到更多的产出。利用市净率对企业进行估值关注的是一个会计周期的指标，可以避免由于会计周期变动而带来的历史成本问题。与市盈率相比，市净率更容易受到企业所属行业的影响，通常适用于以制造业为代表的资产密集型行业的企业。

（二）账面价值比率法

通常使用账面市值比率或者资产负债比率、营业收入比率等比率来评估资产的价值。账面市值比率是指评估对象的账面价值与可比资产的账面价值的比率。资产负债比率是指评估对象的资产与负债的比率。营业收入比率是指评估对象的营业收入与可比资产的营业收入的比率。账面价值比率法的优点是可以反映资产的实际价值，但是缺点是账面价值可能不能准确反映资产的市场价值，特别是在资产出现减值的情况下。

（三）息税前利润

基于息税前利润的比率能够避免由于被估值对象与参照企业资本结构差异过大产生的估计误差，这是因为息税前利润的计算忽略了利息费用的不同，从而解决由于资本结构差异产生的问题。

（四）非财务指标

值得注意的是，创业型中小企业在成立初期可能并不能盈利，因此难以利用营利性指标进行估值。在实践中，互联网企业的用户注册数、生物科技企业的专利数量、矿业企业初次钻井的结果等指非财务指标均可用来评估企业的价值。

三、相对估值法的优缺点

(一) 相对估值法的优点

相对估值法的优点是简单易懂，可以直接反映市场对资产价值的判断，而且评估过程相对简单，可以快速得出评估结果。另外，相对估值法可以为投资者提供有用的参考信息，帮助投资者做出更明智的投资决策。

(二) 相对估值法的缺点

相对估值法的缺点是，可比资产的选择和市场价格的确定可能存在偏差，影响评估结果的准确性。另外，相对估值法只能提供评估对象的相对价值，不能提供绝对价值；而且评估结果受到市场环境、企业经营状况、资产质量等因素的影响较大，评估结果的可靠性和准确性存在一定的风险。

四、利用相对估值法对创业型中小企业进行估值的步骤

（1）挑选与企业同行业可比或其他特征可比的上市公司。例如，我们在交易房屋时对房屋价值进行评估，通常会选取同地段同户型的房屋价值进行参考和比较。因此，在对创业企业估值时，也要选择具有相似特征的企业作为可比企业。

（2）收集创业企业和可比企业的相关数据和资料，资料主要包括历史数据、财务数据、市场数据等。收集的资料应该充分、准确、完整，以便于进行评估。

（3）确定评估指标，根据创业企业的特点和评估目的，选择合适的评估指标。通过比较被评估企业与其他类似企业的市场价格指标来评估评估对象的价值。

（4）评估创业企业价值，具体而言，通过上市公司或并购交易中的相关数据得到相应的定价乘数，然后利用该乘数和创业企业的财务指标计算出创业企业的价值。以市盈率为例，P/E（定价乘数）= 每股价值/每股盈利，基于参照企业的相关数据得到 P/E 乘数，然后基于被评估的创业企业财务数据得到每股盈利，用每股盈利乘以定价乘数，便可以得到创业企业的每股价值了。

（5）确定估值结果的确定，根据比较和分析的结果，确定估值企业的价值。估值结果应该充分考虑各种因素的影响。如市场环境、企业经营状况、资产质量等。

（6）编制估值报告，根据估值结果和相关资料，编制估值报告。估值报告

应该详细说明对创业企业价值的评估过程、评估方法、评估结果、相关的假设和限制条件等，以便于理解和接受评估结果。

第四节　互联网创新创业型公司估值法：
估值的财务创新

互联网创新创业型公司与传统制造业企业在商业模式上存在明显差异，因此使用的估值方法也有所不同。例如，以电商运营为主要业务的亚马逊和京东购物，净利润均在很长一段时间内为负值，但营业收入和用户数量的快速增长为亚马逊和京东购物带来了高水平的估值。本节将从互联网创新创业公司的特点展开，介绍适用于互联网及创新创业型公司的估值方法。

一、互联网创新创业型公司的概念与特点

互联网创新创业型公司指的是以互联网技术和创新思维为基础，以新的商业模式和新的市场机会为驱动，以创新的产品和服务为核心的公司。这些公司通常具有较强的增长速度、较高的风险和较强的创新能力，而且通常没有太多的固定资产和实物资产，主要依靠知识产权、技术和人才等无形资产来实现增长。互联网创新创业型公司通常具有较高的市场前景和增长潜力，因此通常可以获得较高的估值。

具体来说，互联网创新创业企业通常具有以下特点：

（一）高增长

互联网创新创业型公司通常具有较高的增长速度，可以快速实现规模扩张，这是因为互联网创新创业型公司通常利用互联网技术和创新思维，开发新的产品和服务，满足新的市场需求。由于互联网技术的快速发展和普及，市场上出现了许多新的机会，互联网创新创业型公司可以利用这些机会快速实现规模扩张。

（二）高风险

互联网创新创业型公司通常具有较高的不确定性和风险，这是因为这类企业通常面临激烈的市场竞争，需要不断创新和适应市场变化，否则可能会被淘汰。

同时，互联网企业通常依赖于技术创新，但是技术创新存在不确定性，可能会导致技术失败或者市场失败。

（三）轻资产

互联网创新创业型公司通常没有太多的固定资产和实物资产，主要依靠知识产权、技术和人才等无形资产来实现增长。无论是技术和知识产权，还是高素质的管理团队和人才，抑或是互联网提供的服务和软件，均不需要太多的固定资产和实物资产予以支撑。因此，与其他行业相比，互联网行业内的创新创业公司通常表现的特征是轻资产。

（四）高创新

互联网行业中的技术更迭速度极快，因此外部激烈的竞争环境促使互联网创新创业型公司表现出较高的创新水平。高水平的创新才能确保企业能够快速抓住市场机会，适应市场环境的变化，满足市场的需求。

（五）高强度研发

与高创新水平相匹配的自然是高强度的研发水平，互联网创新创业型企业往往在研发和品牌营销方面投入了大量的支出。在研发初期，难以将研发支出列为资本性支出，表现在账面上是大额的经营性支出，导致企业的财务报表难以真实反映企业的真实情况。

二、互联网创新创业型公司股估值的难点

首先，互联网企业的发展周期短，变化快，可比标的少。这是因为互联网企业的发展通常是基于新的技术和创新的思维，而且市场环境和竞争环境也在不断变化，因此很难找到与之相似的可比标的，这是利用相对估值法的最主要难点。而针对贴现现金流折现的绝对估值方法，需要对被估值企业的现金流进行预测，但是互联网创新创业企业的历史数据通常较短，数据易缺失，难以利用贴现现金流的方法进行估值。例如，贴现现金流估值法要求现金流为正，而互联网企业前期的投入巨大，难以实现现金流为正，传统的贴现现金流折现法难以用来对互联网创新创业型企业估值。

其次，多数互联网企业营利性弱，且变化幅度较大，这也是互联网企业估值的难点之一。由于成长中的互联网公司的营利性比较低，加之在企业成长初期投

入巨大，研发支出费用化的会计处理方式导致财务表现欠佳，进而导致市盈率往往显得极其高。因此，传统的市盈率、市净率等估值指标不再适用。

再次，影响互联网企业价值的非财务因素较多。例如，互联网企业的用户数量、活跃用户数量等相关因素是影响互联网企业价值的重要因素。因此，在互联网企业的发展前期，均会投入大量的资本吸引用户。而互联网企业的商业模式，也是评估其价值的核心要素。

最后，新兴行业本身的多变性导致互联网企业产生现金流的数量和持续的时间都很难预测。同时，互联网企业通常具有较强的创新能力和市场敏感度，可以快速适应市场变化和竞争环境的变化，因此很难用传统的估值方法来评估公司的价值。

三、互联网创新创业型公司的估值模型——DEVA 模型及修正的 DEVA 模型

DEVA（discounted equity valuation analysis）模型，是华尔街分析师米克尔（Meeker）在 1995 年时构建的，他认为用户是互联网企业估值的最重要因素，用户数量的增加是提高互联网企业价值的根本路径，企业的价值随用户数量的增加呈算术或二次方增长：

$$E = M \times C^2$$

其中，E 是互联网企业的价值，M 为单位用户初始投入成本，C 为用户数量。

该模型的核心思想是互联网企业的价值源自用户，因此，为互联网创新创业公司的估值提供了有效的方法。但是随着企业的发展，用户数量的增长速度并不会始终保持不变，企业价值可能与用户数量的关系不再满足该模型。因此，学术界从初始投入资本、活跃用户数、市场占有率等多个方面对 DEVA 模型进行了修正，形成了一系列修正的 DEVA 模型用来估计互联网企业的价值。

具体来说，修正的 DEVA 模型主要有以下类型：

（一）修正企业价值与用户价值

由于用户价值对企业价值的提升并不是无限增加，而是呈现边际递减规律，在一定程度后趋于零，满足齐普夫定律。因此，基于齐普夫定律对 DEVA 模型进行修正可得：

$$E = M \times C \times \ln C$$

其中，E 是互联网企业的价值，M 为单位用户初始投入成本，C 为用户数量。

（二）修正用户价值

在传统的 DEVA 模型中，C 为用户数量，但是实际能够为企业价值带来增长的是活跃用户，需要从用户实际提供价值的角度修正 DEVA 模型。因此，在实践中通常采用月均活跃用户来计算互联网企业的价值，将原本模型中的 C 定义为月均活跃用户（MAU）与单位用户平均收入（ARPU）的乘积，修正后的模型为：

$$E = M \times MAU \times ARPU \times \ln(MAU \times ARPU)$$

其中，E 是互联网企业的价值，M 为单位用户初始投入成本，MAU 为月均活跃用户，$ARPU$ 为单位用户平均收入。

（三）修正市场占有率

互联网企业的市场占有率也会影响其估值水平，高占有率意味着企业未来发展前景广阔，因此有必要将市场占有率纳入 DEVA 模型中进行修正。将市场占有率 S 考虑到 DEBA 模型中后：

$$E = M \times S \times MAU \times ARPU \times \ln(MAU \times ARPU)$$

其中，E 是互联网企业的价值，M 为单位用户初始投入成本，S 为市场占有率，MAU 为月均活跃用户，$ARPU$ 为单位用户平均收入。

第五节　估值的定价基础：估值贴现率问题

在对创业型中小企业进行估值时，贴现率是投资决策的基本依据。然而，在具体的估值过程中，贴现率受到市场利率、公司的风险水平、公司的经营状况、公司的财务指标等多方面因素的影响，贴现率的确定不仅是对创业型中小企业估值的基础，也是估值过程中的核心问题。从本质上来说，创业投资决策的根本依据是确定被投资对象的价值。正如我们在本章的前四节介绍的估值方法，其中贴现现金流折现法的关键变量是贴现率，贴现率在投资决策中扮演着至关重要的角色。只有贴现率合理，才能正确对创业企业进行估值。

一、贴现率的概念

贴现率是指将公司未来现金流量折现到当前的现值，而且可以用来评估公司的价值。贴现率的选择需要考虑公司的资本结构、负债水平、现金流量结构等因素，以保证评估结果的合理性和准确性。通常，贴现率的选择需要考虑市场利率、公司的风险水平、公司的经营状况、公司的财务指标等因素，以保证评估结果的合理性和准确性。一般来说，折现率的期限都指的是一年，通常也以期望收益率、投资者要求的收益率、资本成本等名称来表示贴现率。

二、贴现率的确定方法

创业公司的投资者不仅有股东，还有债权人，因此仅仅以股东要求的必要回报率作为贴现率是无法体现所有投资者的投资回报。因此，在评估创业型企业时也会使用加权平均资本成本通常作为贴现率。从本质上来说，贴现率是机会成本，表示了投资者将资本投入到该公司的平均风险报酬率。

假如我们在一家创业型中小企业的债券上投资了 50 万元，期望收益率为 5%，在这家公司的优先股上投资了 30 万元，期望收益率为 8%，在这家公司的普通股上投资了 20 万元，期望收益率为 50%。

那么，我们投资这家公司的期望收益率可以计算为：

$$期望收益率 = \frac{50}{50+30+20} \times 5\% + \frac{30}{50+30+20} \times 8\% + \frac{20}{50+30+20} \times 50\% = 14.9\%$$

类似地，这家公司的加权平均成本也可以这样计算，投资者的期望收益率对应着公司的资本成本率，也是估值过程中的折现率。当一家公司的期望收益率高于其 WACC 时，说明这家公司可以创造现金流，为投资者带来收益。

三、股权资本成本的确定——资本资产定价模型

资本资产定价模型（capital asset pricing model，CAPM）是由崔纳（Treynor）、夏普（Sharpe）、林特纳（Lintner）和莫辛（Mossin）等基于资产组合理论和资本市场理论发展起来的。CAPM 模型是一种用于反映系统性风险与证券投资报酬关系的数学模型，最早由美国财务管理学家威廉·F. 夏普（William F. Sharpe）于 1964 年建立，它衡量了资产的预期收益率与风险之间的定量关系。

股权资本成本的确定本质上是如何衡量股权投资者要求的期望回报率，一方面是对投资者放弃即期消费的补偿，另一方面是对投资者持有股票承担风险的补偿，即风险溢价。因此，根据 CAPM 模型，股权资本成本的计算公式如下：

$$E(R_i) = r_f + \beta_i(E(R_m) - r_f)$$

其中，$E(R_i)$ 是持有公司 i 股票的期望回报率，r_f 为无风险收益率，β_i 表示公司 i 股票的回报率对市场风险的敏感程度，$E(R_m)$ 是市场的预期收益率，$E(R_m) - r_f$ 则表示了市场的风险溢价。β_i 的确定通常与公司所在行业、经营杠杆比率和财务杠杆比率有关。如果公司对市场的变化越敏感，其对应的 β 也越高。

本章小结

本章主要介绍了创业型中小企业的几种不同方法，同时结合案例详细介绍每种估值方法的应用场景。读者需要结合创业企业所处的不同阶段和公司特征，选取合适的估值方法进行合理估值，同时，正确理解影响创业企业估值的因素也是合理估值的重要前提。

本章思考题

1. 投资者在对创业型中小企业进行估值时面临哪些困难和挑战？

2. 使用相对估值法评估一家创业型中小企业的潜在缺陷是什么？

3. 当比较两家资本结构和资本支出水平不同的公司时，使用什么指标是合适的？为什么？

4. 计算一家公司的 WACC，具体数据如下：

$D = 2\,000$ 万元

$r_d = 4\%$

$r_f = 3\%$

$E = 4\,000$ 万元

$t = 25\%$

$\beta = 1.9$

$(r_m - r_f) = 7.5\%$

5. 在哪种情况下，使用期权定价法比贴现现金流法更合适？

6. 投资前和投资后估值有什么区别？什么时候投资者会更看重投资前估值？什么时候投资者会更看重投资后估值？

7. 无营收的创业企业应该如何估值呢？

8. 既然评估创业型中小企业价值的方法有多种，那么，我们在投资过程中对其进行估值时，应该如何选择恰当的估值方式呢？

本章案例分析

横看成岭侧成峰，远近高低各不同——小米、美团估值之谜

2018 年 6 月 21 日，在香港香格里拉酒店举行的小米集团（以下简称"小米"）IPO 路演的余温还未褪去，另一家互联网巨头"美团点评"（下文简称"美团"）也加入了赴港上市的行列当中。9 月 20 日，美团在港上市，上市当天市值就达到 483 亿美元，超过小米 300 亿美元的市值。

从财务分析状况来看，小米更值得投资。在盈利方面：小米集团从 2016 年到 2018 年，营业总收入以及毛利润均保持增长。2018 年，小米总收入达到人民币 1 749 亿元，同比增长 52.6%，毛利为人民币 222 亿元，同比增加 46.4%，经调整后的净利润达到人民币 86 亿元，同比增长 59.5%。偿债方面：小米作为硬件业务较强的公司，在 2017 年之前资产负债率一直偏高，高达 241.5%；但在 2018 年这一状况得到改善，资产负债率下降到了 50.9%，长期偿债风险大幅减轻；短期偿债能力方面小米一直做得很好，流动比率和速动比率呈持续上升趋势，2018 年流动比率和速动比率分别为 1.71 倍和 1.29 倍，短期偿债风险较低。营运能力方面更是出色，小米平均四十多天的存货周转天数也在行业中非常突出，根据 Gartner 公布的《2017 年全球供应链 25 强》榜单，百货公司沃尔玛的存货周期为 45 天，快消时尚品牌 H&M 的存货周期为 121 天，也即意味着小米作为一家硬件零售企业，其存货周转效率与沃尔玛几乎持平，供应链管理效率优秀。而众所周知，美团最近几年一直亏损，投资的摩拜单车更像是美团盈利的黑洞，怎么也填不满。2018 年一年时间，美团就亏损达到 1 154 亿元，更是遭人调侃说美团每天亏损 1 亿~2 亿元。所以从财务方面来说，投资小米是个不错的选择。

不仅小米的财务状况比美团好很多，而且小米的商业模式更是令人称道，这使小米业务更加均衡，盈利模式更加地稳定。小米的"铁人三项"商业模式由硬件、新零售和互联网服务三大板块组成，各业务之间形成相互协作、相互支撑的关系。经营模式中的硬件可以进一步分为手机和 IoT（物联网）及生活消费品。手机方面，小米一直主打低价战略，永远坚持硬件综合净利率不超过 5%，小米产品线上的小米和红米系列以可靠的质量和价格优势在市场上取得了巨大的成功。仅在 2017 年，小米智能手机出货量就超过了 1 亿台。同时，这几年，小

米在印度、印度尼西亚也取得了不菲的成绩。2017 年的第四季度，小米在印度的线上智能手机出货量排名第一。随着全球智能手机销量下降，有行业触顶的风险，小米手机开始布局多渠道销售手机。线上渠道有小米商城、淘宝旗舰店直接发送到个人用户，线下有"小米之家"进行产品展示，给客户良好的体验平台并进行零售，力图拉高销量，占领市场；IoT（物联网）将生活消费品分为自营产品和生态链产品。自营产品就是小米自己生产研发的小米电视、小米笔记本电脑等，生态链产品就是小米投资的生态链公司进行生产和研发，再由小米布局的渠道进行销售的产品。小米从 2015 年拓宽产品线，开始生产可穿戴产品，如小米手环等，小米也积极寻找商业团队，扩大生态链系统，生态链上的产品销售方式和手机类似，有线上网店和线下的零售店相结合。小米生态链系统发展很快，在 2018 年第一季度，小米通过投资和管理的生态链公司超过 210 家，连接了超过 1 亿台设备；小米互联网服务业务的经营方式依赖于自己研发的操作系统：MIUI 系统，通过这个系统，小米将小米商店、小米浏览器、小爱同学等一系列互联网产品放在其中，用来扩大用户群体。

然而，尽管小米有着良好的持续发展能力和盈利能力，却在上市之日惨遭破发。美团虽连年亏损，可上市市值却直逼 BAT，说明与此类似的新经济企业的财务业绩只是估值的冰山一角，仅以此来判断企业价值有些不适用了。而且近几年以"独角兽"为代表的新经济企业如雨后春笋般涌现出来，这些互联网企业有着全新的价值观和独特的商业模式，都是不错的投资项目，但是它们一般经营不稳定，商业模式多样化，前期亏损严重，传统估值方法会出现较大差异。

那么，美团的未来价值体现在哪呢？小米和美团作为新经济互联网企业的领航者，一些财务指标的考察固然重要，但随着时代的发展，非财务指标对企业价值的影响也不容小觑。首先，美团有一个"无边界"的商业模式。美团的商业模式是以"吃"为首打造最大的生活服务平台，通过美团外卖打开市场入口，吸引大量的商家和消费者，之后拓展到酒店住宿、出行、生鲜等其他方面，形成一个巨大的商业闭环。这些业务都有一个共同的特点——都属于无限杠杆业务，这为美团带来了庞大的数字资源。根据 IPO 招股书显示，美团的经营规模很庞大，在 2017 年的营业收入总额为 339.28 亿元，比上年同期增加了 161%，2016年的营业收入总额是 2015 年的 3 倍之多，可谓是飞速增长。另外，2017 年，美团完成了超过 58 亿笔交易，交易金额为 3 570 亿元人民币，为 3.1 亿交易用户及约 440 万活跃商家提供了服务，业务覆盖了 2 800 多个市县。

第二个方面，美团业务的市场地位无人撼动。美团外卖作为美团点评最主要的，也是最重要的业务，行业内处于霸主地位，美团从 2016 年开始重点铺设外卖道路。从收入类型上看，2016年末，美团外卖营收占比达到40.3%，但到2017年美团外卖就成为美团的支柱产业，占比达到62%，金额为210亿元。美团外卖的市场份额占据市场一半的比例，在中国餐饮外卖行业，美团从2016年开始就赶超了在前一年排名第一的饿了么，并且在此之后都蝉联第一，市场份额越来越高。

美团作为一个生态型企业，企业价值除了体现在已有的企业规模、盈利之外，用户数量的潜在价值不容忽视，这也是许多互联网企业产生估值泡沫的原因所在。美团的年报显示，2016年，美团的交易用户是2.6亿，2017年增加到3.1亿，2018年达到4亿。根据梅特卡夫定律可知，一个网络的价值等于该网络内的节点数量的平方，而网络的价值与互联网的用户数量的平方成正比。也就是说，互联网企业的用户数量越多，那么整个网络内创造的价值就越大。当然，也可以从市盈率、市净率、现金流贴现等方面进行估值。美团现在扩展打车、卖菜业务，未来也可以卖服装，未来产生现金流的方向现在还不好确定，但拥有了稳定的项目和庞大的数量，相信未来美团的市值可不只是现在的5 000亿港元。

通过对以上两家行业独角兽企业的上市市值的对比分析，可以看出，小米的颓势就在于商业模式还不够完善，生态格局不够广阔，美团的脱颖而出，恰恰验证了在当今新经济互联网的大时代当中，一些非财务因素确实起到扭转乾坤的作用，美团处心积虑铺垫的"未来"正在一一实现。

案例来源：李唯滨，张玉静. 横看成岭侧成峰，远近高低各不同——小米、美团估值之谜. 中国管理案例共享中心案例库，2020.

案例思考题

1. 新经济和旧经济有什么区别？作为新经济企业为何难以准确估值？

2. 如何看待小米和美团上市首发出现巨大差异的市场表现？

3. 如何用自由现金流贴现法对小米进行估值？采用这种方法进行企业价值评估受到什么因素影响？又会出现什么样的问题？

4. 美团上市后的高市值主要是受到什么因素的影响？

第四章

创业型中小企业的对赌协议

在创业型中小企业的投资过程中，投资者和被投资的创业型中小企业之间存在着信息不对称，风险投资者即使经过仔细的尽职调查，也难以了解创业企业的全部信息。因此，为了缓解投融资双方的信息不对称和企业的不确定性问题，在投资实践中便出现了对赌协议这一工具。对赌协议在风险投资中有效地缓解了由于信息不对称而产生的风险和代理成本等问题。那么，对赌协议是什么？它在创业企业融资的过程中发挥了什么作用？本章将从对赌协议的概念和产生背景展开，介绍对赌协议的目标、条款设计、法律法规等内容。

本章的学习目标

1. 理解对赌协议的概念和应用场景
2. 掌握与对赌协议中业绩补偿的有关计算
3. 正确理解对赌协议在创业型中小企业融资中发挥的作用
4. 了解与对赌协议有关的会计、税务和法律问题

 引入案例

蒙牛乳业（集团）股份有限公司，成立于 1999 年 8 月，其总部设在内蒙古自治区呼和浩特市和林格尔县，是国家农业产业化重点龙头企业、乳制品行业龙头企业。经过 20 多年的发展，蒙牛已拥有液态奶、冰淇淋、奶粉、奶酪等多种产品，成长为中国领先的乳制品供应商，在世界范围内的乳业产业中也是龙头企业。然而，在蒙牛成立之初，却因为股本资本缺乏且没有足够的资产抵押遭遇融资困难。在经历过主板上市失败、民间融资未实现、放弃流动性差的香港二板上市等多种融资渠道失败后，蒙牛在 2002 年 6 月和摩根士丹利、英联和鼎晖投资

三家风险投资机构签订了对赌协议获得了第一轮融资，在 2003 年 10 月与这三家机构签订了第二份对赌协议获得了第二轮融资。

案例来源：李琦钰. "对赌协议"在我国私募股权融资中的应用探讨 [D]. 南昌：江西财经大学，2018.

第一节　对赌协议的概念与产生背景

一、对赌协议的概念

"对赌协议"一词是财务学中的专业术语，也称作"业绩补偿协议""估值调整协议"，用来表示投资方与融资方在达成某种交易或协议的同时，对未来不确定情况约定一种特殊的奖励或惩罚机制，以确保其中一方能够获得某种预期的收益或结果。这种机制通常是通过对某些指标或条件进行监测和评估来实现的，如果双方达到了预期的结果，则其中一方将获得奖励，反之则将承担惩罚。从本质上来说，对赌协议是期权的一种形式。

从理论上来讲，对赌协议的产生源自投资方与融资方的信息不对称。在对企业进行投资时，融资方往往倾向于自身企业得到较高的估值，投资方则恰恰相反。因此，为了避免由于双方关于企业估值的分歧使交易难以达成，采取对赌协议这一估值调整机制。具体来说，当企业未来获利能力达到协议中规定的标准时，融资方便行使估值调整的权利弥补企业价值被低估的损失。否则，由投资方行使估值调整的权利弥补企业价值被高估的损失。对赌协议事实上是投融资双方针对未来的风险进行的一种"赌注"。

关于对赌协议的法律概念，我国司法机关在《全国法院民商事审判工作会议纪要》（以下简称《九民会议纪要》）首次中对赌协议进行定义："实践中俗称的'对赌协议'，又称估值调整协议，是指投资方与融资方在达成股权性融资协议时，为完成交易，双方对目标公司未来发展的不确定性、信息不对称以及代理成本而设计的包含了股权回购、金钱补偿等对未来目标公司的估值进行调整的协议。"从概念描述来看，我们可以认为对赌协议其实是投融资双方关于投资分歧的一种暂时搁置处理，先促成合作，待目标达到再进行后续清算的一种方式。

对赌协议在商业领域中被广泛应用。例如，在并购交易中，卖方可能会向买方承诺未来几年的业绩指标，如果达到了这些指标，则买方将支付额外的收购款项，反之则买方有权要求卖方进行补偿。此外，对赌协议还可以用于投资项目或创业公司中，投资方可能会与创业公司签订对赌协议，如果公司在指定时间内达到了预期的发展目标，则投资方将获得额外的投资回报。反之，则创业公司需要向投资方进行补偿。

二、对赌协议的产生背景

对赌协议最早源自国外的棘轮条款，具体来说，棘轮条款是避免由于企业经营业绩差时进行低价融资而使之前投资者持有股份被稀释的一种工具。由于原始投资者持有股份被稀释，在棘轮条款下，原始投资者会要求企业创始人转让部分股权给自己，从而保障自身持有的股份价格和新投资者价格一致。

对赌协议通常会在交易双方对未来的发展前景和业绩表现存在较大不确定性的情况下产生。在这种情况下，双方可以通过设定一些具有可衡量性和可预测性的指标来评估未来的发展情况，并在此基础上进行奖励或惩罚。这种方式可以使双方更加公平地分担风险，并且也可以激励双方积极地采取行动来实现预期的目标。

对赌协议在西方国家有着悠久的实践历史，我国最早的案例则是在 2002 ~ 2004 年间摩根士丹利等三家国际投资机构投资蒙牛时所设立的业绩调整股权比例的安排。其对赌协议具体内容是 2003 ~ 2006 年如果蒙牛业绩的复合增长率低于 50%，蒙牛管理层要向外资方赔偿 7 800 万股蒙牛股票，或以等值现金代价支付；反之，外方将其持有的相应蒙牛股票赠与蒙牛管理团队。2004 年，由于蒙牛乳业业绩表现远远超出预期，2005 年 4 月，3 家机构投资者向蒙牛公司支付了 598.76 万美元的可换股票据，提前终止了双方协议。

无独有偶，2007 年初，湖南奶制品企业太子奶接受了高盛、英联以及摩根士丹利的 7 300 万美元注资，并签订了对赌协议。该对赌协议条款中规定：在收到 7 300 万美元注资后的前 3 年，如果太子奶集团业绩增长超过 50%，就可调整对方股权；如果业绩增长小于 30%，太子奶集团董事长李途纯将会失去控股权。后来，李途纯因为未能达到业绩增长目标而失去控股权。类似的案例还有摩根士丹利投资上海永乐电器公司，也因永乐电器未能达到业绩目标而向摩根士丹利转让了股份。永乐、太子奶等民营企业与境外投资者的对赌失败案例逐渐使对赌协议这一财务术语广为人知。

第二节　对赌协议的目标与原理

一、对赌协议的作用

对赌协议的作用主要是为了缓解投融资过程中所面临的创业企业未来的不确定性、双方信息不对称和代理成本等问题，从而确保双方能够顺利实现合作。具体来说，对赌协议的作用可以分为以下几个方面。

（一）缓解不确定性

创业型中小企业风险较大，企业未来的业绩、能否上市、资质牌照的获得等方面均具有不确定性。因此，对赌协议的目标是解决由于创业企业的不确定性而导致的交易无法促成问题。具体来说，对赌协议是通过设定一些定量指标来评估创业企业的未来发展状况，从而降低创业的不确定性。例如，企业的收入、利润、市场份额等。类似地，还可以通过设立企业的增长目标来缓解不确定性。例如，收入增长率、利润增长率、市场份额增长率。关于企业能否上市的不确定性，对赌协议也通过在条款中设立关于企业能否上市的条款，根据企业的上市表现来确定双方的赔偿协议。

（二）缓解信息不对称

信息不对称是投融资双方天然存在的问题，关于企业的盈利能力、成长性等财务表现数据通常由创业型中小企业的控股股东和管理层提供和预测，被投资企业占据着信息优势。而创业投资者尽管经历过尽职调查，但是其对信息的全面性和深入性的掌握程度难以与被投资企业相比，因此处于信息的劣势方。由于双方信息的不对称性，通常会产生道德风险和逆向选择问题。具体来说，在创业投资中由于信息不对称所产生的道德风险问题主要体现在被投资企业利用自身的信息优势隐瞒自身的真实财务表现从而获得更多的资金和资源，最大化自身利益的同时损害投资者的利益。在创业投资中由于信息不对称所产生的逆向选择问题主要体现在由于投资方处于信息劣势难以做出投资决策，扭曲被投资企业的估值，最终降低市场效率，无法实现投融资交易。对赌协议则通过设定信息披露、监督机制等条款，缓解了投融资双方的信息不对称问题。

（三）降低代理成本

由于投融资双方信息不对称和利益不一致，产生了投资方为委托方，融资方为受托方的委托代理关系。对赌协议通过在合同中明确规定业绩目标、上市目标等约定，从而使创业投资活动中委托方和受托方的利益保持一致，同时协议中也体现了对企业创始人和管理层的相关激励，最终实现代理成本的降低。

因此，对赌协议作为创业投资活动中的重要估值调整工具，促进了创业投资的顺利推进，有效地连接了投融资双方的需求。创业型中小企业通常处于初步发展阶段，充满了不确定性，股权难以交易，很难获得市场的估值。作为估值调整工具的对赌协议使投融资双方都能够接受被投资公司的股权价值，实现了被投资公司的有效估值。此外，对赌协议通过以业绩、是否上市作为目标，极大地激励了创业公司的创始人和管理者。

二、对赌协议的标的

（一）以业绩作为目标

以业绩作为标的的对赌协议最为常见，也是最为广义的对赌协议。在此类对赌协议中规定，如果被投资企业未能完成约定的业绩目标时，被投资企业要给予投资者一定的货币补偿、股权或其他利益；如果被投资企业如期完成约定的业绩目标时，投资方也要按照约定给予被投资企业一定的利益补偿。具体来说，常见的业绩目标包括净利润、销售收入、利润率、销售收入增长率、利润增长率等财务指标，或者是用户数量、门店数量、市场份额等非财务指标，具体的选择取决于投融资双方的共同商定。

在我国的创业投资实践中，风险投资机构更偏好财务指标作为业绩对赌的标的，这是因为风险投资机构的最终目标是被投资企业上市，然后退出；而财务指标往往是这家公司能否顺利上市的重要评估因素。

（二）以能否上市作为标的

以能否上市作为标的的对赌协议也很常见，在此类对赌协议中，顾名思义是以被投资公司能否上市作为目标。如果被投资企业顺利上市，投资者则需要按照约定给予被投资公司一定的补偿，通常通过股权回购的方式；如果被投资企业没有按时完成上市，则被投资公司需要按照约定给予投资者一定的利益补偿。此处的上市指的是企业首次公开向投资者增发股票以募集资金（IPO）。以能否上市作为对赌协议的标的，能够激励创业公司积极地采取行动来实现上市目标，使投资方在创业公司成功上市后获得更高的投资回报率。

（三）其他目标

除了以业绩和能否上市作为标的外，也会存在一些其他标的的对赌协议。例如，对赌协议可以以公司的技术指标作为标的。例如，专利数量、研发投入等。如果被投资企业完成了协议规定的技术目标，那么投资者则需要按照约定给予被投资企业一定的利益补偿；反之，如果被投资企业没有完成约定的技术目标，那么被投资公司需要按照约定给予投资者一定的利益补偿。此外，对赌协议也可以以公司的管理指标作为标的。例如，高管团队变动、公司治理结构等，这些指标可以帮助双方更好地评估公司的管理水平。

对赌协议标的的选择通常与被投资企业所在行业、企业所处的发展阶段、投资者的偏好、上市门槛等多方面的因素选择有关，但大部分对赌协议还是以被投资对象的业绩或能否按时上市作为目标。

三、对赌协议的优缺点

（一）对赌协议的优点

从融资方的角度来看，作为估值调整工具，对赌协议能够帮助处于创业阶段的中小企业快速便捷地获得大量的资金，解决自身的融资需求，从而实现企业的进一步扩张。其次，对赌协议能够激励融资方实现协议目标，不仅有利于企业的扩张和发展，在完成目标的情况下不用出让股权的同时还能够获得来自投资方的资金。

从投资方的角度来看，对赌协议能够帮助投资方通过设定具有可衡量性和可预测性的指标来评估被投资企业未来的发展情况，从而降低其面临的不确定性和风险。此外，对赌协议也能够使投资方在创业公司成功上市后获得更高的投资回报率，从而提高投资的效益。

（二）对赌协议的缺点

从融资方的角度来看，为了尽快获得资金，融资方很可能为了业绩目标或尽快上市的对赌协议目标而盲目扩张，管理层迫于对赌协议的压力而产生非理性行为，忽略公司的内部治理，影响公司的未来发展。对赌协议可能导致公司管理层的不稳定。例如，在创业公司未能达到对赌协议的目标时，投资方可能会要求更换公司的管理层，从而使公司的管理层变得不稳定。此外，融资方可能为了短期利益在签订对赌协议时设定不切实际的业绩目标和上市目标，导致其对企业未来的不确定性和风险估计不足，一旦对赌协议无法完成，会导致双方出现利益冲突和经济纠纷，融资方面临着巨额现金赔偿的同时丧失对企业的控制权。

从投资方的角度来看，如果对赌协议的目标能够顺利完成，投融资双方皆大欢喜。然而，当目标无法完成时，融资方往往没有足够的财力对投资方进行补偿，投资方通常面临着投资成本难以收回的困境。

第三节　对赌协议的条款设计

对赌协议作为创业型中小企业投资活动中的重要估值调整工具，在条款设置时主要涉及业绩补偿条款以及股权回购条款。在对对赌协议的条款进行介绍之前，我们先对对赌协议条款的基础——估值调整条款进行介绍。

一、估值调整条款

在对赌协议中，估值调整条款指的是风险投资机构对创业型中小企业进行投资时，假定以市盈率（P/E）指标进行估值，以既定的市盈率乘以创业型中小企业当年预测的利润，得到创业型中小企业的估值，并以此估值作为投资的定价基础。在估值调整条款中规定，如果被投资企业没有达到利润目标时，则按照实际的利润对之前的估值进行调整，退还投资者的投资额（现金补偿）或增加投资者的持股份额（股权补偿）。

例如，企业 A 当年可实现利润为 2 000 万元，按照 5 倍 P/E 估值被投资企业的投后价值为 1 亿元，创投机构投资 1 000 万元取得 10% 的股权。投资后，被投资企业实现的利润为 1 500 万元，按照 5 倍 P/E 估值，整体估值调整为 7 500万元，创投机构获得 10% 的股权需投资 750 万元。因此，需要调整的金额为 1 000 − 750 = 250（万元）。

具体来说，估值调整条款中通常包含投资方式、投后估值、投资金额、投资比例、股东名单、股东资本认缴及实缴额等要素。

假定公司 A 的估值条款如下。

（1）A 公司现有注册资本 500 万元，投后估值 1 亿元。

（2）风险投资机构 B 以货币的形式出资 5 000 万元，其中 200 万元作为 A 公司的实收资本，4 800 万元作为溢价计入 A 公司的资本公积。B 的投资款用于公司 A 的正常经营，不得用于非经营性支出。

（3）B 投资后，公司 A 的注册资本为 700 万元，股权结构为：

原始股东 1 出资额 350 万元，B 投资前持股比例为 70%，B 投资后持股比例为 50%；

原始股东 2 出资额 80 万元，B 投资前持股比例为 16%，B 投资后持股比例为 11.43%；

原始股东 3 出资额 70 万元，B 投资前持股比例为 14%，B 投资后持股比例为 10%；

股东 4（风险投资机构 B）出资额为 200 万元，其投资前持股比例为 0%，投资后持股比例为 28.57%。

二、财务业绩补偿条款

在对赌协议中，与财务绩效有关的条款设计，指的是将被投资企业的财务业绩作为对赌的目标，在条款中投融资双方约定当被投资公司无法完成承诺的财务业绩时，融资方要按条款给予投资方一定的补偿，补偿的方式主要是股权转让或董事会席位；当被投资公司按照约定完成承诺的财务业绩时，投资方需要按照条款给予融资方一定的补偿和激励，补偿的方式主要是现金或股权。具体来说，衡量财务绩效的指标主要包括净利润、利润增长率、销售收入、销售收入增长率等，这些指标通常具有可衡量性和可预测性，可以帮助投融资双方更好地评估公司的业绩表现。目前，在我国的创业投资活动中，创业投资机构和私募股权机构更偏好税后利润指标作为对赌协议条款设计中的财务绩效来衡量，这是因为税后利润指标与创业企业未来能否顺利上市紧密相关。

假定创业投资机构 B 向创业型中小企业 A 投资 5 000 万元，A 公司的大股东 C 向 B 承诺投资后的第一年净利润不低于 2 500 万元，如果 A 公司未完成约定的净利润业绩目标，则大股东 C 需要按照下面的公式向投资机构 B 给予补偿：

补偿金额 = B 投资总额 × (1 − A 公司第一年实际净利润/承诺第一年净利润)

$$= 5\ 000 \times (1 - 2\ 000/2\ 500)$$

$$= 1\ 000\ （万元）$$

三、股权回购条款

对赌协议中的股权回购条款，指的是投融资双方以一定时间内创业企业上市作为对赌目标。如果被投资企业未在约定时间内在规定的市场上市，则创业企业的大股东需要按照对赌协议中的股权回购条款回购投资方的股权，确保投资方获得股权回收款。在股权回购条款中，初期投资的回购年限为 5 年，晚期投资一般回购的触发年限会少于 5 年。除了以创业企业的上市为对赌目标外，创业企业未完成约定的财务业绩、管理团队离职等情况也会触发股权回购条款。具体来说，股权回购的价格计算分为两类，分别为复利计算和单利计算。

（一）复利计算

$$回购价格 = 投资方的投资总金额 \times (1+r)^n$$

其中，r 为年利率，n 为投资日至回购日的天数/365。在这种计算方式下，不扣除投资方已经获得的补偿。

$$回购价格 = \left(\begin{matrix} 投资方的 \\ 投资总金额 \end{matrix} - \begin{matrix} 投资方已经获得 \\ 的现金补偿 \end{matrix} \right) \times (1+r)^n - \begin{matrix} 投资方已经获得的 \\ 公司分红 \end{matrix}$$

其中，r 为年利率，n 为投资日至回购日的天数/365，在这种计算方式下，需扣除投资方已经获得的现金补偿。

（二）单利计算

$$回购价格 = 投资方的投资总金额 \times (1+r \times n)$$

其中，r 为年利率，n 为投资日至回购日的天数/365。在这种计算方式下，不扣除投资方已经获得的补偿。

$$回购价格 = \left(\begin{matrix} 投资方的 \\ 投资总金额 \end{matrix} - \begin{matrix} 投资方已经获得 \\ 的现金补偿 \end{matrix} \right) \times (1+r \times n) - \begin{matrix} 投资方已经获得 \\ 的公司分红 \end{matrix}$$

其中，r 为年利率，n 为投资日至回购日的天数/365。在这种计算方式下，需扣除投资方已经获得的现金补偿。

假设 A 为一家创业型中小企业，与投资方 B 签订对赌协议，双方约定如果 A 在 2022 年 12 月 31 日前未完成在 A 股市场首次公开上市，则 A 需要收购 B 的所有股权。B 的投资额为 5 000 万元，年回报率为 10%。2023 年 1 月 3 日，A 公司明确表示无法实现在 A 股市场上市，因此 A 公司 2023 年 1 月 4 日需要支付给投资方 B 的股权收购款为：5 000 × (1 + 10% × 368/365) = 5 504.11（万元）。

四、运用对赌协议条款的注意事项

尽管对赌协议的合理使用能够在帮助融资方获得资本的同时降低投资方投资风险，但是对赌协议往往涉及的金额较大，存在的风险性仍然较高。因此，在投资实践活动中运用对赌协议时应该结合企业自身特征具体设计相应的对赌条款，尽可能地利用对赌协议解决当下的融资困境，实现企业规模的扩张。具体来说，在运用对赌协议时应该注意以下问题。

（一）设定合理的目标

对赌协议应该明确设定双方的目标，这些目标应该具有可衡量性和可预测性，同时也应该与公司的实际情况相符合，不能过高或过低。过高的目标会使管理层压力过大，容易做出高风险的非理性决策，从而给企业的业绩带来负面影响；而过低的目标会使创业公司失去动力。此外，对赌协议中的目标应该是双方共同认可的，不能单方面强加，这样可以使双方更好地协商和沟通，避免产生不必要的纠纷。企业在签订对赌协议时，也可以增加一些除了营利性指标外的衡量标准，避免自身承受过大的业绩压力。

（二）仔细评估融资需求

企业在筹集资金的时候，首先要合理仔细地评估融资需求，在条件成熟的情况下再选择对赌协议。一方面，创业企业的管理者对企业的发展路径具有清晰的认知，对市场的发展具有准确的判断，能够带领企业在未来实现规模上的扩张。另一方面，企业创始人和管理者也应该对自身企业价值有一个明确的认知，便于在对赌协议的签订过程中使自己的企业得到一个合理的估值水平。

（三）提高公司治理水平，避免赌博心理

作为融资企业，提高公司治理水平，稳扎稳打地提升企业业绩才是完成对赌协议目标的关键，经营过程中切忌有赌博心理。因此，签订对赌协议后，融资企业的管理者要理性经营企业，避免出现重业绩，轻治理；低水平的公司治理，可能会对企业未来的长远发展造成负面影响。因此，企业即使签订了对赌协议，为了今后的长远发展，也要加强内部治理机制的建设，增强企业的抗风险能力和市场竞争力。

第四节 对赌协议的会计、税收与法律问题

一、对赌协议的会计问题

(一)对赌协议的经济实质

关于对赌协议的经济实质,通常认为对赌协议是一种投资价格调整机制或期权。对赌协议的触发主要原因是被投资企业的初始价值评估被高估。因此,对赌协议是投融资双方对被投资方初始投资价值的一种价格调整机制,与被投资企业的初始投资价格紧密相关。投融资双方在信息不对称的情况下确认初始投资价值,并通过签订对赌协议对投资价格进行调整。这种价格调整机制促成了投融资双方交易的成功进行,使投融资双方达成了一致。另一种观点认为,对赌协议是一种期权。从投资方的视角来看,对赌协议类似一种保护性的看跌期权、抛补性的看涨期权。具体来说,投融资双方约定了业绩到达某一指标时触发对赌协议,投资方和融资方分别为看涨期权的空头方和多头方。

(二)对赌协议的会计认定

通常认为对赌协议是一项类似期权的或有对价,这种或有对价通常被看作金融工具。针对金融工具的进一步分类主要有两类。一类是对赌协议这一金融工具类似期权,属于衍生金融;另一类是对赌协议这一金融工具属于非衍生金融工具。因此,若对赌协议未被认定为金融工具,应当适用或有事项准则,仅在特定条件下确认或有负债。

(三)对赌协议的计量基础

对赌协议通常以公允价值进行计量,但当对赌协议的会计认定为非金融工具时,且满足预计负债的计量条件时,对赌协议的计量基础为最佳估计数。

(四)与对赌协议有关的会计准则

国际会计准则 IFRS 3R 中指出,"或有对价通常是指由于未来某些特定条件

的发生或成就，合并方需要向被合并方原股东追加合并对价的一项义务，追加合并对价的方式为向原股东转移额外的资产或股权。"或有对价也可能赋予合并方一项权利，这项权利允许合并方在未来某些特定条件达成时，收回部分对价。因此，IFRS 3R 中的或有对价分为两种，分别将其称为"义务型或有对价"与"权利型或有对价"。

在国内的会计准则中，《企业会计准则第 22 号——金融工具确认和计量》（CAS22）、《企业会计准则第 37 号——金融工具列报》（CAS37）、《企业会计准则应用指南》（2010）均规范了金融工具的确认与计量，给相关企业对赌协议的会计处理提供了参考。例如，CAS37 规定，通过金融负债确认融资方的融资，协议规定的内容均会对融资企业资产负债表的现时负债义务形成影响。从投资方视角看，对赌协议能够调整自己对融资企业的投资，通过"看涨"或"看跌"以实现投资的"套期保值"，使投资能够在未来获取超额回报。CAS22 对非同一控制下企业合并中产生的业绩对赌协议给出了较为明确的会计处理方式，即确认为第三类金融资产或金融负债，且不能指定为第二类。仅在义务方为标的公司自身时，可能存在确认权益工具的情况。

二、对赌协议的税务风险问题

对赌协议的签订会带来一定的税务风险。一方面，过高的估值可能会增加企业的税务负担，另一方面目前的税法制度关于对赌协议的处理尚未形成明确的规定。因此，会导致不同企业在处理对赌协议的补偿款时会计核算不一致，从而出现不同的纳税结果；对赌协议的税务处理不一致也会加重企业的税务负担，并带来税务风险。具体来说，税务风险指的是企业在日常生产经营过程中的涉税行为与法律法规及税务征管部门的要求出现偏差的不确定性，而对赌协议可能带来的税务问题主要体现在以下几方面。

（一）与对赌协议有关的税务法律法规不明确

如果与对赌协议有关的税务法律法规不明确，可能会导致双方在税务处理上存在分歧，从而产生税务风险。由于对赌协议近些年才频繁出现在企业的投融资活动中，因此，税收法律法规缺乏相关的明确要求，导致企业在涉及与对赌协议有关的税收业务时，存在纳税争议。例如，企业在签订对赌协议后未完成承诺的业绩要求时，需要向投资方支付补偿款。此时，企业前期支付的企业所得税是否应该退税，退多少税目前都没有明确的规定。再如，当投资方收到补偿款时，按照税法应该如何处理和计量补偿款，与企业所得税有关的部分应该如何处理也没有明确规定。

（二）税务与会计的确认口径不一致

在新会计准则中，对赌协议中的业绩补偿款被明确计入公允价值变动损益。然而，税法中明确规定公允价值变动损益应该在当期的纳税年度补缴企业所得税。因此，如果投资方在处理业绩补偿款时按照新会计准则将其确认为公允价值变动损益而不是收入，那么将不用缴纳企业所得税。然而，税务征收机关却认为业绩补偿款应该纳入当期的应纳税所得额。因此，税务征收和会计的确认口径不一致可能导致企业的纳税风险。

（三）被投资企业高估值导致税务风险

税务风险不仅包括企业的纳税行为与税法及税务征管部门的要求不一致，还包括企业多缴纳税款。对赌协议签订的前提是对被投资企业进行估值，过高的估值水平会给投融资双方带来税务风险。对融资方来说，过高的估值会增加企业未来的税收负担；对投资方来说，一旦融资企业未完成对赌协议的业绩承诺，则会触发履行条款，融资方对投资方的补偿款会导致投资方承担更多的企业所得税，同时过高的估值也会产生更高的印花税。

为了尽可能地降低税务风险，投融资双方在签订对赌协议前，应当咨询专业的税务顾问，对协议中的税务条款进行审查和评估，确保协议中的税务条款符合税收法律法规的要求。同时，投融资双方在签订对赌协议时，应该明确约定税务处理的方式和流程，以便在税务处理过程中能够有明确的指导和依据。此外，税务部门也应该加强与对赌协议有关的税收法律法规的制定和修订。税收法律法规是税收征管的基础，应该根据经济社会发展的实际需要，及时制定和修订税收法律法规，确保税收法律法规的完整性、合法性和可操作性。

三、对赌协议中的法律问题

对赌协议是创业投资者和创业型中小企业签订的合约，其中的法律问题也需要投融资双方特别关注和重视。最高人民法院于 2019 年 11 月 8 日正式发布了《全国法院民商事审判工作会议纪要》（简称《九民会议纪要》），纪要明确了投资人与目标公司的对赌协议有效，但投资人请求履行受限于股份回购或者盈利分配的原则。

（一）对赌协议的合法性

对赌协议的合法性指的是对赌协议的具体条款设置需要满足现有法律的规定，不能涉及赌博等违法行为。否则，双方签订的对赌协议难以得到法律层面的支持，可能导致协议无效或被撤销，最终难以落实和实施。例如，对赌协议违反关于股份回购的强制性规定、补偿违反关于利润的强制性规定导致对赌协议的条款无效或者部分无效。

（二）控制权风险

在对赌协议中，与公司治理的有关条款可能会涉及公司的控制权风险。例如，涉及投票权、否决权、提名权等方面的对赌条款会导致企业的控制权发生变化。因此，在签订对赌协议时，企业的原始股东人和创始人也要注意控制权风险。

（三）上市风险

对赌协议的部分条款可能会影响到企业的上市审核，特别是我国证监会已经明确上市时间对赌、股权对赌协议、业绩对赌协议、董事会一票否决权安排、企业清算优先受偿协议等五类条款为 IPO 审核禁区。

（四）企业的存续性问题

对赌协议中的退出安排通常以股份赎回、减资等方式实现，但是当企业难以支付相应的货币资金时，可能会引发诉讼风险，甚至对企业的正常存续产生重大影响。

【案例 4 - 1】

业绩对赌协议案例——中国对赌协议第一案

2007 年 11 月 1 日前，苏州海富公司作为投资方与甘肃世恒有限公司（原名为甘肃众星有限公司、后更名为世恒公司）、世恒公司的唯一股东迪亚公司、迪亚公司的法定代表人陆波共同签订一份《甘肃世恒（众星）锌业有限公司增资协议书》（以下简称《增资协议书》），约定苏州海富公司以现金 2 000 万元对世恒公司进行增加注册资本 114.7717 万元、资本公积金 1 885.2283 万元，占世恒公司增资后注册资本的 3.85%、迪亚公司占 96.15%，还特别约定合资公司应在条件具备时改组成立为股份有限公司，并争取在境内证券交易所发行上市。

如果到 2010 年 10 月 20 日，由于合资公司自身的原因造成无法完成上市，则海富公司有权在任一时刻要求迪亚公司回购届时海富公司持有的合资公司的全部股权。基于上述投资目的，海富公司等四方当事人在《增资协议书》第七条第（二）项就业绩目标进行了约定，即"世恒公司 2008 年净利润不低于 3 000 万元，海富公司有权要求世恒公司予以补偿。如果世恒公司未能履行补偿义务，海富公司有权要求迪亚公司履行补偿义务。补偿金额＝（1－2008 年实际净利润/3 000 万元）×本次投资金额"。

然而，世恒公司 2008 年度生产经营利润总额仅为 26 858.13 元，净利润 26 858.13 元，远低于 3 000 万元的业绩承诺。海富公司因此提起诉讼，请求判令世恒公司、迪亚公司和陆波向其支付协议补偿款 1 998.2095 万元。法院一审判决驳回了海富公司的诉讼请求，二审撤销一审判决，同时世恒公司、迪亚公司共同返还海富公司 1 885.2283 万元及利息，终审撤销二审判决，同时迪亚公司向海富公司支付协议补偿款 1 998.2095 万元，驳回海富公司的其他诉讼请求。

在本案例中，法律并未支持被投资公司履行对赌协议中的赔偿款，而是由被投资公司的股东履行协议的赔偿款。因此，在司法的规则下，投资方基于风险的考量，应该慎重选择直接和被投资公司对赌，而是选择和被投资公司的股东对赌。

【案例 4－2】

上市目标对赌协议案例——银海通案例

新疆西龙公司与北京银海通投资中心签订《增资扩股协议》，通过增资的方式向北京银海通投资中心融资 900 万元，并与奎屯西龙公司三方共同签订具有股权回购、担保内容的《补充协议》，约定新疆西龙不上市就由新疆西龙回购银海通持有的股份；如新疆西龙不能履行上述回购义务，则奎屯西龙收购银海通持有新疆西龙的股份。后来，因新疆西龙未上市，亦不回购。银海通起诉要求新疆西龙支付回购款，奎屯西龙承担连带责任。一审判决支持银海通的诉讼请求，二审驳回了银海通的诉讼请求，终审驳回了银海通的再审申请。

银海通提出再审申请后，法院根据《公司法》第 35 条、第 142 条的规定，投资方银海通投资中心与被投资公司新疆西龙公司对赌失败，请求新疆西龙公司回购股份，不得违反"股东抽逃出资"的强制性规定。新疆西龙公司为股份有限公司，其回购股份属减少公司注册资本的情形，须经股东大会决议，并依据《公司法》第 177 条的规定完成减资程序，现新疆西龙公司未完成前述程序，故原判决驳回银海通投资中心的诉讼请求并无不当，银海通投资中心的再审申请理由不成立，故法院驳回了银海通的再审请求。

当投融资双方以股权回购作为补偿方式时，要明确一旦对赌失败，投资方很可能无法实现退出，这是因为在现行公司法的规定下，投资方能否实现股份回购取决于被投资公司是否配合减资程序。

本章小结

本章主要介绍了创业企业融资过程中的对赌协议及其在实际案例中的应用。相信通过本章的学习，同学们已经充分理解了对赌协议的概念和不同类型的对赌协议的应用场景。值得思考的是，我们应该如何理解对赌协议在企业融资中发挥的作用和背后潜在的风险。此外，关于对赌协议的会计、税务和法律问题也值得读者进一步思考。

本章思考题

1. 对赌协议有哪些对赌标的？
2. 如何选择对赌工具并在投资实践中使用？
3. 对赌协议具体包含哪些内容？
4. 对赌协议存在的意义是什么？
5. 签订对赌协议的注意事项有哪些？

本章案例分析

"并"溢商誉，"赌"减风险，对赌协议是并购风险防控的"九阳真经"吗

1994 年，王中军、王中磊两兄弟共同创立了华谊兄弟传媒股份有限公司（以下简称"华谊兄弟"）；2009 年，以中国影视行业首家公司的身份登陆创业板。作为电影行业产业链制作与发行环节的巨头，华谊兄弟一直将持续发展生态

娱乐，打通国际全球化通道为战略目标，不断完善其电影与娱乐产业链。2014年获得阿里、腾讯等互联网巨头的投资，加快实现了互联网娱乐的整合。

华谊兄弟在上市之后的几年里，市值并无明显波动，为了抓住市场机遇以保持企业领先地位，华谊兄弟决定在2015年连续并购两家明星企业，东阳美拉便是其中之一，并购后总市值直逼顶峰，高达577.28亿元。截止至并购日之前，华谊兄弟主营业务收入和净利润的数额每年都在上涨，发展潜力巨大。浙江东阳美拉传媒有限公司（以下简称"东阳美拉"），于2015年9月2日在浙江省东阳市正式成立，冯小刚是该公司绝对控股股东，握有公司股份的99%。

根据上述介绍，在双方进行并购交易当日，被并购方的财务数据显示：公司资产数额为1.36万元，负债数额为1.91万元，净资产数额为 -0.55万元。随着2015年12月4日华谊兄弟股东大会审议通过了此次并购方案，华谊兄弟最终以10.5亿元的对价获得东阳美拉70%的股权，该支付对价的估值是依据老股东冯小刚承诺的东阳美拉2016年度经审计的税后净利润（1亿元）的15倍为公司的估值，收购其70%的股权则需要支付10.5亿元的对价。由此可知，支付对价与东阳美拉实际的净资产存在较大差异的原因在于估值方法的选择不同。当年12月9日完成股权转让，华谊兄弟、冯小刚分别持有东阳美拉的70%、30%的股权。

鉴于国内许多高溢价并购案例中风险特点突出，华谊兄弟提出了对赌方式实现企业的转让。

（1）对赌主体为：华谊兄弟与东阳美拉老股东——冯小刚与陆国强。

（2）对赌标准：经审计的税后净利润为标准，具体要求为：2016年股权转让完成之日起至2016年12月31日期间实现的税后净利润不低于1亿元；2017年及以后承诺净利润不低于"上年承诺净利润指标×（1+15%）"。其中，特别指明经审计的税后净利润包括：冯小刚为东阳美拉取得的依靠东阳美拉公司实现的包括冯小刚作为业务参与者的利润。

（3）估值依据：冯小刚许诺被并购方2016年将要实现税后净利润1亿元，如果按照收益法对被并购方进行估值调整，其公司价值约为15亿（以税后净利润为估值基础），那么并购方为获得其70%的股份，相当于要付出10.5亿元的交易成本。

（4）补偿方式：根据前文所述，并购方为获得并购方70%的股权，相应的交易成本为10.5亿元，款项一次性付清，付款方式包括现金支付或者其他被并购方能够接受的方式。协议中约定可以用其他方式补偿，但需要得到被并购方的认可，这可以看作华谊兄弟做出的让步，也可以缓解出让方的违约风险。但是作为国内知名导演的冯小刚，拥有除现金补偿以外更好的补偿方式，如，导演作品的版权等。因此，华谊兄弟在本次对赌协议中，未将补偿方式像以往一样局限在现金补偿，于其股东而言是一个较好的让步。

（5）其他条款：华谊兄弟设置了其他条款以限制明星的行为，使其符合法律法规、道德标准的要求。此条款是华谊兄弟使用对赌协议经验丰富的表现，将更有助于公众认为华谊兄弟在高溢价并购的博弈中占据上风。

东阳美拉在 2016 年、2017 年度的业绩承诺完成率均为 102%，两年均勉强达到业绩承诺线。如此精准地完成预设的目标，让人不得不怀疑业绩的可靠性及后续业绩完成情况。从华谊兄弟发布年报中可以发现，事实上，东阳美拉 2016 年的业绩承诺期间为 2015 年 12 月 9 日至 2016 年 12 月 31 日，横跨两个年度。在 2015 年底获得的净利润数额为 4 602.67 万元，而 2016 年的上半年，东阳美拉净利润还只有 3 500 万元，完成业绩承诺的全部希望寄托在了下半年上映的《我不是潘金莲》，该片最后拿到 4.8 亿元票房，虽不及预期但以 5 亿元保底方式的发行，让双方公司保持了最少为 7 000 万元左右的利润额。

华谊兄弟 2017 年的年度报告显示，在注册资本和净资产都相对较低的情况下，东阳的净利润为 1.16 亿元，与华谊旗下的其他控股子公司比较业绩较为突出，这主要得益于 2017 年《芳华》14 亿元票房，同时也让东阳美拉 1.15 亿元的业绩承诺完成得波澜不惊。按照东阳美拉出品电影的速度为一年一部，其中 2015 年未出品电影作品。而像《芳华》这样票房达到 10 亿的情况极为少见，期间票房最高的《私人定制》收获 7.1 亿元，而票房惨淡的《一九四二》是 3.6 亿元。从华谊兄弟公布的数据来看，其买下东阳美拉时花费的 10.5 亿元约为 2017 年利润的 10 倍，意味着只有 10 年间持续出现像《芳华》一样的爆款片的情况下，华谊才能覆盖这部分的投资支出。

2018 年，商誉减值风险显现，华谊兄弟业绩下滑初现端倪，却还在非常激进地准备开始拍摄《手机 2》。同年 6 月，《手机 2》主演范冰冰被崔永元举报偷税漏税丑闻将华谊兄弟推上了风口浪尖，最后范冰冰因逃税被重罚 8 亿元，这也给华谊兄弟带来了第一只"黑天鹅"。雪上加霜的是，冯小刚业内口碑和市场认可度的不断下降，这对于东阳美拉而言皆为利空消息。参照华谊兄弟 2018 年财务报表，东阳美拉的净利润数额为 6 501.5 万元，仅完成当年承诺业绩的 49%。于是在业绩承诺的第 3 年冯小刚自掏腰包 6 821.15 万元补齐了业绩补偿款。2018 年，东阳美拉业绩不佳导致华谊兄弟计提商誉减值准备 3.02 亿元，占总商誉减值准备近三成比例。而华谊兄弟 2018 年亏损 10 多亿元，商誉减值准备共 9.73 亿元，商誉减值成为了影响华谊兄弟上市公司业绩的重大因素。

2019 年，华谊兄弟业绩持续走低，股票价值持续下跌，使其质押的股权越来越不值钱，直接导致公司面临债务危机，现金流持续紧张。无独有偶，华谊兄弟还流失了倾注大把精力的主流电影作品《八佰》，按照冯小刚许诺，东阳美拉该年必须实现 1.52 亿元数额的净利润。这个重任则落在了 2019 年 12 月 20 日正式上映的《只有芸知道》身上。《只有芸知道》不仅关系到冯小刚与华谊兄弟约定的协议，更是华谊兄弟寄望于拯救当前业绩颓势的关键一步。然而冯小刚的《只有芸知道》票房只获得 1.56 亿元票房。在 2020 年 4 月 28 日，在华谊兄弟披露的年度报表中显示，东阳美拉实现净利润 1.64 亿元，当年商誉减值近 3.6 亿元。另外，在 2015~2019 年期间，华谊兄弟商誉占其总资产的比重持续下降，由此可见华谊兄弟商誉减值的问题更为严重。

从事实来看，华谊兄弟主打的 IP 配置，加上冯小刚金牌导演加持，并没有在 2019 年贺岁档市场中一骑绝尘，收入也差强人意，无法为华谊兄弟迎来柳暗花明的转机，直接导致华谊兄弟 2019 年亏损了 39.63 亿元。根据 2019 年财务指标，公司营业收入 23.12 亿元，同比下降 40.59%，归母公司净利润 −39.63 亿元，同比下降 262.56%。在其约 40 亿元的利润亏损当中，包含了大量资产减值的情况。如商誉、应收账款、长期股权投资等资产项目。另外，除了资产的大幅减值之外，公司业务本身亏损额度超过 10 亿元。公司对外披露称：业绩呈断崖式的下跌主要在于主控主投电影缺失，上映期间主投电影未完成预期指标。

2020 年开局不顺，新冠疫情来势汹汹，贺岁片市场遭致命打击，春节档影片惨淡收场。"贺岁片变成了灾难片"，电影业颗粒无收，华谊兄弟遭受了第二只黑天鹅的冲击。2020 年初，华谊兄弟再次开展了一轮大规模融资。华谊兄弟以 2.78 元每股，向阿里、腾讯等公司定向增发 8.23 亿股，筹集了 22.9 亿元。以当时 3.9 元每股的股价可以看出，此次融资估值远远不及市值，减值幅度不可谓不大。与其说这次流血融资是与阿里、腾讯的积极合作，不如说这是华谊无奈之下的自救之举。从 2014 年截至目前，华谊兄弟市值累计浮亏了接近 83%。在辉煌的 2015 年却浮赢 190%。华谊兄弟从当年业绩巅峰一路跌至目前的市值 109 亿元，这离预想的华谊千亿市值梦相距 900 亿元，与市值缩水 10 倍触手可及。

案例来源：胡庆十，吴培，陈珂."并"溢商誉，"赌"减风险，对赌协议是并购风险防控的"九阳真经"吗？中国管理案例共享中心.2021.

案例思考题

1. 华谊兄弟为何选择并购名不见经传的东阳美拉？在并购过程中，华谊兄弟为什么要与东阳美拉订立"对赌协议"？

2. 造成华谊兄弟商誉巨额减值的原因是什么？如何在企业并购中防止商誉估值的过高或过低？

3. 对赌协议的设计与并购财务风险控制的关系是什么？

4. 华谊兄弟与东阳美拉签订的对赌协议存在哪些不妥之处？如何进行对赌协议的设计才能更好地规避并购财务风险？

5. 从华谊兄弟并购东阳美拉这一事件出发，我们应该如何防控对赌协议签订前后的风险问题？

成长财务篇

第五章

企业生命周期与成长财务战略

随着我国资本市场的迅速发展，越来越多的企业开始重视财务活动，并将其提升至战略的高度，融资也成为贯穿企业各生命周期的话题。此外，企业发展的过程存在显著的成长规律性，在各个生命周期阶段都存在明显特征。生命周期不同阶段内外部环境、资金需求不同，所以企业选择的财务战略也不同。本章将系统介绍企业财务战略的特征与分类、公司生命周期阶段中小企业经营与财务特征、各生命周期阶段财务战略选择等相关问题。

本章的学习目标

1. 了解企业财务战略的含义、特征及分类
2. 理解企业生命周期的内涵和各个阶段经营与财务特征
3. 掌握企业生命周期的各个阶段财务战略的选择
4. 掌握企业生命周期各个阶段在实际案例中的运用

 引入案例

宁德时代：独角兽公司的财务战略

宁德时代的前身是新能源科技有限公司于 2009 年成立的动力电池事业部，并于 2011 年从公司分离出来，成立宁德时代公司。

创业初期的宁德时代，需要大量资金进行产业布局，但利润积累能力却非常薄弱，2011~2013 年基本处于盈亏平衡状态。由于规模不大，盈利能力不强，因此宁德时代的融资渠道非常少。截至 2015 年末，宁德时代没有银行借款和其他外部股权资金投入。除了创始人股东和员工出资之外，主要依靠关联方借款、

融资租赁等筹集资金。

2015 年，工信部为动力电池产业设置保护政策，为成长初期的国内动力电池产业减轻了来自国际电池巨头的竞争。抓住历史机遇的宁德时代在 2016 年的市场份额达到 20.5%，净利润也增加到 29.18 亿元。公司的快速成长吸引了众多私募股权投资人。在 2016~2017 的两年间，宁德时代进行了 4 次私募增发，共融资 160 亿元。在资本的助力下，宁德时代的产能从 2016 年的 7.60Gwh 快速增加到 2017 年的 17.09Gwh，市场份额超越比亚迪成为国内动力电池行业销量最大的企业。在这一阶段，宁德时代的海外市场布局也开始提速，分别在中国香港、法国、日本和加拿大设立子公司，进行动力电池的投资、销售和技术服务。

2018 年 6 月，宁德时代登陆 A 股创业板，以 25.14 元/股的价格融资 54.6 亿元，并在上市后受到热烈追捧。上市当日股价大涨 43.99%，随后接连 7 个涨停板，股价达到 70.54 元/股。三年后，宁德时代股价高达 534.8 元/股，比上市之初增长 20.3 倍，市值达到 12 455.53 万亿元，成为 A 股市值排名第五，创业板市值排名第一的公司。

爆发式增长的市值背后是公司业务的爆发式增长。上市后的宁德时代陆续成为蔚来、一汽大众、本田等本土、合资和国际车企的动力电池供应商，国内市场份额继续提升至 50% 左右。除了国内市场之外，宁德时代还一直注重境外市场的布局与扩张。上市后，宁德时代加速在德国、法国、美国等多个国家和地区设立子公司，开展与动力电池系统、储能系统相关的研发、生产、销售和投资。

除电池系统和锂电池材料生产的主业之外，宁德时代还广泛投资上下游产业链，从而控制原材料供应风险，分享产业链成长收益，获取技术与渠道，并与客户深度绑定。截至 2021 年，宁德时代长期股权投资和其他权益工具投资账面金额分别为 109.49 亿元和 113.07 亿元，几乎均是围绕产业链布局、市场拓展、加强产业链合作及协同展开的投资，涉及领域包括矿产资源开发、半导体芯片研发、锂电池生产设备制造、自动驾驶研发、新能源汽车制造等。不仅如此，宁德时代还参与产业基金和并购基金投资，撬动外部资金做大资金池，持续深入进行产业链布局。

案例来源：何琳，赵健梅，邢颖，焦敬娟. 宁德时代：独角兽公司的融资战略. 中国管理案例共享中心，2023.

第一节　企业财务战略概述

一、财务战略的内涵

财务战略是主要涉及财务性质的战略，其主要考虑资金的使用和管理的战略问题，并以此与其他性质的战略相区别。财务战略主要考虑财务领域全局的、长期的发展方向问题，并以此与传统的财务管理相区别。

财务战略概念的出现，使企业战略分为财务战略和非财务战略两类，并把非财务战略称为经营战略。如果说经营战略主要强调与外部环境和企业自身能力相适应，那么财务战略则主要强调必须适合企业所处的发展阶段并符合利益相关者的期望。

财务管理为企业战略提供资金支持，是为提高经营活动的价值而进行的管理。财务管理的方式是决定企业战略能否成功的关键。一个企业的财务战略应当根据企业执行的总体合作和竞争战略而制定。选择财务战略必须着眼于企业未来长期稳定发展，考虑企业的发展规模、发展方向和未来可能遇到的风险，了解企业现行的战略与其相关风险的关系。有效的财务管理不一定能使陷入困境的企业"起死回生"，但失败的财务管理却足以使成功的经营战略一无所获，甚至使优秀的企业毁于一旦。财务管理对于企业的长期生存和健康发展具有重要意义。

二、财务战略的特征

财务战略是企业战略中一类特殊的战略。认识财务战略的特性，对于指导实施企业财务战略管理，具有重要意义。具体来说企业财务战略具有以下特征。

（一）全局性

企业财务战略以全局及整体经营活动中企业资金运动的总体发展规律为研究对象，根据企业财务的长远发展趋势而制定，从全局上规定着企业财务的总体行为，使之与企业的整体行动相一致，追求企业财务的总体竞争实力，谋求企业良好的财务状况和财务成果。总体上说，它是指导企业一切财务活动的纲领性谋划。所以，凡是关系到企业全局的财务问题，如资本结构、投资方案、财务政策等都是财务战略研究的重要问题。企业财务战略的全局性还表现在财务战略应该与其他企业职能战略相结合，共同构成企业的整体战略，企业各职能部门必须协调一致才能最大限度地实现企业的总体战略目标。

（二）长期性

企业财务战略以长远目标谋划企业财务活动，着眼于企业的长期稳定发展和竞争力的提高，在较长时期内会对企业资金运作产生重要影响，对企业各种重大理财活动具有长期方向性的指导作用。企业应在预测分析的基础上，根据目前的情况对未来的文化做出科学的预测，提出长期的财务战略方案。企业应该着眼于其长远发展目标，进行长期财务战略的规划和预测，通过不断提高资本的运营效率来增强持续竞争力。除此以外，制订企业财务战略还要从企业长期生存和发展的观点出发，有计划、有步骤地改善、充实和提高企业资本实力，以提高企业对未来环境的适应能力。

（三）风险性

由于企业的理财环境变化不定，以及受国内外政治经济形势变动的影响，使得企业财务战略制定必须考虑企业在不确定环境下的适应能力和发展能力，注重企业发展过程中的各种风险因素，使得企业对各种可能发生的风险做到心中有数，准备好应对策略，以便抓住机遇，规避风险。从财务战略的角度看，研究经营风险和财务风险的目的应着眼于企业的筹资及所筹资本的投资上。财务风险和经营风险可以产生多种组合模式，以供不同类型的企业进行理性的财务战略选择。

（四）系统性

企业财务战略是把企业资本运营当作是一个系统来对待的，所注重的是它与企业整体战略、企业内外环境之间的关系，以及其自身各要素之间的关系，并且试图从整体的、系统的角度来协调这种关系。从财务战略自身的系统而言，协调性是自然应该具有的；从财务部门与企业内部其他各部门的关系而言，企业是一个整体，财务战略必然要在与其他各部门形成协调性的基础上来实施。

（五）综合性

财务战略的制定要综合考虑影响企业财务活动的各种因素，包括财务的和非财务的、主观的和客观的各种因素。企业财务战略不能就财务论财务，只有综合这些因素，才能全面支持企业财务战略，实现企业财务战略所要达到的目标。

（六）从属性

这里所谓的财务战略的属性，主要是指它是企业战略的一个组成部分而言，并非指它简单地服从于企业战略。制定财务战略的出发点应该是为了从财务方面对企业整体战略给予支持。因而，财务战略不是独立于企业战略之外的。一方面，财务战略是企业战略的执行和保障体系；另一方面，何种企业整体战略决定何种财务战略。

（七）差异性

对所有企业而言，它们既不能不追求尽可能大的盈利或资本增值，又不能一味地追求盈利而忽视其他目标。这种既统一又对立的关系，使得不同企业的整体财务战略不尽相同。如日本企业与美国企业就存在着比较显著的财务战略差异。日本企业的经营者把实现发展目标放在一切工作的首位，一切财务工作考虑的宗旨就是为了实现企业发展目标。为此，日本企业宁愿牺牲近期利润，宁愿冒更大的风险大举借债。而美国企业则比较注意近期利润，尽管它们也不放松对企业发展的追求。

三、财务战略的类型

从不同角度对财务战略进行分类，不仅能加深我们对财务战略内涵的理解，而且能为财务战略的制定提供一个基本的框架。按照不同的标准，如图 5 - 1 所示，可以将财务战略做如下分类：

（一）基于企业的生命周期

生命周期是指从引入到退出经济活动所经历的过程。企业生命周期分析首先需借助于行业生命周期来考虑。一般认为，行业生命周期分为投入期、成长期、成熟期和衰退期四个阶段，且不同的阶段有不同的特点。识别一个行业处于哪一个阶段，主要取决于市场增长率、需求增长率、产品品种、竞争者数量以及进入或退出壁垒等。行业周期在很大程度上决定了企业生命周期。不过，企业生命周期又在很大程度上取决于企业管理自身。正如人们所说的，"只有夕阳行业，没有夕阳企业"。同行业生命周期一样，企业的生命周期也分为四个阶段，即初创期、成长期、成熟期和衰退期。基于此，公司财务战略可分为初创期财务战略、成长期财务战略、成熟期财务战略和衰退期财务战略四种类型。由于不同时期有着不同的经营风险，从财务战略对公司战略的支持性以及经营风险与财务风险的互逆性来看，各个时期财务战略的重点是有所不同的。

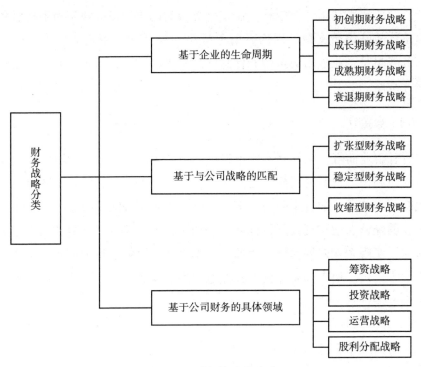

图 5-1　财务战略的分类

（二）基于与公司战略的匹配

1. 扩张型财务战略

扩张型财务战略是以实现企业资产规模的快速扩张为目的的一种财务战略。为实施这种财务战略，企业往往需要将大部分利润乃至全部利润留存。同时，还要大量进行外部融资，更多地利用负债，以弥补内部积累相对于企业扩张需要的不足。同时，更多地利用负债而不是股权筹资，是因为负债筹资既能给企业带来财务杠杆效应，又能防止净资产收益率和每股收益的稀释。随着企业资产规模的扩张，也往往使企业的资产收益率在一个较长时期内表现出相对较低的水平，其显著特征表现为"高负债、低收益、少分配"。

2. 稳定型财务战略

稳定型财务战略指以实现企业财务绩效的稳定增长和资产规模的平稳扩张为

目的的一种财务战略。实施这种战略的企业，一般将尽可能把优化现有资源的配置和提高现有资源的使用效率作为首要任务，将利润积累作为实现企业资产规模扩张的基本资金来源。为防止过重的利息负担，企业会对举债持十分谨慎的态度。所以，实施这种战略的企业的一般特征是"低负债、高收益、中分配"。

3. 收缩型财务战略

收缩型财务战略是指以预防出现财务危机和求得生存及发展为目标的一种财务战略。由于主客观因素的影响，企业面临经营困难是采取防御收缩型财务战略的主要原因。实施这种战略，一般将尽可能减少现金流出和最大化增加现金流入作为首要任务，通过精简机构，盘活存量资产，节约成本开支，集中一切力量用于主营业务，以增强企业主营业务的市场竞争能力。这种财务战略的主要特征是"高负债、低收益、多分配"。

【案例 5 - 1】

三星手机积累资金投入研发，厚积薄发

2003 年，三星手机刚进入中国，实力并没有那么强大，但价格非常昂贵，因此销量比较低，市场份额也比较小。但三星并没有急于扩张，也没有通过降价等方式来提高市场份额，而是大量积累利润和现金流，把利润投入到研发上，提高整体实力。之后，在摩托罗拉经营失误的时候，三星抓住时机迅速降低价格，放宽现金流条件，才实现了收入的迅速增长，取代摩托罗拉成为行业的第三名。三星采用同样的方式，又在诺基亚出问题时迅速取代诺基亚，成为行业第一名。

三星手机所采用的财务战略属于扩展型财务战略中的务实型战略。公司并没有从一开始就着急提升收入或追求市场份额，而是稳当做事，通过提高现金和利润额，来控制收入增长的节奏，等公司有了一定实力以后再进行扩张。

案例来源：张金宝，如何永续经营？一文读懂企业生命周期理论的五大模型［J］.股权投资论坛，2021．［EB/OL］.

（三）基于公司财务的具体领域

投资管理、筹资管理与股利分配管理是公司财务的三个具体领域。基于此，本书将财务战略按照本标准划分为投资战略、筹资战略、股利分配战略。

1. 筹资战略

筹资战略也称融资战略，是企业筹集资金的行为，战略规划如发行股票、发

行债券和与银行建立长期合作关系，都是公司筹资战略的一部分。公司筹集资金的方式可以来自内部和外部来源。内部融资是指筹集企业的自有资本，为企业的发展提供资金。这种筹资需要建立一个健全的资本管理系统，以减少日常运营中的资本占用。外部筹资指的是公司在生产过程中需要的融资，通常涉及股权、债务和项目筹资。在决定筹资战略时，企业应充分考虑资本结构和公司的实际情况，确定筹资规模、融资渠道、筹资策略，制定筹资目标并采取适当措施。

2. 投资战略

投资领域、投资公司、投资项目、开发新产品、扩大生产和开发新市场的一系列投资决策等都是投资战略问题。投资战略涉及筹资过程、资源的有效利用，投资战略的重点是确定投资目标、确定投资方向，然后确定投资规模、投资结构，评估投资绩效的项目、具体的投资策略等。在决定投资战略之前，应根据企业有限的内部资源和外部资源的管理和分配，对未来的盈利能力和投资可能产生的风险进行审慎的预测，以达到规避未来风险和获得最佳投资收益的目的。如果资本成本低于项目的预期收益率，则该项目适合投资。企业应该以整体战略为基础，以审慎、科学、适当的方式分配资本和资源，以便实现投资资本的保值增值。

3. 运营战略

运营战略通常是指成本控制、规划整体生产能力和供应链管理的战略。与供应商和客户建立长期的业务关系同样是运营战略的问题。营运资金管理指的是公司的流动资产，重点是公司在生产和运营的各个环节的效率，其中最重要的是库存和应收账款。营运资本管理是对公司的营运资本和生产经营过程的管理，用于监测投资和经营的效率，以便制定适当的营运战略。营运战略的设计是为了确保企业能够正常运营，确保企业能够持续发展和良好经营。营运资金的合理使用不仅提高了企业的运营效率，而且使企业能够直接控制重要的项目，使企业在市场上更具竞争力。

4. 股利分配战略

股利分配战略是一种为公司及其股东的整体和长期利益进行规划的战略方法。留存收益的长期规划和股利政策都与股利分配战略有关。股利分配战略是一个实体在日常经营过程中选择如何分配和确定分配方法的方式。一般来说，只有当公司从其业务中获得一定的利润时，才会分配利润。良好的股利分配战略一方面可以向市场和投资者传递公司经营状况良好的信息，从而帮助公司保持稳定的业务，增强投资者的信心；另一方面可以为公司提供长期的融资来源，从而保持资金流的平衡，避免财务风险。利润分配策略主要有：剩余股利政策、固定股利政策、固定股息率政策、低股利政策和额外股利政策。公司应全面考虑这一战略，并将其与公司的筹资战略联系起来，即公司的筹资能力越强，股息分配机会越大。投资策略形成的是否计划减少股利的规划也应考虑在内。股利分配策略旨在通过合理的留存率和分配方式，使公司的潜在回报最大化。

【案例 5 - 2】

A 公司和 B 公司如何选择合适的股利政策及融资政策

A 公司是一家大型上市公司，在世界许多地方开展多种业务。A 公司的财务目标是，使股东财富平均每年增长 10%。目前，其净资产总额为 200 亿元，杠杆比率为 48%，这一水平在本产业中是比较普遍的。目前，该公司正在考虑为一项收购业务筹集大量资金。

B 公司是计算机相关产业内的一家私营企业。该公司已创立 5 年，由其主要股东即最初的创始人管理。并且，由于该公司曾将公司股票作为奖金发放给雇员，因此大部分雇员亦是公司股东。鉴于股东们均不打算出售该公司的股票，因此不存在为股票定价的问题。无论利润如何，该公司一直按照每股 0.6 元的标准派发股利。到目前为止，公司每年的利润一直足以支付当年股利，且每年至少 1 次，最多 2 次。B 公司目前完全采用权益融资方式，而未来业务的拓展可能需要再融资 1 亿元。该公司在上一资产负债表日的净资产总额为 4 亿元。

案例来源：中国注册会计师协会. 公司战略与风险管理 ［M］. 北京：中国财政经济出版社，2023.

第二节　企业生命周期与企业经营、财务特征

一、企业生命周期理论

企业是有机的生命体，其生命内涵可以通过两个向度来分析。空间上，企业是由各种要素、资源或能力在结构上的不同安排，即构成企业有机体的那些物质

的、社会的、文化的要素的有机结合；时间上，企业总是遵循着自身的规律，在开放的环境中通过投入产出不断地与外部进行物质能量交换，从而实现自身的目标。只有将企业存在的空间因素和时间因素相结合，才能形成企业这个有机的生命体。

英国经济学家马歇尔认为，一个产业就像一片森林，大大小小的企业犹如森林中参差不齐的树木，都有生存和发展的机会，也都会面临凋零枯萎的命运。这也就是说，企业就像生物有机体一样具有生命，并且存在着一个相对稳定的生命周期，即所有企业都会经历一个从低级到高级、由幼稚到成熟的生命规律，它们都有自己的初创、成长、成熟和衰退的不同阶段，每个阶段之间紧密相连，从而构成了企业完整的生命变化过程。这一过程就是企业的生命周期（见图 5 - 2）。

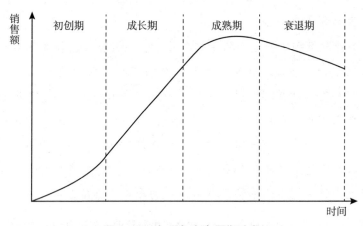

图 5 - 2　企业各生命周期阶段

然而企业并不是真正的生物体，而是一个人造的有机体系统。生物体的生命是有限的，但企业是个人工系统，它的成长不一定遵从生物体自身的生命周期规律，体内也不存在使其必然死亡的固有因素。无论外部环境如何变化，生物体的寿命都不能突破其遗传基础所决定的潜在极限。而企业的生命周期既决定于企业内部因素，如核心能力，又决定于企业外部条件，如市场结构，是多种因素共同作用的结果。尽管绝大多数企业最终要死亡，但这并不意味着每个企业都具有死亡的必然性，因为企业还有许多非生物特性，可以通过各种方式来延缓死亡过程，保持其与环境的适应性，使其具有永续性，实现企业的可持续发展。

【案例 5 – 3】

YC 白药进入牙膏市场改变了产品生产周期曲线的形状

2004 年，具有传奇配方的 YC 白药开始尝试进军日化行业。而此时的日化行业竞争已经异常激烈。国际巨头们运用其规模经济、品牌、技术、渠道和服务等竞争优势，在中国日化行业高端市场占据了大片市场，树立起绝对的优势地位；本土的日化企业由于普遍存在产品特色不突出、品牌记忆度弱的问题，加上自身实力的不足，多是在区域市场依靠中低端产品生存。整个产业销售额达到前所未有的规模，且基本饱和。想要扩大市场份额，就会遇到竞争对手的顽强抵抗，每年都有相当数量的日化企业淡出市场。由于价格竞争开始成为市场竞争的主要手段，定位在高端市场的国际巨头们也面临着市场发展的瓶颈，市场份额、增长速度、盈利能力都面临着新的考验，国际巨头们的产品价格开始向下移动。

YC 白药进入日化行业首先从牙膏市场开始。YC 白药没有重蹈本土企业的中低端路线，而是反其道而行之。通过市场调研，YC 白药了解到广大消费者对口腔健康日益重视，用牙膏来解决口腔健康问题，是存在巨大潜在需求的，而当时市场上的牙膏产品大多专注于美白、防蛀等基础功能，解决口腔健康问题的药物牙膏还是市场"空白点"。于是，YC 白药研发了一个独特的日化界药物牙膏——YC 白药牙膏，综合解决消费者口腔健康问题，并以此树立起高价值、高价格、高端的"三高"形象。

YC 白药牙膏进入日化市场，几年时间内表现突出，不仅打破了本土品牌低端化的现状，还提升了整个牙膏行业的价格体系。随着 YC 白药推出功能化的高端产品，国际品牌也纷纷凭借自身竞争优势推出功能化的高端牙膏抢占市场。这些解决口腔健康问题功能很强的牙膏定价都与 YC 白药牙膏不相上下。这些功能化的高端牙膏产品出现后整个市场显现出"销售额增长大于销量增长"的新特点，牙膏消费区间也逐渐向中高端移动。

案例来源：中国注册会计师协会. 公司战略与风险管理［M］. 北京：中国财政经济出版社，2023.

二、企业不同阶段生命周期的经营、财务特征

（一）初创期

初创期的企业受环境变化的影响程度更大，对环境因素的控制能力更弱。这

一阶段的企业资金比较缺乏，还不具备稳定的现金流来源，没有足够的资金去投入研发、建立强大的研发团队；研究开发能力不足，缺乏关键的管理人员，产品种类还比较单一，产品市场份额和市场知名度低；并且这一阶段的企业还只能由少量的创始人员承担管理工作，无法组建起完善的管理团队。这一阶段企业的利润较为微薄或处于亏损状态，对创始人员的管理付出的回馈较少。但是，初创期的企业，往往会制定企业的发展目标和长期计划，这些为企业以后的文化特点和管理特色奠定了基础。

（二）成长期

当企业步入成长期时，产品的定位与市场渗透程度都已大大提高。基于组织管理的需要，职业经理人、专业管理者进入企业，经营权和所有权在企业的成长期阶段开始慢慢分离，信息透明度逐渐升高，企业内外部信息不对称得到缓解。成长期的企业有了比较多的现金收入，且企业的收入、利润、现金大多流向支撑企业发展的方向，而不是流向企业管理者用于激励管理者，倾向于大幅度投资研究与开发，进而市场份额逐步提高，市场竞争力逐渐增强。成长期企业也希望获得资金、相关优惠，而通过盈余管理，来向市场展现良好的经营业绩。成长期企业的销售收入增长迅速，但是由于企业投资支出较大，入不敷出，资金方面存在较大缺口，然而，在融资机构、市场投资者看来，投资成长期企业仍存在较高风险，这使得成长期企业融资较为困难。

（三）成熟期

进入成熟期的企业，经营活动已经日渐稳定，市场占有率和利润水平保持在行业内较高水平。这个时候的企业产生现金流的能力很强，企业现金流入量大于流出量，筹措资本的能力增强，由于企业已经不需要再像成长期那样增加资产投资比例，对现金的需求相对较弱。即使现金充足，不缺少研发资金投入，但是受制于研发能力瓶颈的存在，企业产品很难再有突破性创新，产品没有根本性创新。经营目标在企业的成熟期阶段发生改变，企业内部有着足够的现金来源用于外部投资，应对缓解内部管理问题，应对缺少创新的风险。从企业管理角度看，成熟期企业在某种类型的产品领域确立了优势地位、经营领域较宽，这时候的企业是分散的股权，而且拥有了专业的管理团队帮助管理企业。在成熟的委托代理关系下，在组织层级日趋复杂的背景下企业拥有了较高的信息透明度，管理趋于模式化和成熟化，理财目标定位于企业价值最大化。进入成熟期，企业拥有一系列竞争力强的产品、有着属于企业自身的核心竞争力，在激励企业管理层方面企业有能力支付现金薪酬，企业股价与管理者的努力相关性越来越小。

不同于成长期企业的"变"，成熟期企业注重维"稳"，注重保持企业的生产能力、盈利能力，企业经营所需要的资金由企业自身的现金流来满足，融资需求较小，相比于企业生命周期阶段企业有更小的管理盈余的动机。

（四）衰退期

成熟期企业终将进入衰退期，市场占有份额大幅减少的问题在企业的衰退期阶段较为严重，这威胁到了企业的长期发展能力。对衰退期企业来说，是管理、经营和产品这三方面的问题共同导致了企业销售收入大幅降低的结果，企业拥有很少的成长机会、很低的投资支出，从而很可能会倒闭退出市场。从财务角度来看，衰退期企业只有较低的市场份额、较低的销售收入、较低的毛利率，企业缺少内部现金来源。产能的严重过剩，只有大批量生产并有自己销售渠道的企业才具有竞争力，有些竞争者先于产品退出市场。产品的价格、毛利都很低。只有到后期，多数企业退出后，价格才有望上扬。

第三节　基于企业生命周期阶段的中小企业财务战略选择

一、初创期企业的财务战略选择

在企业初创期，一般规模较小，企业的实力尚不够强大，基本业务优势不明显，企业固定资产投入大、技术力量薄弱。产品规模效益还没有完全发挥出来，核心产品还不能提供大量的现金流。这一阶段，企业要投入大量的人力、物力和财力，新产品的研发和市场拓展是否成功还是未知数。由于刚刚进入市场，企业缺乏既定的销售渠道，企业获利一般不会太大，现金流量较低，企业甚至会出现亏损。这一时期，企业应该把如何生存下去作为企业发展的目标。为了取得成功，企业必须要在开发产品以前对市场进行调查，在调查实证的基础上对产品的研发投入资金，新产品试制成功后还需要将大量的资金投入到设备的试生产和产品的试营销中去。

在这一阶段，创业者集投资者、生产经营者、管理者于一身，一般采用财务集权治理模式，一般采取一业为主的集中战略，通过资源在一项业务中的高度集中，增加企业主营业务的销售量，提高市场占有率，建立企业的市场地位。从财务管理目标上，应倾向于求生存，因为企业只有生存下来才能发展壮大，进入成长期和成熟期。为此，要求企业尽可能通过选择有利的盈利方式吸引投资者投资，或者投资于政策支持的行业或区域，通过健全的财务制度和完善的内部控制制度控制成本费用。

创业初期，企业的资本实力还比较薄弱，经营风险非常高，并未形成良好的企业信誉度，也尚未与银行等金融机构建立稳定的信用关系，进行债务融资比较困难，表现为企业经营风险比财务风险大，财务管理制度和内部控制机制缺乏，成本管理不力。企业在筹资战略上主要可通过权益资本筹资，正确预测资金需求、尽快熟悉各种筹资渠道、努力降低资金成本，建立牢固的财务基础，以保证企业的生存和未来的成长。这一时期，企业应把实现财务绩效稳定增长和资产规模平稳扩张作为战略重点，把优化资源配置和提高资源使用效率作为首要任务。在加强风险管理的基础上，企业应尝试与供应商和销售商建立良好的商业关系，以便在不大量增加成本的基础上补充和缓解现金流的不足。初创期企业一般不宜采取负债筹资的方式。这是因为，一方面，初创期企业发生财务危机的风险很大，债权人出借资本要以较高的风险溢价为前提条件，从而企业的筹资成本会很高；另一方面，初创期企业一般没有或只有很少的应税收益，利用负债经营不会给企业带来节税效应。

从投资战略看，企业应该对经营项目进行充分而科学的论证，从技术、经济和效益等多方面进行系统分析，确定其可行性。通过采取集中化投资战略，主攻某个特定的顾客群，或某一细分市场，重点投资于特定目标，以更高的效率为某一狭窄的战略对象服务。

从股利分配战略看，初创企业由于处在创业阶段，在研究与开发、生产、市场开拓等方面都需要大量资金投入以维持企业现金流的正常运转，加快发展步伐是初创企业经营管理的重点，初创企业即使有利润也不向投资者进行利润分配。股利回报对于期望高收益的风险投资者来说，没有吸引力，股东所有的期望只能是以资本增值形式获得回报。

初创企业需要不断的资金投入，这些资金主要通过权益融资取得。企业在吸收风险投资时，需要花费大量时间、经营者精力以及筹资费用，交易成本比较高；但如果使用内部融资方式，将企业净利润留存下来，可节省大量交易成本、时间，且使用更加灵活。因此，初创企业大多选择零股利分配策略。

【案例 5 - 4】

巨型航母的梦想，起源于草根与风头的博弈

阿里巴巴在短短 21 年的时间内以一个名不见经传的小公司成长为世界第二大市值规模的互联网企业，其中马云带领下的号称"18 罗汉"的创业团队劳苦功高，但是风险投资基金也功不可没。在创业之初，由于自有资金有限，阿里巴巴的运营资金很快便捉襟见肘，及时为其注入资金使其脱困的便是以高盛为主的投行，从此在马云带领下的阿里巴巴拉开了长期同风投机构纵横联合的游戏大幕。接下来在 2000 年，阿里巴巴同其他互联网企业一样迎来了互联网行业的寒冬，此时又是风投对阿里巴巴施以援手，软银领投加其他跟投者一共为阿里巴巴注资 2 500 万美元。度过艰难寒冬之后的阿里巴巴迅速发展，业务拓展和酝酿上市都已经进入了日程，这当中依旧闪现着风投的身影。2004 年 2 月，阿里巴巴完成第三轮融资，再次从软银等风投手中募集到 8 200 万美元。2005 年 8 月，雅虎、软银再向阿里巴巴投资数亿美元。这笔投资是当时国内互联网公司金额最大的一笔私募投资，为阿里巴巴创办淘宝网、创办支付宝、收购雅虎中国、创办阿里软件，一直到阿里巴巴上市提供了充沛的资金。

案例来源：吴瑕，千玉锦. 中小企业融资：案例与实务指引［M］. 北京：机械工业出版社，2021.

二、成长期企业的财务战略选择

伴随着企业经营实力的增强，企业取得了一定的发展，并形成了自己的主导产品。与初创时期比较，企业的发展速度加快，生产规模开始扩大、产品销量增加，销售收入提高，企业的所有权和经营权逐渐分离，大多采用财务分权的治理模式，企业现有业务项目的规模和质量已经扩展到一定程度，或者是在满足现有业务的需要外还有剩余资源。此时，企业应选择一体化经营战略，延长企业的价值链，扩大企业经营规模。企业的经营风险会有所下降，基于完全合理的利润水平之上的高销售额将产生相对充裕的现金流。但由于企业必须在总体市场开发和市场占有两方面同时投入大量资金，结果导致经营过程中产生的现金重新投入经营中。加之存货和应收账款占用的资金量增加，使企业的发展资金依然紧张，自有现金流量远远不能满足经营发展的需求，最终导致股利支付率保持在低水平上，投资者所预期的回报只有通过股价上涨来实现。

从融资战略看，企业在成长期的风险仍然很高，此时企业的内部资金积累较少，企业仍急需长期资金来继续扩张企业规模，也需要短期资金来维系购买原材料、产品研发和人工成本等必要支出，资金缺口较大，现金流量不稳定，因此需要再融资才能满足企业经营的需要。然而企业总体规模较小，经营风险和市场风险也未得到完全释放，这使得企业不能仅以追求资金安全的金融机构为投资主体，最主要的还是以风险资本、投资银行等权益资本为主体的过渡性融资方式。同时，由于公司的产品已经经受了市场的考验，新投资者较之风险投资者承担的风险要低，企业可能从广泛的潜在投资群体中搜寻新的权益资本。如果这两种筹资途径都不能解决企业发展所需资金的问题，最后可考虑采用负债筹资方式。

从投资战略看，企业适宜采取一体化投资战略，即通过企业外部扩张或自身扩张等途径获得发展。一体化有助于企业延长产业链，形成规模效应。但是，由于成长期企业的资金和产能均有限，企业不应完全偏离原有业务范围。在研发投资方面，研发能力仍是核心竞争力。成长期企业应继续关注核心研发能力，以此建立技术壁垒，抢占市场先机，扩大销售。此外，成长期企业想要进一步发展，人才是关键。企业应当在人才引进和员工培养等方面增加投入，并提高员工素质水平。

从股利分配战略看，企业成长期收益水平有所提高，但现金流量不稳定，企业拥有较多有利可图的投资机会，需要大量资金。为此，企业不宜大量支付现金股利，而应采取高比例留存、低股利支付的政策，在支付方式上也应该以股票股利为主导。这一时期，企业财务战略管理的目标应是实现企业的发展壮大，提高盈利水平和风险管理水平，扩大企业规模；财务战略管理的重点应是严密监控企业利润的变化，并以之为基础进行市场份额的预测与规划。同时，重视对企业成本和费用的控制，以利润为目标，对企业各部门进行必要的业绩考核。这一阶段，企业需选择出售证券的最优价格和时间，不断观察环境的变化，修正产品的现金流量估计，并且要严格控制运营资金，尽量减少存货资产和应收账款对资金的占用，保证较快增长的应收账款收回。成长企业还可以通过更多地采用负债筹资方式，获得财务杠杆效应。

此外，处于成长期的企业还应制定人才稳定和人才吸引战略，在人才引进和培养上增加投入，将人力资本投资纳入投资战略。将学习和成长能力的提高作为业务考核的标准，不断提升员工处理和解决问题的能力，加强企业信息系统的建设，为企业长期的财务增长打下基础。

三、成熟期企业的财务战略选择

成熟期的企业规模急速扩张，业务日益复杂。在此期间，企业已经形成了稳定的销售网络，市场销路趋于稳定，市场占有率较高，现金流量充裕，资源结构趋于合理，抗风险能力较强，企业产品的销售源源不断地给企业带来净现金流入。企业固定资产投资逐渐减少，产品生产批量达到了最大限度，产品成本也下降到了最低点，财务利润达到高峰。为了避免资本全部集中于一个行业可能产生的风险，以及产业进入成熟阶段后对企业发展速度产生约束，大型企业一般开始采取多样化经营的战略，或通过兼并收购等资本运作方式进行资本扩张，分散投资风险，寻求新的利润增长点，维持企业的规模和盈利水平，优化企业资源配置，提高资本运营效率。

从融资战略看，企业发展至成熟期时，是其综合实力最强的阶段，在外部市场环境中也有较高的竞争地位，销售份额及利润较大但相对浮动不大，该阶段企业面临着保持稳定发展、转型升级或衰退的发展方向。此时，企业对于资金的需求也很大，但资金支出结构有所改善，融资约束相对缓解，可选择的融资方式较为广泛，很多融资机构愿意投资。这一阶段，企业的经营风险相应降低，使得企业可以承担中等财务风险。企业可采取相对较高的负债率，以有效利用财务杠杆。对成熟期的企业而言，只要负债筹资导致的财务风险增加不会产生很高的总体风险，企业保持一个相对合理的资本结构，负债筹资就会为企业带来财务杠杆利益，同时提高权益资本的收益率。

从投资战略看，企业可采取适度的多元化投资战略，将企业集聚的力量通过各种途径加以释放，以实现企业的持续成长。通过实施多元化战略，企业可以选择进入新的、与原有业务特性存在根本差别的业务活动领域，更多地占领市场和开拓新市场，或避免经营单一的风险，突破生命周期的制约，寻找继续成长的路径。

从股利分配战略看，这一阶段，企业现金流量充足，筹资能力强，能随时筹集到经营所需资金，资金积累规模较大，具备较强的股利支付能力，而且投资者收益期望强烈。因此，适宜采取高股利支付率的现金股利政策。由于这一阶段收益质量的提高，每股利润较高且为稳定，投资者期望的回报更多的是通过股利分配来满足，股票价格相对比较稳定。

但此时企业的营业收入和净利润的增幅开始下滑，负增长的情况开始出现。因此，应把延长企业寿命作为财务战略管理的主要内容。财务战略重点转移的一个方面就是保持现有的市场份额和提高效率，通过负债融资而提高的财务风险可以用降低的经营风险抵消。但由于市场竞争激烈，产品价格不断下降，企业增长速度逐渐放慢。因此，企业应千方百计挖掘潜力，选择进入新的与原业务特性存在更多共性的业务活动领域，更多地占领市场和开拓新市场。

根据詹森的自由现金流假说，企业的自由现金流越多，管理者据以进行不合理行为的可能性越大。因此，为最大限度地减缓代理冲突，成熟期企业应加强其资金的运营和管理能力，以充分利用资金，减少管理者可自由支配的现金数量，进行成本优化管理。同时，由于成熟期企业已发展到一定规模，具有相当的盈利能力。因此，其财务管理目标应该是企业价值最大化，同时兼顾社会责任。在资金筹集上，可通过利润留存、盘活资金存量等方式，获得所需资金。其利润形成过程的管理重点是如何通过价值链分析，制定科学的成本费用预算，使整个价值链的成本耗费降到最低，以促进企业竞争优势的形成和成本持续降低。成熟期企业应以市场份额和客户满意度等非财务指标为考核标准，以客户保持率、获得率和客户满意度、获利率等为尺度，以便不断提高为客户创造价值的能力，保证市场份额的增加和客户保持率的稳定增长，以及客户获得率和获利率的提高。

【案例 5 - 5】

复星医药基于生命周期理论的成长期企业财务战略选择

复星医药股份有限公司，是我国最大的同时在上交所和港交所上市的民营投资集团，以快速并购和资本运作、建立产业集团而闻名，是中国领先的医药健康企业中进军高端、专科及综合医疗服务行业领先的先行者之一。2014～2017 年，复星医药处于成长期阶段。

此阶段复星医药筹集资金的方式主要依靠外部筹资，包括债务筹资和股权筹资。在债券融资方面，复星医药融资次数多，而且数额也较大，最高为 30 亿元，最低为 4 亿元。股权筹资方面，5 年来，公司一共进行了 5 次股权融资，均采用非公开发行的方式向特定投资者增发股份（见表 5 - 1）。

表 5 - 1　　　　　　　复星医药 2013～2017 年的筹资规模

年份	负债（万元）	负债增长率（%）	所有者权益（万元）	所有者权益增长率（%）	资产负债率（%）
2013	1 181 068	15.76	1 766 451	15.42	40.07

续表

年份	负债（万元）	负债增长率（%）	所有者权益（万元）	所有者权益增长率（%）	资产负债率（%）
2014	1 623 328	37. 45	1 910 300	8. 14	45. 94
2015	1 753 208	8. 00	2 066 965	8. 20	45. 89
2016	1 851 746	5. 62	2 525 033	22. 16	42. 31
2017	3 222 955	74. 05	2 974 146	17. 79	52. 01

　　复兴医药的投资战略主要以外部投资为主，包括可供出售金融资产和长期股权投资，通过并购重组获得其规模的扩张；内部筹资为辅，包括固定资产、在建工程、无形资产（见表5-2）。

表5-2　　　　　　　2013～2017年复星医药投资增长情况（相对值）　　　　单位：%

年份	可供出售金融资产	长期股权投资	固定资产	在建工程	无形资产
2013	7. 44	44. 16	15. 93	5. 87	11. 52
2014	9. 37	44. 64	17. 34	3. 94	10. 58
2015	11. 09	46. 59	15. 93	3. 35	10. 12
2016	8. 10	49. 01	15. 57	3. 51	9. 33
2017	5. 70	39. 33	13. 97	3. 75	15. 45

　　复星医药的股利分配方式主要以现金股利的分配方式为主，该公司现金股利派发比较稳定，且呈现递增的趋势，而且相对于国内其他上市公司，现金股利分配政策较高，而且公司一直没有股票股利。

　　案例来源：明影. 基于生命周期理论的企业成长期财务战略研究［D］. 上海：东华大学，2019.

四、衰退期企业的财务战略选择

　　企业一旦进入衰退期，其营业收入和净利润会同时出现滑坡现象。这时，企业会在经营过程中遇到相当大的困难且短时间不易解决。企业存在的重大风险是在有利可图的前提下，经营还能持续多久。此时，企业早期的债务逐个到期，企业存在着还款的压力。总体上看，企业为应对衰退，防止出现财务危机，会尽可能减少再投资，并不可避免地选择紧缩经营战略。当然，企业实施收缩的经营战略，并不是全面的退缩，而是果断地结束那些对企业发展不利的、没落的业务项目，积累力量来寻找新的发展机会，力图从那些难以获利、竞争激烈的行业或产品中退出，根据市场变化寻找新的投资方向。

衰退期企业的财务战略管理的重点应放在财务战略的整合、财务组织制度的创新与调整、新产品开发的资金投入、人员的合理分流与素质的提高等方面。应对未来市场的产业状况进行正确预期，通过并购等方式寻求协同效应，寻找新的财务资源增长点，实现战略上的转移；应通过资产变现、压缩开支等方式保持现金流转正常进行；通过实施资产重组、优化长期资产组合，提高资产收益率。

从筹资战略看，这一时期，筹资战略的决策依据是资金偿还风险的大小。尽管衰退期企业生产经营中的现金流入开始减少，但由于市场的萎缩以及对产品技术改造动力不足造成的现金需求下降，使经营活动中产生的现金基本可以满足企业正常生产所需。因此，衰退期企业除非有大的资本运作外几乎不需要从外部筹集资金，企业主要依靠自身力量进行内源融资，但也不排除采取较高负债的可能性。因为，一方面，衰退期既是企业的"夕阳"期，也是企业新活力的孕育期，在资本市场相对发达的情况下，如果新进入行业的增长性及市场潜力巨大，理性投资者会甘愿冒险；如果新进入行业并不理想，投资者会对未来投资进行自我判断，因为理性投资者及债权人完全有能力通过对企业未来前景的评价，来判断其资产清算价值是否超过其债务面值，因此，这种市场环境为企业采用高负债筹资创造了客观条件。另一方面，衰退期的企业具有一定的财务实力，以其现有产业作后盾，高负债筹资战略对企业自身而言是可行的。

在投资管理方面，衰退期企业应该转移或收缩投资，集中一切资源用于有发展前途的核心业务上，增强核心业务的竞争力。如果企业核心业务已是"夕阳"产业，应尽可能地收回投资，将资金用于寻找新的财务增长点上，实现战略转型。在收益管理方面，衰退期企业应在不断降低成本和经常性支出的前提下，争取较高的利润，并以财务指标作为评价标准，以现金流和利润的增长和维持为尺度，以资金回收和债务清偿能力的提高为目标，以财务制度创新和财务流程再造为手段，谋求企业新的发展。这一时期，一般企业不想扩大投资规模或者缺少好的投资项目，因而可以通过利用较高的自有现金流量实施现金股利支付政策以回报投资者。

总之，企业作为一种生命机体，要经历从诞生、成长、成熟到衰退的发展过程，企业的发展轨迹及其在市场中的地位和作用，决定了其具有不同的财务特征和财务战略目标，从而导致企业财务战略管理方法应依据企业生命周期的变动而采取动态的形式。

另外，经济周期性波动是现代经济总体发展中不可避免的现象，是经济系统存在和发展的表现形式。经济的周期性波动要求企业顺应经济周期的变化制定和选择财务战略，来抵御经济大起大落产生的震荡，特别是要设法减少经济周期对财务活动产生的负效应。如在经济复苏阶段应采取扩张型财务战略，在经济繁荣阶段应采取扩张型和稳健型相结合的财务战略，在经济衰退阶段，应采取防御收缩型财务战略。

由于不同生命周期财务战略的重点是有所不同的。从财务战略对公司战略的支持性，以及经营风险与财务风险的反向搭配来考虑，企业各生命周期阶段与财务战略选择的关系如表5－3所示。

表5－3　　　　　　　中小企业在企业生命周期不同阶段的财务战略选择

指标	企业生命周期阶段			
	初创期	成长期	成熟期	衰退期
经营风险	非常高	高	中等	低
财务风险	非常低	低	中等	高
筹资战略	权益筹资	权益筹资与债务筹资相结合	债务筹资为主，留存收益为辅	债务筹资为主，留存收益为辅
投资战略	集中投资	一体化投资	多元化投资	收缩或转移投资
运营战略	高流动资产、低流动负债	低流动资产、高流动负债	低流动资产、低流动负债	高流动资产、高流动负债
股利分配战略	零股利	低股利政策，以股票股利为主	固定股利政策，以现金股利为主	高股利政策
价格/盈余倍数	非常高	高	中	低
股价	迅速增长	增长并波动	稳定	下降并波动

本章小结

财务战略是企业战略中一类特殊的战略，需要考虑资金的使用和管理的战略问题，并以此与其他性质的战略相区别。为更好地了解财务战略，本书介绍了财务战略的特征，并按照资金筹措与使用特征或职能类型对财务战略进行分类介绍。企业同生命体一样拥有一定的生命周期轨迹，当代管理学将初创期、成长期、成熟期和衰退期作为企业生命周期的不同阶段，处于不同阶段的企业具有各自典型的经营特征与财务特征。企业依据企业生命周期理论根据自身所处的生命周期阶段从投资、融资、股利分配三个方面来制定考虑适合自身的财务战略，以提高企业财务战略管理效率，从而帮助企业更好地应对未来的挑战。

本章思考题

1. 什么是企业财务战略？企业财务战略按职能类型进行分类可以分为哪几类？
2. 什么是企业生命周期？处于成长期的企业战略投资的重点是什么？
3. 概述企业成长期的财务战略选择。
4. 概述企业生命周期各个阶段的股利分配战略。

本章案例分析

泰格医药基于生命周期理论的企业财务战略选择

泰格医药全称为"杭州泰格医药科技股份有限公司"，2004年成立，并先后在上海、北京、重庆、广州等地设立服务网点。2012年，公司于创业板上市。此后通过对外扩张和内生发展，不断延伸产业链，扩大经营范围，逐步打造其临床研究一体化研发服务平台。公司目前经营范围已覆盖亚太、欧洲和北美，主营业务包括临床试验技术服务和临床试验相关服务及实验室服务，致力于为客户提供全面而综合的临床研究解决方案。2016~2020年泰格医药正处于成长期。

筹资战略上，泰格医药的权益筹资基本依靠对外发行股票，辅之以留存收益。如表5-4所示，泰格医药2016~2020年留存收益增长6倍多，但留存收益占比基本稳定在25%~35%区间，2020年，甚至低于20%。说明公司虽然偏重权益筹资，但内部留存收益的贡献度却不高，更多依靠外部股权筹资。公司五年间通过发行股票共筹集资金115亿元，而所有者权益增加了160亿元，占比达到72%。

表5-4   泰格医药2016~2020年权益筹资情况

年度	留存收益（万元）	所有者权益（万元）	留存收益占比（%）
2016	48 405.00	183 978.36	26.31
2017	73 504.63	281 899.12	26.07

续表

年度	留存收益（万元）	所有者权益（万元）	留存收益占比（%）
2018	109 470.56	303 415.98	36.08
2019	193 451.71	552 164.79	35.04
2020	347 566.48	1 785 847.41	19.46

通过表5-5分析公司的流动负债发现，其主要是由短期借款和商业信用筹资构成。2016～2019年，短期借款占比高于商业信用筹资，且呈增加趋势。2020年受香港IPO影响，公司归还了全部短期借款，商业信用筹资占比相应提高，但2021年公司又借入3亿元短期借款，总体而言，公司对短期借款存在依赖性。

表5-5　　　　　　　　　泰格医药2016～2020年流动负债构成

年度	流动负债总额（万元）	短期借款（万元）	短期借款占比（%）	商业信用筹资（万元）	商业信用筹资占比（%）
2016	43 578.33	17 475.17	40.10	15 520.22	35.61
2017	71 549.07	24 244.46	33.89	26 818.85	37.48
2018	120 864.22	60 283.41	49.88	37 347.74	30.90
2019	179 069.23	86 377.17	48.24	47 343.18	26.44
2020	113 933.88	—	—	58 593.80	51.43

泰格医药采用的是扩张型筹资战略。筹资规模快速增长，资金需求量大。筹资结构越来越倚重权益筹资，债务筹资比重趋于下降，资产负债率低。其中，权益筹资多依靠发行股票的外部筹资方式，债务筹资以流动负债为主，且短期借款占比较大。筹资渠道主要包括发行股票、银行借款和留存收益累积，渠道较为单一（见图5-3）。

从投资战略看，泰格医药的投资规模处于快速扩张阶段，以对外投资为主实现扩张，对内投资较少。对内投资中，研发投入虽逐年增长，但营收比仍维持在较低水平，研发能力未有显著提升。对外投资中，收购活动频繁，但收购企业业绩不尽如人意，且近年股权投资行为较为频繁。收入结构上，呈现临床试验技术服务与临床试验相关服务及实验室服务并驾齐驱的格局，其中，前者受收购活动影响波动较大，后者的毛利率相对稳定（见表5-6）。

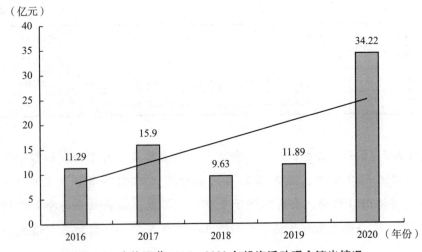

图 5-3 泰格医药 2016～2020 年投资活动现金流出情况

表 5-6　　　　　　　　泰格医药 2016～2020 年整体投资结构　　　　　　单位：%

指标	2016 年	2017 年	2018 年	2019 年	2020 年
泰格医药对内投资占比	5.46	2.89	9.53	8.65	9.31
所处行业平均对内投资占比	15.77	16.94	28.92	37.79	24.94
泰格医药对外投资占比	94.54	97.11	90.47	91.35	90.69
所处行业平均对外投资占比	84.23	83.06	71.08	62.21	75.06

股利分配战略上，泰格医药的每股收益逐年上升，与此同时股利支付率却呈下降趋势。2016 年，公司为了能顺利在次年非公开发行股票，当年未进行利润分配，并于次年中期对本年度进行利润分配。2017～2020 年公司的股利支付水平从 30%～40% 的下降至 10%～20% 区间。较高的留存收益率说明管理层可能希望能够将更多资金投入未来的生产经营中（见表 5-7）。

表 5-7　　　　　　　　泰格医药 2016～2020 年股利分配情况　　　　　　单位：元

年度	每股收益	每股股利	利润分配方案
2016	0.30	0.00	不分配
2017	0.60	0.20	每 10 股派发现金股利 2 元
2018	0.94	0.35	每 10 股派发现金股利 3.5 元；以资本公积每 10 股转增 5 股
2019	1.13	0.278	每 10 股派发现金股利 2.78 元
2020	2.20	0.30	每 10 股派发现金股利 3 元

此外，公司基本只采用现金分红，不采用股票股利，考虑与筹资战略一样，公司对于从未采用过的股票股利方式较为保守，财务创新性有限，对于如何在不减少现金流出的同时保证股利分配未有深入研究。

案例来源：孙书泽. 基于生命周期理论的成长期企业财务战略研究［D］. 上海：东华大学，2022.

案例思考题

本案例中，泰格医药在成长期阶段选择了什么财务战略？理由是什么？

第六章

企业可持续增长的财务战略

　　一个完美的企业财务战略不仅可以解决日常经营活动资金的流转问题，更能够着眼于长远利益进行合理的投资、筹资和分配，从而促进企业在合理的资金流的财务环境下实现可持续发展。同时，后者也为前者的发展指明了方向，使企业的财务战略在资本的节约和资金的可持续利用方面更加科学合理。大量研究表明企业的财务战略和企业的可持续增长战略二者的有效结合有利于完善企业的资本结构、节约企业的资金成本，有利于企业良好的内外部财务环境的形成，从而促进企业的可持续发展和永续发展。本章在系统介绍可持续增长理论与价值创造理论的基础上，引出财务战略矩阵，并据此探讨基于企业可持续增长的财务战略选择问题。

▌本章的学习目标

　　1. 理解企业可持续增长的内涵、可持续增长率模型、可持续增长率与实际增长率的对比分析

　　2. 理解价值创造理论以及影响价值创造的主要因素

　　3. 掌握财务战略矩阵的基本构建思路，并能对其进行适当的应用

　　4. 结合生命周期理论，能够综合运用财务战略矩阵对企业进行战略分析与选择

 引入案例

增强中小微企业韧性建设，创新驱动可持续发展

　　在 2023 年联合国中小微企业日之际，联合国开发计划署（UNDP）、中国

国际经济技术交流中心（CICETE）和中国服务贸易协会（CATIS）共同举办了年度主题活动，旨在突出中小微企业在加速实现可持续发展目标方面的重要作用。在广州市商务局、中国中小企业协会和度小满科技（北京）有限公司的支持下，主题活动在北京、广州两地同期举办。活动以"增强中小微企业韧性建设，加速实现 2030 可持续发展议程"为主题，汇集了来自政府、行业协会、学术机构和联合国各相关机构的代表和演讲嘉宾。活动中的讨论聚焦于如何支持中小微企业应对各种全球挑战，包括 2019 年新冠疫情造成的持续影响、极端天气事件和自然灾害、全球冲突等。

在全球范围内，中小微企业的数量占所有企业的 90% 以上，提供了全球 70% 的就业机会，贡献了发达经济体 50% 的 GDP 和新兴经济体 40% 的 GDP，是地方和国家经济的重要组成部分，为世界各地的人们提供了生计机会。中小微企业特别惠及了贫困工人群体、妇女、青年和弱势群体。

联合国贸易和发展会议（UNCTAD）企业发展负责人弗普勒赫（Arlette Verploegh）表示："中小微企业在全球生产系统当中是犹如心脏脉搏般的重要存在，它们的生存状态影响着整个社会。"她表示，要为中小微企业创造良好的监管环境，寻找全新的融资方式，提供创新的科技支持，增强其发展韧性。

联合国开发计划署粮食和农业产品系统全球负责人博瓦尼克（Andrew Bovarnick）表示："我们可以通过能力建设帮助中小微企业在技术、财务、管理能力等方面做得更好，提升中小微企业的韧性；也可以通过相关工具，包括信贷工具、农户支持系统、跨部门沟通机制等，这些都可以支持中小微企业的发展。"

案例来源：联合国开发计划署网站，https：//www.ilo.org/infostories/en-GB/Stories/Employment/SMEs#intro.

第一节　企业可持续增长理论

美国财务学家罗伯特·希金斯（Robert Higgins，1977）就企业增长问题和财务问题进行了深入的研究，提出了可持续增长模型。可持续增长模型对一定条件下公司的增长速度与经营水平、财务资源、政策的制约关系进行了描述。希金斯定义：可持续增长率是指在不需要耗尽财务资源的情况下，企业销售所能增长的最大比率。该模型是制定销售增长率目标的有效方法，已被许多大型公司广泛应用。

一、可持续增长率模型

（一）可持续增长率的假设

可持续增长模型的建立基于一系列假设，尽管存在众多假设条件，该模型仍是目前运用较为广泛的模型，该模型的假设条件如下。

①公司营业净利率将维持基期水平（已经涵盖新增债务增加的利息）；

②公司总资产周转率将维持基期水平；

③公司基期的资本结构是目标资本结构，并且打算继续维持下去；

④公司基期的利润留存率是目标利润留存率，并且打算继续维持下去；

⑤不愿意或者不打算增发新股（包括股份回购，下同）。

上述假设条件成立情况下的销售增长率是可持续增长率。企业的这种增长状态，称为"可持续增长"或"平衡增长"。在这种状态下，资产、负债和股东权益同比例增长，如表6-1所示。

表6-1　　　　　　　可持续增长状态下的资产、负债和股东权益的匹配

年初资产100万元	年初负债40万元
	年初股东权益60万元
新增资产10万元	新增负债4万元
	新增股东权益6万元

（二）可持续增长率的计算

在可持续增长模型假设成立的前提下，可以对可持续增长率进行相应的计算。在企业内、外部状况和经营情况稳定的时候，销售能因为资产增多而增长。如果企业不发行新股，则销售增加的比率与资产增加的比率相同。所以该模型可以用股东权益增长率表示，其计算公式为：

财务可持续增长率 = 股东权益增长率 = 股东权益的变动值/期初股东权益

不考虑发行股票的情况，则有：

$$\begin{aligned}
\text{财务可持续} \atop \text{增长率} &= (\text{本期净利润} \times \text{本期留存收益率}) / \text{期初股东权益} \\
&= \text{留存收益增加额} / (\text{期末股东权益} - \text{留存收益增加额}) \\
&= \left(\frac{\text{本期净利润}}{\text{本期销售收入}}\right) \times \left(\frac{\text{本期销售收入}}{\text{期末总资产}}\right) \times \left(\frac{\text{期末总资产}}{\text{期初股东权益}}\right) \times {\text{留存} \atop \text{收益率}} \\
&= \text{销售净利率} \times {\text{总资产} \atop \text{周转率}} \times {\text{期初权益期末} \atop \text{总资产乘数}} \times \text{留存收益率}
\end{aligned}$$

上述公式是可持续增长模型的主要内容。该模型的核心是企业不需耗费所有财务资源，却能保持企业经营的稳定性——即政策不改变的情形下，通过销售净利率指标、总资产周转率指标、权益乘数指标、企业股利分配政策的留存收益率指标来描述企业的销售目标，直观的把模型展现出来。

二、可持续增长率与实际增长率

在日常企业经营过程中，想要一直维持可持续增长是非常困难的，因为可持续增长率是在既定假设的前提下——即不增发新股或回购股票的情况下，企业当前经营效率和财务政策决定的未来内在增长能力，而实际增长率则是根据公司实际情况，由本年销售收入与上一年销售收入计算出来的增长率。通常来说，二者之间有如下关系。

（1）如果某一年的经营效率和财务政策与上年相同，在不增发新股或回购股票的情况下，则本年实际增长率、上年可持续增长率以及本年可持续增长率三者相等。这种增长状态，在资金上可以永远持续发展下去，可称为平衡增长。当然，外部条件是企业不断增加的产品能为市场接受。

（2）如果某一年公式中的四个财务比率有一个或多个比率提高，在不增发新股或回购股票的情况下，则本年实际增长率就会超过上年可持续增长率，本年可持续增长率也会超过上年可持续增长率。由此可见，超常增长是"改变"财务比率的结果，而不是持续当前状态的结果。企业不可能每年都提高这四个财务比率，也就不可能使超常增长继续下去。

（3）如果某一年公式中的四个财务比率有一个或多个比率下降，在不增发新股或回购股票的情况下，则本年实际增长率就会低于上年可持续增长率，本年可持续增长率也会低于上年可持续增长率。这是超常增长之后的必然结果，企业对此要事先有所准备。如果不愿意接受这种现实，继续勉强冲刺，现金周转的危机很快就会来临。

（4）如果公式中的四个财务比率已经达到企业的极限，只有通过增发新股增加资金，才能满足更高销售增长率对资金的需求。

总的来说，两者之间的关系主要包括三种情况。第一种，如果企业在发展的过程中实际增长率超过可持续指标，而这一现象往往出现在企业的初创期与发展期，容易造成对企业内部资源的过度利用。第二种，实际增长率更低，这时企业的发展受到威胁，企业内部资源的利用率低，造成一定程度的资金浪费，这一现象往往出现在企业的衰退期。第三种，二者相等，则意味着公司的内部财务资源已被充分利用，既没有闲置也没有过度利用，这一现象往往出现在企业的成熟期。这种情况有利于公司在未来实现真正的可持续增长。

企业管理者在业务决策中经常需要考虑实际增长率和财务可持续增长率这两个衡量指标。企业的实际增长率代表了近年来企业的实际增长速度，而若要保证上市公司的不断发展，需要依据可持续发展理论，同时对于这一理论的相关研究目的不是为了限制企业的销售增长，而是要求企业管理人员对销售增长过度的情况进行预警，以便对后续可能发生的问题采取及时、完善的应对措施，而两者之间的偏差也对经营者提出了新的挑战，应当引起额外的重视。

【案例6-1】

兆易创新可持续增长率分析示例

兆易创新科技集团股份有限公司（以下简称"兆易创新"）成立于2005年4月，是一家致力于开发先进的存储器技术、微控制器（MCU）和传感器解决方案的集成电路设计企业。2016年8月，兆易创新在上海证券交易所主板正式挂牌上市（股票代码：603986），成为A股市场中集成电路行业龙头企业之一。兆易创新2022年、2021年相关财务数据如表6-2所示：

表6-2　　　　　　　　　　2021~2022年兆易创新经营情况

年份	总资产周转次数	销售净利率	净经营资产权益乘数	本期利润留存率	可持续增长率
2021	0.63	27.46%	1.1435	84.81%	20.16%
2022	0.51	25.25%	1.096	65.53%	10.19%

2022年受全球经济环境、地缘政治冲突等外部因素影响，半导体行业在短期内面临周期下行压力。从2022年初起消费市场低迷，到下半年汽车、工业领

域亦逐渐呈现供需平衡甚至供大于需的趋势。在此情况下，行业市场竞争不断加剧，导致公司产品价格下行压力增大，公司在 2022 年的营业收入为 81.3 亿元，低于 2021 年的 85.1 亿元，其实际增长率仅为 -4.47%。

根据可持续增长率四因素分析，具体原因可分为以下 4 点：

（1）企业总资产周转率。由于部分存货留置于企业，存在滞销、销售受阻的情况，导致企业总资产周转率的下降。兆易创新想要拥有好的效益，就必须保证企业资金、资产利用效率的稳定，公司需加强对资金、资产的利用管理。

（2）销售净利率。由于市场竞争激烈，公司许多产品需要降价出售，导致销售净利率也有所下滑。此外，由于疫情、贸易保护主义等影响，海运等运输成本上升，公司部分原材料的成本也在攀升，如微控制器的营业成本上涨 20.33%，但产品的营业收入仅上涨 15.19%。

（3）净经营资产权益乘数。由于公司在产品线规划、下游应用领域扩展、市场区域开发等方面，坚持多元化布局，且秉持轻资产模式，因此公司本年度不断在减少负债，降低资产负债率与财务杠杆，提高偿债能力，其总负债从 19.35 亿元下降至 14.59 亿元，降幅达到 24.59%，致使其净经营资产权益乘数也在下降。公司主要以多赛道多产品线的组合布局来进行扩张。

（4）本期利润留存率。本年度公司盈利 20.53 亿元，为了增强股东投资的信心，公司本年度发放较多的股利，致使本期利润留存率也有所下滑。综上所述，因此 2022 年的实际增长率、可持续增长率均低于 2021 年的可持续增长率。

第二节 企业价值创造理论

一、企业价值创造的含义

企业价值创造是指企业资本投入的回报高于资本成本时创造的价值。这里的资本成本包括所有资本投入的成本，既包括债务性资本成本，也包括权益性资本成本。当企业资本投入的回报小于资本成本，此时即使当前的利润仍然为正值，也是处于价值耗损状态。因为会计利润只考虑债务性资本的成本，没有考虑权益性资本的机会成本。小于权益性资本成本的利润说明权益投资未能收回机会成本，实质上仍然是价值耗损。因此，追求价值创造就是追求价值最大化，就是追求企业效益，这会促使企业不断地提高经营效率以谋求可持续的竞争优势。

二、企业价值创造的特点

企业价值创造使企业财务管理目标具有前瞻性、复合性、实在性。

（1）前瞻性，是指企业价值及其创造，是着眼于未来时期的财富生成与分配，并不是一个历史的概念。这种前瞻性延续了企业截至目前有助于可持续增长的一切特征，同时更重要的是隐含了未来发展的能力。这种能力越强，企业价值创造实现的可能性也就越大。

（2）复合性，是指企业价值创造概念涵盖了经济价值、风险可持续增长等重要的概念。追求企业价值创造，必须协调及权衡这些因素。

（3）实在性，是指企业价值创造对于企业的各类投资者而言，是真正的价值增加，代表着其财富的增加。

三、企业价值创造的要求

将企业价值最大化作为企业理财目标，这就意味着企业经营过程中应注重价值创造。

（1）以价值创造为导向，在整个组织中灌输价值创造的思想推行以价值为基础的管理方式，建立在增加企业价值基础上的企业制度，建立以价值为基础的评价体系，以是否创造价值以及创造价值的程度检查各项业务的绩效，实行价值导向的管理创新。价值型财务管理的核心部分是发现价值驱动因素，通过各种先进的管理手段来管理价值驱动因素，以增进公司的价值，实现价值创造。

（2）加强风险管理，将经营风险与财务风险纳入可控制范围之内。可控制范围是指承担一定程度的风险可以获得足够的风险补偿，有助于企业绩效的提高。它有两层含义：第一层，是对未来时期所隐含的风险程度进行度量。第二层，出于对企业价值创造的追求，管理当局尤其是财务管理人员应当通过高水平的管理行为，尽最大可能避免不利事件的发生。权衡风险与收益之间的关系是企业在价值创造过程中必须慎重对待、科学解决的问题。

（3）注重企业的可持续增长。企业价值创造将理财行为与企业的可持续增长紧密地联系在一起，将财务预测与财务控制联系在一起。例如，在实现企业价值创造的过程中，力争企业价值最大化，但是追求一时的价值最大化对企业价值创造并无益处。总之，没有企业的可持续增长，就无法真正实现企业价值创造。

四、影响价值创造的主要因素

（一）企业的市场增加值

市场增加值（market value added，MVA）是计量企业价值创造的有效指标。即某一时点，企业资本（包括所有者权益和债务）的市场价值与占用资本账面价值之间的差额。这个差额是企业活动创造的，是用市场价值衡量的企业价值增加额。

$$企业市场增加额 = 企业资本市场价值 - 企业占用资本$$

其中，"企业资本市场价值"是权益资本与负债资本的市价之和；"企业占用资本"是企业占用的权益资本与债务资本的账面价值之和，可以通过调整财务报表数据获得，这种调整主要是修正会计准则对经济收入和经济成本的扭曲，调整的主要项目包括坏账准备、商誉摊销、研究与发展费用等。

严格来说，企业的市场价值最大化并不意味着创造价值。企业的市场价值由占用资本和市场增加值两部分组成。股东和债权人投入的更多资本，即使没有创造价值，企业总的资本市场价值也会变得更大。一个大企业的市值很大，一个小企业的市值很小，我们不能认为大企业能创造更多的价值，也不能认为小企业的管理业绩较差，关键是投入的资本是否由于企业的活动增加了价值。换句话说，企业的市场价值是由占用资本和市场增加值两部分组成的。

（二）影响企业市场增加值的因素

既然在利率不变的情况下，企业市场增加值最大化与股东财富最大化具有同等意义，那么管理人员就应努力增加企业的市场增加值。

影响企业市场增加值的主要因素分析过程如下。

假设企业也是资产，可以产生未来现金流量，其价值可以用永续固定增长率模型估计：

$$企业价值 = 现金流量 / (资本成本 - 增长率)$$

$$现金流量 = 息税前利润 \times (1 - 税率) + 折旧 - 营运资本增加额 - 资本支出$$

$$= 税后经营利润 - (营运资本增加额 + 资本支出 - 折旧)$$

$$= 税后经营利润 - 投资资本增加额$$

假设企业价值等于企业的市场价值：

$$\begin{aligned}
\text{企业市场}\atop\text{增加值} &= \text{资产市场价值} - \text{投资资本} \\
&= (\text{税后经营利润} - \text{投资资本增加额})/(\text{资本成本} - \text{增长率}) - \text{投资资本} \\
&= \frac{[\text{税后经营利润} - \text{投资资本增加额} - \text{投资资本} \times (\text{资本成本} - \text{增长率})]}{\text{资本成本} - \text{增长率}} \\
&= \frac{\dfrac{\text{税后经营利润}}{\text{投资资本}} - \dfrac{\text{投资资本增加额}}{\text{投资资本}} - (\text{资本成本} - \text{增长率})}{\text{资本成本} - \text{增长率}} \times \text{投资资本}
\end{aligned}$$

由于增长率是固定的，可得：

$$\text{投资资本增加额}/\text{投资资本} = \text{增长率}；$$

$$\text{税后经营利润}/\text{投资资本} = \text{投资资本回报率}$$

所以企业市场增加值可表示为：

$$\text{市场增加值} = \frac{(\text{投资资本回报率} - \text{资本成本}) \times \text{投资资本}}{\text{资本成本} - \text{增长率}}$$

这里的企业市场增加值与经济增加值（economic value added，EVA）有联系。经济增加值是分年计量的，而市场增加值是预期各年经济增加值的现值。

$$\begin{aligned}
\text{经济增加值} &= \text{税后经营利润} - \text{资本成本} \times \text{投资资本} \\
&= (\text{税后经营利润}/\text{投资资本} - \text{资本成本}) \times \text{投资资本} \\
&= (\text{投资资本回报率} - \text{资本成本}) \times \text{投资资本}
\end{aligned}$$

因此：

$$\text{市场增加值} = \text{经济增加值}/(\text{资本成本} - \text{增长率})$$

经济增加值与企业市场增加值之间有直接联系，为企业业绩考核奠定了最为合理的基础，可以使激励报酬计划与增加企业价值保持一致。经济增加值与净现值有内在联系。投资的净现值、投资引起的经济增加值现值、投资引起的企业市场增加值三者是相等的。正因为如此，净现值法成为最合理的投资评价方法。

综上所述，影响企业市场增加值的因素有以下三个：

第一，投资资本回报率。反映企业的盈利能力，由投资活动和运营活动决定。投资资本回报率是公式的分子，提高盈利能力有助于增加市场增加值。

第二，资本成本。通过加权平均资本成本来计量，反映权益投资人和债权人的期望报酬率，由股东和债权人的期望以及资本结构决定。资本成本同时出现在公式的分子（减项）和分母（加项）中，资本成本增加会减少市场增加值。

第三，增长率。用预期增长率计量，由外部环境和企业的竞争能力决定。增长率是分母的减项，提高增长率对市场增加值的影响，要看分子是正值还是负值。当公式分子的"投资资本回报率 – 资本成本"为正值时，提高增长率使市场增加值变大；当"投资资本回报率 – 资本成本"为负值时，提高增长率使市场增加值变小（即市场价值减损更多）。增长率的高低虽然不能决定企业是否创造价值，但却可以决定企业是否需要筹资，这是制定财务战略的重要依据。

（三）销售增长率与筹资需求

在资产的周转率、销售净利率、资本结构股利支付率不变并且不增发和回购股份的情况下，出现现金短缺、现金剩余和现金平衡现象时，销售增长率、筹资需求与价值创造三者关系如下：

第一，现金短缺。销售增长率超过可持续增长率时企业会出现现金短缺。我们将这种增长状态定义为高速增长。这里的"现金短缺"是指在当期的经营效率和财务政策下产生的现金不足以支持销售增长，需通过提高经营效率、改变财务政策或增发股份来平衡现金流动。从财务的战略目标考虑，必须区分两种现金短缺：一种是创造价值的现金短缺；另一种是减损价值的现金短缺。对于前者，应当设法筹资以支持高增长，创造更多的市场增加值；对于后者，应当提高可持续增长率以减少价值减损。

第二，现金剩余。销售增长率低于可持续增长率时企业会出现现金剩余。我们将这种增长状态定义为缓慢增长。这里的"现金剩余"是指在当前的经营效率和财务政策下产生的现金，超过了支持销售增长的需要，剩余的现金需要投资于可以创造价值的项目（包括扩大现有业务的规模或开发新的项目），或者还给股东。从财务的战略目标考虑有两种现金剩余：一种是创造价值的现金剩余，企业应当用这些现金提高股东价值增长率，创造更多的价值；另一种是减损价值的现金剩余，企业应当把钱还给股东，避免更多的价值减损。

第三，现金平衡。销售增长率等于可持续增长率时企业的现金保持平衡。我们将这种增长状态定义为均衡增长。有序的"现金平衡"是指在当前的经营效率和财务政策下产生的现金，与销售增长的需要可以保持平衡。这是一种理论上的状态，现实中的平衡是不存在的。

综上所述，影响价值创造的因素主要有：投资资本回报率、资本成本、增长率、可持续增长率。它们是影响财务战略选择的主要因素，也是管理者为增加企业价值可以控制的主要内容。

第三节　财务战略矩阵与财务战略选择

一、基于企业可持续增长的财务战略的特点

企业可持续增长战略是在企业现有的财务政策和资金结构基础之上综合企业所处的外部财务环境，将企业的财务战略立足于可持续增长的目标，缩小企业销售预期增长与实际增长之间的差额，使得企业的财务战略不仅着眼于企业的长远利益和可持续增长。同时，使得企业的财务战略对于企业财务资源的合理利用、集约利用有更强的针对性的指导作用。企业可持续增长财务战略具有如下几个特征。

(一) 财务战略的支持性

一方面，在企业可持续增长目标的指导下，企业的财务战略在资本的节约和资金的可持续利用方面更加科学合理，企业的筹资、投资、营运和分配活动方面着眼于日常经营活动财务资本的节约与合理利用；另一方面也兼顾近期目标与长远目标的一致。使企业的职能战略更好地服务于企业战略。因此，企业可持续增长的财务战略可以使企业的财务战略与企业战略有机结合，为企业的可持续增长提供资金支撑和营运基础。

(二) 财务战略的长期性和前导性

财务战略以实现企业长远及持续增长为目标，在制定过程中重视对资源的有效、合理、节约利用，并且讲求对社会承担责任，照顾到股东、供应商、职工等企业利益相关者。此外，财务战略的制定着眼于对未来企业将发生的事情及可能出现的问题的科学预测和提前部署，而不只是分析过去和现在的事情。

(三) 财务战略的动态调整性

企业可持续增长战略是在综合考虑内外部财务环境的基础上制定科学合理的财务政策和资本结构。所以，企业的财务战略要根据企业所处的外部环境的变化而做出适时的调整。以便与整个经济大环境相适应，与社会发展相适应。

（四）财务战略的整体性

作为企业战略层次上的财务战略，其制定要着眼于全局和服务于整体。财务战略是对企业各部门、各子公司或分厂的资源进行配置与整合，涉及企业全体成员利益，因此需要企业全体员工的参与。

二、财务战略矩阵

（一）财务战略矩阵内涵

2000 年，美国学者哈瓦维尼（Gabriel Hawawini）最先在《经理人员财务管理——创造价值的过程》一书中，提出了财务战略矩阵的概念，其结合经济增加值（EVA）和可持续增长率两大指标，正式介绍了财务战略矩阵概念和基本特征。哈瓦维尼认为企业经营有一个非常重要的目标就是增加企业价值，但企业的现金流也是一个影响企业持续经营的不可忽视的因素，这两个指标共同决定了企业的生死存亡。

财务战略矩阵模型是对企业财务战略进行分析以及评判的工具之一，由现金余缺维度（横轴）以及价值创造维度（纵轴）构成。其中，现金余缺维度用销售增长率与可持续增长率之间的差额表示，价值创造维度用经济增加值表示。通过对企业现金余缺维度以及价值创造维度进行分析，可以将企业当前年份的状态具体定义为财务战略矩阵中的一个点，从而做到：

（1）通过观察该企业各年份在财务战略矩阵的位置以及其自身的战略选择，可以对战略选择的合理性进行判断；

（2）通过观察分析当前年度一个行业内企业在财务战略矩阵中的分布，可以对行业的发展状况进行宏观判断；

（3）通过单个企业与所处行业内企业的平均值作对比，可以发现企业自身的优劣势及改进空间。

（二）财务战略矩阵划分

我们可以通过财务战略矩阵，把前文中介绍的价值创造或价值减损（投资资本回报率 – 资本成本）和现金余缺（销售增长率 – 可持续增长率）联系起来（见图 6 – 1）。

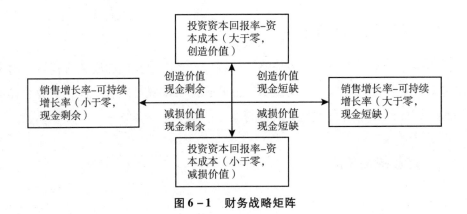

图 6 - 1　财务战略矩阵

财务战略矩阵假设一个企业有一个或多个业务单位。纵坐标是一个业务单位的投资资本回报率与其资本成本的差额，实际上就是经济增加值（EVA），财务战略矩阵用该指标来评价公司的价值增长状态。如果 EVA 的值大于零，说明企业的税后净经营利润大于资金成本，该业务单位为股东创造了价值；如果 EVA 的值小于零，说明企业的税后净经营利润不能够弥补其资金成本，该业务单位减损了股东价值。

财务矩阵的横坐标用销售增长率减去可持续增长率来表示，用以衡量企业资源耗费的状况。可持续增长率是指不增发新股并保持目前经营效率和财务政策条件下，公司销售可以实现的最高增长率。如果销售增长率大于可持续增长率，说明企业销售带来的现金流量不能维持其自身发展，造成现金短缺；反之，表示企业销售带来的现金流量可以满足自身发展需要，企业有剩余现金。

据此建立的矩阵有四个象限：第一象限的业务——增值型现金短缺业务；第二象限的业务——增值型现金剩余业务：第三象限的业务——减损型现金剩余业务；第四象限的业务——减损型现金短缺业务。处于不同象限的业务单位（或企业）应当选择不同的财务战略。

（1）增值型现金短缺的财务战略选择。在第一象限中，EVA 大于零，销售增长率大于可持续增长率。该象限业务往往处于业务成长期，一方面该业务能够带来企业价值增值，另一方面其产生的现金流量不足以支持业务增长，会遇到现金短缺的问题。在这种情况下，业务增长越快，现金短缺越是严重。

（2）增值型现金剩余的财务战略选择。在第二象限中，EVA 大于零，销售增长率小于可持续增长率。该象限业务往往随着企业发展，获得持续增长的现金净流量。其内外部环境也发生了一系列的变化，新技术不断成熟，新产品逐渐被市场接受，目标市场逐步稳定；获利水平持续增长，为企业带来预期的现金流。

这时，企业的现金流量足以满足其自身发展需求，即该业务单元能够为企业带来价值增值。

（3）减损型现金剩余的财务战略选择。在第三象限中，EVA 小于零，销售增长率小于可持续增长率。该象限的业务虽然能够产生足够的现金流量维持自身发展，但是业务的增长反而会降低企业的价值。这是业务处于衰退期的前兆。

（4）减损型现金短缺的财务战略选择。在第四象限中，EVA 小于零，销售增长率大于可持续增长率。该象限的业务既不能带来企业价值的增值，又不能支持其自身的发展并且会由于增长缓慢遇到现金短缺问题。这种业务不能通过扩大销售得到改变。

三、财务战略选择

（一）增值型现金短缺的战略选择

如果高速增长是暂时的，企业应通过借款来筹集所需资金，等到销售增长率下降后企业会有多余现金归还借款。如果预计这种情况会持续较长时间，则企业必须采取战略性措施解决资金短缺问题。长期性高速增长的资金问题有两种解决途径：一是提高可持续增长率，使之向销售增长率靠拢；二是增加权益资本，提供增长所需的资金。有关的财务战略选择如图 6 - 2 所示。

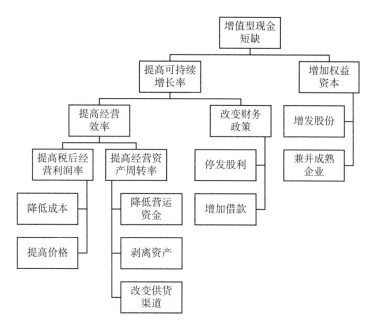

图 6 - 2　增值型现金短缺的战略选择

第一，提高可持续增长率的方法，包括提高经营效率和改变财务政策两种。

（1）提高经营效率。提高经营效率是应对现金短缺的首选战略。它不但可以增加现金流入，还可以减少增长所需的资金数额。但是，如果企业的经营业绩已经达到现有经营条件下的极限，那么一般的降低成本或加快资金周转的措施很难解决其面临的问题。此时，企业需要改变经营战略，采取降低成本、提高价格、降低营运资金、剥离部分资产、改变供货渠道等措施，寻求突破性的改善。

（2）改变财务政策。改变财务政策也可以暂时解决现金短缺，如停止支付股利、增加借款的比例等措施。

第二，如果可持续增长率的提高仍不能解决资金短缺问题，就需要设法增加权益资本。不能因为资金短缺就降低增长率，那将不利于创造价值。增加权益资本包括增发股份和兼并成熟企业两种方法。

（1）增发股份。争取新的权益资本投入，配股或增发都可以获得大量的资金流入，但股权资本成本的昂贵使得企业必须增加负债资金来降低资本成本并保持最优资本结构。增发股份的必要前提是所筹资金要有更高的回报率，否则不能增加股东的财富。增发股份的缺点是分散了控制权，而且会稀释每股收益。

（2）兼并"现金牛"企业。即兼并那些增长缓慢、有多余现金的企业，但这对于创业型中小企业来说可能存在一定的难度。

（二）增值型现金剩余的战略选择

本阶段关键的问题是能否利用剩余的现金迅速增长，使增长率接近可持续增长率。有关的战略选择如图6-3所示。

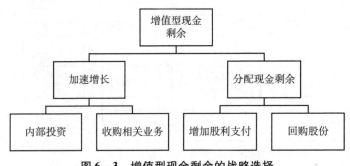

图6-3　增值型现金剩余的战略选择

第一，由于企业可以创造价值，加速增长可以增加股东财富。因此，首选的战略是利用过剩的资金促进业务增长，可以通过内部投资和收购相关业务来实现。

第二，如果加速增长后仍有剩余现金，找不到进一步投资的机会，则企业应把这些资金通过增加股利支付、回购股份等途径返还给股东，使他们可以选择其他价值创造的投资。如果长期占用股东的资本，又不能给予股东相应的回报，那么就不利于企业的长期价值增加。

但是创业型中小企业往往会选择加速增长而非分配现金剩余。

（三）减损型现金剩余的战略选择

减损型现金剩余的主要问题是盈利能力差，而不是增长率低，简单的加速增长很可能有害无益。首先应分析盈利能力差的原因，寻找提高投资资本回报率或降低资本成本的途径，使投资资本回报率超过资本成本。减损型现金剩余的财务战略选择如图6-4所示。

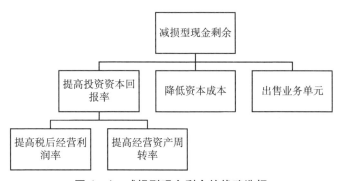

图6-4 减损型现金剩余的战略选择

第一，首选的战略是提高投资资本回报率。企业应仔细分析经营业绩，寻找提高投资资本回报率的途径，主要有提高税后经营利润率（包括扩大规模、提高价格、控制成本等），提高经营资产周转率，降低应收账款和存货等资金占用。

第二，在提高投资资本回报率的同时，审查目前的资本结构政策。如果负债比率不当，可以适度调整，以降低平均资本成本。

第三，如果企业不能提高投资资本回报率或者降低资本成本，无法扭转价值减损的状态，就应当把企业出售。

（四）减损型现金短缺的战略选择

由于股东财富和现金都在被吞食，需要快速解决问题。有关的战略选择如图6-5所示。

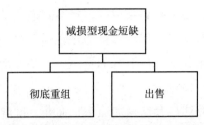

图 6 - 5   减损型现金短缺的战略选择

第一，彻底重组。如果盈利能力低是本企业的独有问题，应在仔细分析经营业绩寻找价值减损和不能充分增长的内部原因后，对业务进行彻底重组。这样做的风险是如果重组失败，股东将蒙受更大损失。

第二，出售。如果盈利能力低是整个行业的衰退引起的，企业无法对抗衰退市场的自然结局，应尽快出售以减少损失。即使是企业独有的问题，由于缺乏核心竞争力，无法扭转价值减损的局面，也需要选择出售。在一个衰退行业中挽救一个没有竞争力的业务，成功的概率不大，往往会成为资金的陷阱。

四、企业生命周期与财务战略矩阵

在本书的第五章，我们介绍了企业生命周期理论。事实上，我们可以将财务战略矩阵和企业生命周期二者结合，形成生命周期矩阵图，如图 6 - 6 所示。在不同象限和生命时期下，企业应采取不同的财务战略来适应公司发展。

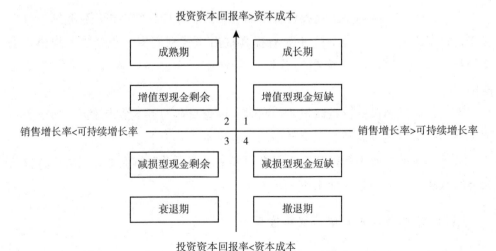

图 6 - 6   企业生命周期嵌入财务战略矩阵

在第一象限中，投资资本回报率大于资本成本，销售增长率大于可持续增长率。该象限中，企业往往处于业务成长期，一方面该业务能够带来企业价值增值，另一方面其产生的现金流量不足以支持业务增长，现金短缺。在这种情况下，业务增长越快，现金短缺越是严重。相应的财务策略应本着尽量增加现金流入来维持蒸蒸日上的企业营运的原则执行。增加现金流入，减少现金流出的方法有：争取新的权益资本投入，配股或增发都可以获得大量的资金流入，但股权资本成本的昂贵使得企业必须增加负债资金来降低资本成本，并且可以优化资本结构。此外，还可以通过减少或取消红利分配来增加现金流量。但对于净资产收益率高的企业，反而可以通过发放红利来降低整体的资本成本，有利于价值增加。如果企业不能利用增加的现金流量有效运营，即不能继续有效增加经济增加值，那么必须通过取消低边际利润、低资本周转率的产品来缩小经营的规模，使得企业的自我维持水平可以满足销售增长率。这个战略可以通过企业进入更加细分的市场来提高保留业务的价值创造能力。

在第二象限中，投资资本回报率大于资本成本，销售增长率小于可持续增长率。该象限往往随着企业发展，获得持续增长的现金净流量。其内外部环境也发生了一系列的变化，新技术不断成熟，新产品逐渐被市场接受，目标市场逐步稳定，获利水平持续增长，为企业带来预期的现金流。这时，企业的现金流量足以满足其自身发展需求，即该业务单元能够为企业带来价值增值。这是四个象限中最优的一种状况，企业应尽量维持延长该状况。这一阶段企业筹资能力增强，融资渠道呈现多元化特色。该时期企业现金流量增长很快，在为企业创造新经济增加值的同时，内融资能力逐步提高，商业信用不断增强。企业不仅可以顺利地通过金融机构进行间接融资，还可通过发行股票和债券进行直接融资，能极大地缓解企业资金紧张的困境。可以说，财务风险与经营风险并存。此时，应使用剩余现金加速发展，进行新的投资，以促进企业的整体增长，也要积极获得新的相关业务，以促进企业经营的新增长点，分配剩余现金增加股利支付，进行回购股份。即成长期要追求规模经济效益，不断增加经济增加值，因为只有这样才能有利于企业长期价值的增长。

此外，企业还可以利用过剩资金促进业务的增长，通过增加内部投资和收购相关业务来完成。假设企业此时已处于成熟期，没有增长机会，可以把过剩现金分散到其他独立且有利润的业务中去。若无法利用剩余资金获得预期的报酬率即超过加权资本成本的报酬率，那么企业应将这些资金返还给股东，他们可以选择其他价值创造的投资。如果持续占用股东的资本，又不能给予股东相应的回报，这显然不利于企业的长期价值增加。

在第三象限中，投资资本回报率小于资本成本，销售增长率小于可持续增长率。该象限业务虽然能够产生足够的现金流量维持自身发展，但是业务的增长反而会降低企业的价值，这是业务处于衰退期的前兆。进入该发展阶段后，现金剩余，固定资产投资减少，面对这种味同鸡肋的业务，必须尽快进行业务的重构，一旦发现无法重构，应立即放弃重构，在现金流量尚能自给之前稳固业务，将多余的资金用于提高报酬率，通过控制经营费用增加边际利润、有效地管理资产等。如果当年度无法提高报酬率，应立即将营运资金之外多余的现金返还给股东，减少次年的红利压力。

在第四象限中，投资资本回报率小于资本成本，销售增长率大于可持续增长率。该象限的企业既不能带来企业价值的增值，又不能支持其自身的发展，造成现金短缺。该象限说明企业已明显处于撤退期，现金短缺，应该尽量减少现金流出，增加现金流入以挽救企业。减少现金流出的方法有争取新的权益资本投入、争取重组或被并购的机会、减少固定资产的投资、变卖一些不使用的资产获取现金流入。企业必须增加负债资金来降低资本成本，此外还可以通过取消红利分配来减少现金流出。这是最糟糕的状况，当未来的增长前景并不乐观，管理层如果不能彻底改变当前局面，就必须果断全面退出该业务，增加持有现金。

【案例6-2】

泰格医药的生命周期与财务战略矩阵分析

结合泰格医药的案例来辨析泰格医药所处的生命周期阶段，根据财务战略矩阵理论，来综合评价泰格医药的财务战略，如表6-3所示。2016~2019年，泰格医药位于第一象限，说明为成长期企业；2020年，位于第二象限，虽然根据财务战略矩阵理论，公司2020年应当处于成熟期，但由于数据绝对值较小，只出现了一年，且其原因在于2020年公司香港上市成功筹集到大量资金，因此从现金短缺变为现金溢余。但港股上市事件为偶然性事件，不具备持续性或经常性，因此我们仍然判定泰格医药目前处于成长期。

表6-3　　　　泰格医药2016~2020年财务战略矩阵分析　　　　单位：%

指标	2016年	2017年	2018年	2019年	2020年
投资回报率	10.18	13.58	18.17	18.51	14.23
加权平均资本成本	6.92	7.14	6.63	6.87	7.23

续表

指标	2016 年	2017 年	2018 年	2019 年	2020 年
投资回报率 - 加权平均资本成本	3.26	6.44	11.55	11.65	7.01
销售增长率	22.73	43.63	36.37	21.85	13.88
可持续增长率	10.23	9.34	11.51	16.82	14.39
销售增长率 - 可持续增长率	12.50	34.29	24.86	5.03	-0.51
所处象限	Ⅰ	Ⅰ	Ⅰ	Ⅰ	Ⅱ
特征	创造价值 现金短缺	创造价值 现金短缺	创造价值 现金短缺	创造价值 现金短缺	创造价值 现金盈余

　　如图 6-7 所示，从纵轴来看，公司始终在创造价值。2016~2019 年，泰格医药创造价值的能力逐年增长，2020 年出现一定回落，这主要是由于 2020 年香港上市，投入资本总额大幅增加致使投入资本回报率下降。

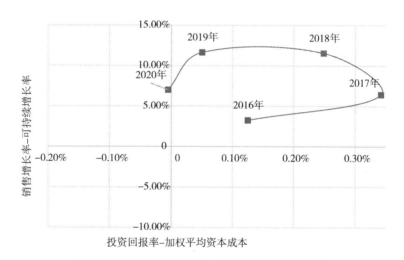

图 6-7　泰格医药 2016~2020 年财务战略矩阵

　　从横轴来看，2017 年出现了拐点，此后公司销售收入增长率与可持续增长率之差逐渐缩小，其原因在于销售收入增长率趋缓，而可持续增长率基本呈上升趋势。分析公司年报，发现公司在此期间转让多家子公司股权，如上海晟通、捷通检测等，纳入合并报表范围发生改变；此外，2020 年，新冠疫情也对公司业绩造成了一定冲击，因此销售收入增长率呈下降趋势。而受益于股权投资和对外收购活动，公司非经常性损益导致销售净利率大幅增长，因此可持续增长率基本呈上升趋势。

但是需要指出的是，公司目前虽然出现了现金溢余，但上市筹资只是偶然事件，而公司未来一段时间内仍会继续一体化的投资战略，需要大量资金支持。公司想要持续性、根本性地解决现金短缺问题，应当做好筹资战略与投资战略的统筹，即资金流入与流出的协调。同时，在成功解决现金短缺问题后，公司应充分利用这部分溢余资金，可以寻找新的利润增长点，创造更多价值。

案例来源：孙书泽 . 基于生命周期理论的成长期企业财务战略研究［D］. 上海：东华大学，2022.

本章小结

本章主要介绍了创业型中小企业可持续性增长财务战略，内容包括可持续成长理论、价值创造理论、财务战略矩阵以及矩阵与生命周期理论的结合。通过本章的学习，我们可以了解到，创业型中小企业要同时关注企业自身的可持续成长与价值创造，聚焦可持续增长模型，重视投资资本回报率与资本成本的对比，最后通过财务战略矩阵来分析解决企业当前遇到的困境。当企业处于不同的生命周期时，我们也可以综合运用财务战略矩阵的知识，结合企业当前生命周期所处阶段的特征进行战略分析与选择。

企业财务战略是企业总战略的核心，只有制定适应企业发展的动态财务战略并得以实施，才能以最低的成本保障企业各方面的资金需求。同时，防范一切可能出现的财务风险，并配以促使企业价值可持续增长的激励措施。这样，企业才会有一定的动力和极大的潜力来提升价值，促进企业可持续增长。企业价值的可持续增长与财务战略是相辅相成的，相关度很高。企业价值的可持续增长的本质就是保证安全的现金流量，符合企业现实财务状况的销售增长率。

本章思考题

1. 请简述可持续增长率模型及其主要影响因素。

2. 区分可持续增长率与实际增长率，并说出两者在企业不同生命周期阶段中的表现。

3. 请简述影响价值创造的各个因素，以及它们是如何影响企业价值的。

4. 请谈谈自己对财务矩阵四个象限的理解。

5. 对于创造价值下的现金短缺与现金剩余，企业应当采取什么措施？对于减损价值下的现金短缺与现金剩余，企业又该怎么做？

6. 请结合生活中的例子，用财务矩阵分析企业在不同生命周期阶段的财务战略选择。

本章案例分析

华谊兄弟的可持续增长财务战略

华谊兄弟传媒股份有限公司（以下简称"华谊兄弟"），是知名的综合性民营娱乐集团。1994 年，王忠军、王忠磊兄弟注册了 1 500 万元资本创建公司。1998 年，公司投资冯小刚导演的《没完没了》、姜文导演的《鬼子来了》一炮而红，正式进入电影行业。此后，华谊兄弟全面进军传媒产业，投资领域涉及电影、电视剧、艺人经纪、娱乐营销等多个方面。2009 年 10 月 30 日，华谊兄弟经中国证监会核准后，正式在深交所挂牌上市，股票代码为 300027。主营业务分为三大板块：影视娱乐、品牌授权与实景娱乐及互联网娱乐。

华谊兄弟针对目前自己的公司状况，制定了以下的财务战略。

1. 融资战略

（1）低成本多渠道引入资金。为了避免资金链断裂，更好地维持企业的稳定发展以及投资需求，华谊兄弟选择了多种融资渠道。其中，主要融资方式有私募股权融资、抵押版权银行贷款融资以及上市融资等方式。

（2）严控负债水平。当企业的自有资金无法负担经营或者投资压力时，银行借款便是融资首选。华谊兄弟通过多渠道融资降低了对银行的依赖，债务结构较为分散，减轻了财务风险。在融资渠道方面，华谊兄弟既有内源融资，又有外源融资。总资产规模不断增长，2016 年比 2008 年增加了近 34 倍。2012 年及以后，总资产增长率持续提高。在 2012～2016 年期间，华谊兄弟的资产负债率保持在 40%～50%，资本结构较为健康合理。2009 年上市后，其资产负债率大幅降至 13.25%，这是由于公司 IPO 后，权益资本增加，财务风险降低。虽然上市稀释了控股权，但是该过程是公司规模扩张的必经之路。此后，资产负债率逐步提高。此外，长期负债率远低于流动负债率，这表明公司负债结构主要以流动负债为主，长期偿债能力很强，债权人的安全性较高。随着华谊兄弟经营业绩的提高，经营风险的降低，近年公司的资金结构变化不大。

2. 投资战略

多元化投资模式多栖发展。华谊兄弟在 2009 年 10 月 30 日正式在内地创业板上市，公司从上市最初的 6 家全资或控股公司发展到 2015 年的 87 家，且始终保持绝对的主导地位。强大的并购为公司带来了迅猛的发展。华谊兄弟不仅在电影、电视剧及艺人经纪方面不断并购，在发行渠道、音乐、游戏、新媒体、主题公园及旅游方面也拥有丰富的并购经验。

投资全产业链扩张模式。华谊兄弟始终秉承全产业链扩张战略，逐步形成完整产业链布局。为打造综合性影视娱乐帝国，华谊兄弟先后收购了浙江常升、永乐影视、掌趣科技、银汉科技等公司，具体细节如下。

电视剧业务扩张。2013 年，华谊兄弟以 2.52 亿元取得了由张国立控股的浙江常升影视制作有限公司 70% 的股权。从商业实质上来说，华谊兄弟收购的是张国立的整个影视业务。之所以收购该公司，是因为 2012 年华谊兄弟年营业收入、利润总额和净利润大幅增长，电影业务快速发展，而电视剧业务却相比同期呈下滑趋势。因此，华谊兄弟期望通过引进张国立影视团队，进一步强化和充分发展电视剧业务板块。而后的 2013 年，华谊兄弟的电视剧相关收入比 2012 年增加了 36.13%，这表明华谊兄弟的收购方案产生了理想的效果。2013 年 12 月 24 日，华谊兄弟开始了其本年度最后一项并购交易活动，公司以约 4 亿元收购了浙江永乐影视股份有限公司 51% 的股权，获得了该公司的控制权。而收购永乐影视，主要是因为华谊看中了其电视剧制作能力和其签约艺人，永乐的加盟使华谊兄弟的电视剧业务如虎添翼。

互联网业务扩张。华谊兄弟将其并购范围拓宽至了新媒体领域。2010 年，华谊兄弟花费 1 亿元获取了掌趣科技 22% 的股权。2012 年，掌趣科技成功上市，截至 2016 年底，华谊兄弟从这笔投资获得了投资回报率 500% 的浮盈。如果要达到对掌趣科技的控股权，华谊兄弟需要以约 23.77 亿元人民币获得掌趣科技 28.1% 的股权，然而在资金方面，继续收购掌趣科技阻力较大。2013 年 7 月 24 日，华谊兄弟以"发行股份 + 支付现金"的形式收购银汉科技 50.88% 的股份，取得了该公司的控制权。华谊之所以选择银汉科技作为并购目标公司，是因为银汉科技收购费用小于掌趣科技，且华谊兄弟对于非上市公司银汉科技的话语权较大；此外，银汉科技在手机游戏市场有很高地位，为手游市场的二把手，其当时的市场占有率为 5.9%，仅次于该行业老大腾讯的 9.4%。2013 年 10 月，该公司主打游戏《时空猎人》全球收入破亿，成为国内首款月营收亿元产品，前景看好。

3. 利润分配战略

在 2008～2015 年间，华谊兄弟的股利支付率波动较为剧烈。2009 年，公司并未分配股利，此后 3 年，华谊兄弟的股利支付率保持在 30% 左右。2012 年以后，股利支付率持续下降，直到 2015 年降为 10.2%。华谊兄弟 2013 年大幅降低股利支付率，该举措意味着将更多的收益用于内源融资，有利于满足公司可持续增长的目标。

华谊兄弟 2009～2015 年年报数据如表 6-4 所示。

表 6-4　　　　　　　华谊兄弟 2009～2015 年价值创造和可持续增长数据　　　　单位：%

指标	2009 年	2010 年	2011 年	2012 年	2013 年	2014 年	2015 年
资本回报率（ROIC）	6.13	5.77	7.09	6.79	8.57	11.41	7.63
资本成本（WACC）	5.12	5.03	6.11	4.86	4.66	5.06	4.34
销售增长率	47.59	77.40	-16.73	55.36	45.27	18.62	62.14
可持续增长率	6.00	6.77	8.81	7.60	17.34	19.16	11.35

案例来源：徐玉德，马蓉. 华谊兄弟基于可持续增长的财务战略分析. 中国专业学位案例中心，2018.

案例思考题

1. 华谊兄弟 2009～2015 年各年经营情况分别处于财务矩阵的哪一象限？该象限又有什么样的特点？

2. 华谊兄弟在 2015 年以后可以采取什么样的途径来解决当前存在的问题？

第七章

创业型中小企业股权规划

股权是现代资本市场上的重要纽带，企业借助股权来进行投资、融资等资本运作，因此它在整合、优化社会资源等方面产生了重要作用。股权结构是企业顶层设计的核心内容，也是企业的关键骨架。它所确定的控制权是否稳定、分配机制是否合理、反映价值贡献的大小、退出渠道是否畅通等，是保证一家企业能否稳健发展、基业长青的重要基石。好的股权结构能够助力企业潜力的挖掘和业务的增长。本章将系统介绍股权及股权结构的概念、创业型中小企业初始股权结构设计、股权结构设计动态调整方案、创始人股权维持机制等相关问题。

本章的学习目标

1. 理解股权及股权结构的内涵

2. 理解创业型企业初始股权结构设计的基本原则及常见的科学的股权结构类型

3. 能够根据创业型中小企业的发展需求，合理设计其初始股权结构；根据创业型企业性质的不同，动态调整企业股权结构设计方案

4. 能够根据中小企业的不同性质，动态调整其股权结构

5. 根据创业型企业发展过程中的资金需求，设计合理的股权维持机制，保护创业者的权益

 引入案例

真功夫的股权战争

真功夫是国内规模最大的中式快餐企业，也是国内五大快餐企业中唯一一家

本土企业。1990 年，潘宇海在东莞市长安镇开了一家甜品店。一段时间之后，他的姐姐（潘敏峰）、姐夫（蔡达标）也加入其中。为了扩大经营范围，三人决定将甜品店转型，并改名为"真功夫"。凭借蒸品这一特色，真功夫获得了迅猛发展。

潘宇海及其姐姐、姐夫的股权分配是这样的：潘宇海占股 50%，他的姐姐、姐夫分别占股 25%。后来，随着真功夫的不断扩张，三人并没有按照实际情况对股权进行重新分配和调整。2006 年，潘宇海的姐姐潘敏峰与姐夫蔡达标协议离婚。由于潘敏峰主动出让了自己的股权，所以蔡达标当时其实掌握着真功夫 50% 的股权。也就是说，潘宇海和蔡达标的股权是处于平均分配的状况。

2007 年，因为有了上市的想法，所以潘宇海和蔡达标决定进行融资，最终获得了中山联动和今日资本的投资。当时，二人分别拿出了 3% 的股权给投资者，不过即使如此，二人的股权依然是平分的，均为 47%。

随后，蔡达标提出了去家族化的内部管理改革，并控股中山联动。他还聘请了一些职业经理人来对真功夫进行管理，取代了之前的家族内部管理人员。至此，真功夫的股权已经发生了多次变化，变化路径如表 7-1 所示。

表 7-1　　　　　　　　　　　　真功夫的股权变化路径

关键节点	蔡达标股权	潘敏峰股权	潘宇海股权
蔡达标、潘敏峰离婚前	夫妻共同持有 50%		50%
蔡达标、潘敏峰离婚后	25%	0（放弃 25%）	50%
引入中山联动直播和今日资本，两家各占 3% 股权	47%	—	47%
蔡达标控股中山联动	50%	—	47%

随着股东的继续加入，真功夫的控制权逐渐倾向蔡达标，而另一大股东潘宇海则逐步被边缘化。蔡达标听取投资人的建议决定对公司进行"去家族化"的改革，他从众多知名餐饮连锁企业挖来许多职业经理人，代替真功夫中与潘宇海关系密切的中高层。这一举动使得潘宇海被进一步边缘化。于是，两位股东之间的矛盾爆发，冲突由此引爆。

最终，潘宇海将蔡达标告上法庭，蔡达标被警方以"涉嫌经济犯罪"的名义带走。此后，潘宇海独掌真功夫。

案例来源：黎刚. 股权全案：股权融资＋动态股权＋股权并购［M］. 北京：清华大学出版社，2021.

第一节　股权与股权结构概述

一、股权

股权，是股东基于其股东资格而享有的，从公司获得经济利益，并参与公司经营管理的权利，股东所拥有股权的大小取决于其持有的股份数量。

从公司法来看，股权是一个权利束，包含了一系列的具体权利，主要可以分为四大类：股东受益权、股东治理权、股东知情权、股东诉讼权。其中，股东受益权确保了股东实现投资的经济目的；股东治理权、股东知情权是过程性的权利，为股东实现投资目的提供过程保证；而股东诉讼权则为股东实现投资目的提供了司法救济保障，也是股权中的弥补性权利。除此之外，在实际发展中，股东的权利还衍生出了优先分红权、优先清算权、赎回权等。

二、重要股权比例

科学的股权结构设计前提是认识不同持股比例下其对应的权利，而不同的股权比例，法律赋予的权利不同。在创业型企业建立初期的股权结构设计中应该注意以下 6 个不同的持股比例以及对应的权力。

（一）绝对控制权：67%

《公司法》第四十三条规定：股东会议作出修改公司章程，增加或者减少注册资本的决议，以及公司合并、分立、解散或者变更公司形式的决议，必须经过代表 2/3 以上表决权的股东通过。因此，若公司章程未有另外规定。当创始人股权比例达到 67%（严格来说，应该是 2/3）的时候，创始人就占有绝对控制地位，掌控整个公司。

（二）相对控制权：51%

51% 是相对控制权，也称"过半数"，达到了 51% 的股权后，即可对一般决议事项进行控制。一般事项通常是由股东大会或董事会决议的，除了重大事项外的一些事项，如：对外担保、股权对外转让（股东之外）、选举董事长、副董事长、选举董事、选举监事等。

（三）安全控制权：34%

34%是安全控制权，拥有34%的股权，会让企业重大决策无法通过，是被动的安全控制。这条与绝对控制权相对应，因为一旦拥有了34%以上股权，其他人就无法获得绝对控制权，对于所有需要2/3以上表决权才能通过的事项就有了一票否决权。但是，所谓一票否决只是相对于生死存亡的事宜，对其他仅需过半数以上通过的事宜，无法否决。

（四）临时会议权：10%

如果股东拥有10%的股份，那么根据公司法的规定，代表公司1/10以上表决权的股东可以召开临时会议，如果董事会或监事会不允许，这些股东可自行召集。同时，它又被称为解散公司权。如果公司经营不善使得股东利益受损，通过其他途径无法解决，持有公司10%以上股份1年时间的股东，可以向法院提起诉讼，要求解散公司。

（五）临时提案权：3%

3%意味着临时提案权，根据《公司法》第一百零二条的规定，股份有限公司单独或者合计持有公司3%以上股份的股东，可以在股东大会召开前10日提出临时提案，并提交董事会。

（六）代位诉讼权：1%

1%为代位诉讼权，也称派生诉讼权，是股份有限公司的股东拥有的可以间接调查和起诉的权利，是公司利益受损、大股东不行权时，股东委托董事或监事维权，甚至以个人身份对高管提起诉讼的最低比例。

【案例7-1】

马化腾的股权分配策略

腾讯之所以能够取得今天的巨大成就，除了选择符合行业发展趋势的互联网方向，与腾讯早期的五人核心团队（腾讯五虎将）以及他们之间在合作初期就确定的对等的权责利有很大关系。

马化腾在公司创立之初，就和四位合伙人约定了基本原则：各展所长、各管一摊。马化腾是首席执行官（CEO），张志东是首席技术官（CTO），曾李青是首席运营官（COO），许晨晔是首席信息官（CIO），陈一丹是首席行政官（CAO）。

从腾讯早期的股权构成上来看，五人一共凑了 50 万元。其中，马化腾出了 23.75 万元，占了 47.5% 的股份；张志东出了 10 万元，占 20% 的股份；曾李青出了 6.25 万元，占 12.5% 的股份，其他两人各出 5 万元，各占 10% 的股份，如图 7-1 所示。

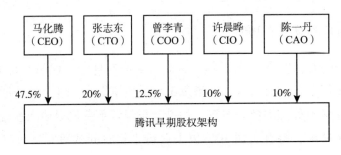

图 7-1   腾讯早期股权结构

据媒体报道，马化腾最开始也考虑过和张志东、曾李青三个人均分股权，但最后还是根据分工不同来设计股权结构。即便后来有人想持有更多的股份，马化腾也委婉地拒绝了。在马化腾看来，合伙人的发展潜力应和其持有的股权匹配，否则就会出问题。

在创业早期，能像马化腾一样合理分配股权的创始人，可以说是凤毛麟角。也正是因为马化腾采用了更加合理的股权分配策略，才使得腾讯五虎将合作无间，共创共赢。

案例来源：杨维维. 股权设计七步通 ［M］. 北京：电子工业出版社，2021.

三、股权结构

股权结构，顾名思义即企业总股本中不同性质股权比例的构成及相互关系。作为公司治理的基础，股权结构是一个动态可塑的结构，股权结构特征将直接影响企业的组织结构和治理结构，从而决定了企业的行为与绩效。从股权集中度方面来看，常见的股权结构类型主要有以下三种类型。

1. 集中型股权结构

集中型股权结构的公司往往有一个绝对控股股东，其一般拥有公司 50% 以上股份，对公司拥有绝对控制权，如图 7-2 所示。集中型股权结构的优点包括：（1）形成"控制权共享收益"，控股股东的控股行为可以给公司整体（包括大小股东在内的所有股东）带来收益；（2）解决了"搭便车"的问题，大股东有动机也有能力去监督公司的管理层，使股东与管理者的代理摩擦减小；（3）足够的投票权往往可以保证控股股东本身或其代表直接参与公司经营，由此促进企业经营，提高企业的效率并增加全体股东的财富；（4）一定程度的股权集中可以降低股东与管理者之间代理成本。

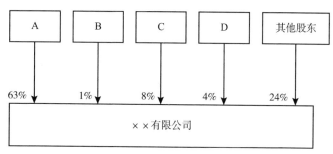

图 7-2　集中型股权结构

同时，集中型股权结构也存在一定的缺点：（1）形成"控制权私人收益"，控股股东利用其控股地位从公司转移资产和利润，从而损害了中小股东和公司的利益。（2）当大股东的控制权缺乏公司其他利益相关者的监督和制约时，大股东就会采取"隧道行为"为自己谋取控制权私利，损害众多小股东的利益。

2. 分散型股权结构

公司没有大股东，所有权与经营权基本完全分离、单个股东所持股份的比例在 10% 以下。如图 7-3 所示。分散型股权结构的优点包括：（1）可以降低股东持有股份的流动性风险，带来流动性收益；（2）有利于经营者创造性的发挥；（3）在股权高度分散的情况下，股东持股数相近，权力分配较为平均，在股东之间存在一种制衡机制，有利于产生权力制衡与民主决策。同时，它也存在一定的缺陷：（1）由于股东"搭便车"的行为和监督成本的存在，经营者往往利用自身的信息优势，采取机会主义行为，侵害广大股东的利益；（2）公司股东无法在集体行动上达成一致，可能会降低公司的反应速度，使公司错失机会，降低工作效率。

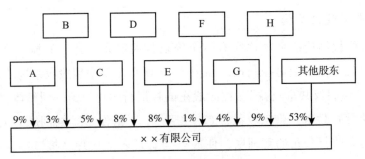

图7-3　分散型股权结构

3. 制衡型股权结构

公司拥有较大的相对控股股东，同时还拥有其他大股东，所持股份比例在10%与50%之间。如图7-4所示。制衡型股权结构的优点包括：（1）由于股权相对集中，大股东有加强监督、减少经理私人收益的激励；（2）由于大股东各自的利益最大化约束以及利益分配不均衡，常常会使得一些可能损害中小股东利益的决策不能达成一致，大股东之间在无形中构造了一种利益均衡机制，有效降低了对小股东利益的侵害，即讨价还价效应；（3）共享控制权意味着更少的少数股权需要出售以满足融资需求。这样，控制集团可以在更大程度上将企业价值内部化，这将会降低他们为了增加私人收益而以损失效率作为代价地从事商业决策的动机。它也存在一定的不足之处：（1）这种讨价还价也可能引起大股东关注于控制权争夺，导致公司的业务瘫痪，使小股东利益受损；（2）大股东对投资项目的前景、回报率、各自所承担的成本与享受的收益的看法可能不一致，并且由于存在多个大股东，通过谈判形成一致意见的难度增加，从而使得一些具有正的净现值的投资项目被放弃，最终造成投资不足；（3）对管理层的监督活动是一个"公共品"，大股东之间存在"搭便车"的动机，最终造成监督不力，而一股独大在解决此类问题时可能更有效。

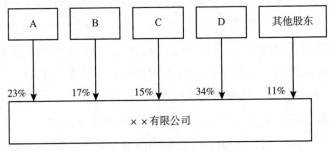

图7-4　制衡型股权结构

第二节　创业型中小企业初始股权结构规划

一、股权结构设计的基本原则

（一）保证股权规则运用的合规性

股权合规性是公司进行各种资本运作的基本前提，无论是 IPO、新三板挂牌还是重大资产重组，股权合规是公司发展历程中最重要的问题。这里的合规性主要包括这几个方面：（1）出资主体的合规性。诸如，自然人身份的合规性，不得存在不能作为出资人的情形，如公务员、国企管理人员等。最好不要存在监管上有不确定性的主体，比如，契约型基金、资管计划、信托计划等。（2）出资方式的合规性，即须具有确定性、现存性、价值评估的可能性、可独立转让性的标的物才能用于出资，如不合规，后期可能还需要整改。（3）出资人数的合规性，有限公司不能超过 50 人，股份公司不能超过 200 人。（4）出资额度的合规性，对于某些特殊监管行业，出资额要满足法定条件，有的还需要进行验资。

按照现在的监管规则，通过在基金业协会备案的有限合伙私募股权基金投资的很多情况下，将不再视为 1 名出资人，会被要求穿透计算有限合伙人的人数，此时也应注意穿透后合并计算的人数不要超过上述标准。

（二）控制权的稳定性

通过控制权规则的合理运用，要能达到保证公司有稳定的控制权、不会陷入公司僵局的效果，这是判断一个股权结构设计得是否成功的关键指标。具体包括以下两方面。

（1）能够形成单极稳定的控制局面。在股权结构中，无论是通过单独持股还是通过股权代持、一致行动协议等方式，要形成能够绝对控制（67% 以上）或者相对控制（50% 以上）或者至少是消极控制（34%）的控制权分配格局，控制权越强越有利于公司的稳定。

（2）避免均衡的持股结构。在股权结构设计中一定要避免均衡型的持股结构。比如，50%、50%；25%、25%、25%、25% 等。这种结构的最大弊端在于，一旦股东之间发生矛盾，大家势均力敌，很容易导致股东大会不能做出决策从而形成公司僵局，给经营管理和业务发展带来重大不利影响，严重的甚至还会引发个人争斗。真功夫、雷士照明就是由于均衡股权结构导致企业控制权争斗的典型案例。

（三）充分考虑商业逻辑的需要

股权结构在设计过程中，必须充分理解并尊重商业逻辑的内在规律。不同的商业逻辑，对人的价值认可，对知识、时间和效率的要求等都是不一样的。商业逻辑中很重要的环节就是对权利的分配、对利益的分配，这与股权结构中的股权分配是密切相关的。股权分配如果能够充分反映商业逻辑的需求，匹配不同要素的价值贡献，对于公平、合理地完成股权结构设计具有很重要的意义。其实，对于商业逻辑的考虑，创始人股东最具有发言权，这也是创始人在股权结构设计的某些方面具有不可替代作用的主要原因。只有尊重了商业逻辑设计出来的股权结构，才真正反映了公司的实际诉求。

二、科学的初始股权结构类型

科学的企业股权结构往往没有一个统一的标准。按照创始人所占的股份比例不同，可以分为绝对控股型、相对控股型、安全控股型和其他类型。

（一）绝对控股型的股权结构

绝对控股型的股权结构中，创始人拥有企业67%的股权，在企业中占有绝对控制地位；合伙人团队占18%左右的股权；激励股权的比例在15%左右，如图7-5所示。这种股权结构适用于创始人全职投入，既出钱又出力，且出资最多、贡献最大的情况。

（二）相对控股型的股权结构

在相对控股型的股权结构中，创始人拥有企业51%的股权，直接拥有股东会上过半数的表决权，在企业中占有相对控制地位；合伙人团队拥有34%左右的股权；员工的激励股权依然在15%左右，如图7-6所示。在这种股权结构中，创始人基本可以保持对股权的绝对优势，对于那些需要半数以上投资者同意的事项可以直接作出决定。相对控股型的股权结构适用于公司有一个"主心骨"、创业能力相对比较集中的企业。

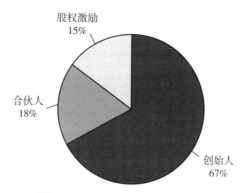

图 7 - 5 绝对控股型的股权结构

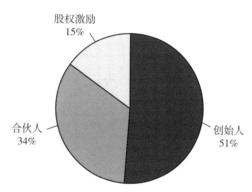

图 7 - 6 相对控股型的股权结构

（三）安全控股型的股权结构

在安全控股型的股权结构中，创始人拥有企业 34% 的股权，拥有对公司重大核心事项的一票否决权，在企业中拥有安全控制权；合伙人团队持有 51% 左右的股权；激励股权比例保留在 15% 左右，如图 7 - 7 所示。在这种股权结构中，创始人既不绝对控制，也不相对控制。

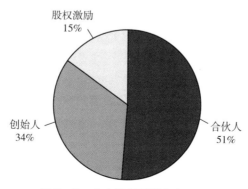

图 7 - 7 安全控股型的股权结构

其他类型指所有不属于以上三种股权结构的类型。

（四）创新创业企业股权分配的框架

根据对硅谷以及中国赴美上市的互联网公司的股权结构的实证分析，得到的创新创业企业股权分配框架如图 7 - 8 所示。每个发起人的股权比例取决于四个因素：创始人身份、发起人身份、出资额和岗位贡献。创始人身份占 25% 的股权比例，发起人身份占 10% 的比例，出资额占 20% 的比例，岗位贡献占 45% 的比例。从这个股权结构中可以看出，创新创业企业中人力资本更为重要，发起人身份、创始人身份和岗位贡献的比例合计达到了 80% 左右，可以为种子阶段或天使阶段的创业企业股权结构设计提供参考。

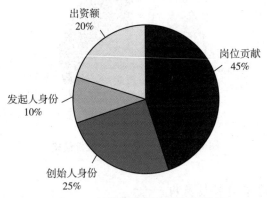

图 7 - 8　创新创业企业的股权结构

三、股权合伙人的选择

科学的股权架构是保障企业稳健前行的根基，而股权合伙人选择的好坏也关系着公司的前途和发展，假如合伙人选择不当，那创业者最终所要面对的，大概率情况下会是散伙的悲剧。股权合伙人的选择标准可以参考以下四点。

（一）价值观一致

股东之间的价值观，决定了公司的发展潜力。"道不同，不相为谋"，合伙人创业，彼此之间最直接的认同就是价值观一致或相近。价值观相近，可以保证团队在重大决策事项上，如，企业的战略方向、经营管理策略、做事的基本原则等保持一致意见，不会产生根本性的分歧。若价值观不同，可能会导致股权结构不稳定甚至产生纠纷，未来可能会付出巨大的纠正代价或者造成无法挽救的后果，从而给公司的治理及资本运营带来障碍。

（二）事业方向认同

相同的事业方向是维系团队成员的基础条件，是将每个合伙人与创业企业利益相联系的关键纽带。如果合伙人与创业者的事业方向相同，团队基于共同的事业方向而努力奋斗时，他们会对彼此的优势给予认可，为公司发展战略指明方向；也可以提高团队的运作效率，迅速实现目标。

因此，创业者需要提前了解合伙人的背景，在此基础上，根据资产和资源的需求选择出与其事业方向相似的合伙人。判断一个合伙人是不是认同自身的事业方向可以从这几个维度进行了解：了解他对这个事业的看法、了解他的品行、了解他的定力、协同力等，从而判断他是否与我们的事业方向一致。

（三）能力资源互补

在强调工匠精神、专业分工高度细致的今天，每个人都不可能是全能的人。因此，我们在寻找合伙人时，应该注意参与创业的合伙人都应该是优势互补且不可替代的，从而确保在做好自己工作的同时，有效地协同配合其他合伙人的工作。在创业团队中，每个合伙人都有不同的角色定位。例如，公司的实际控制人、某一板块的负责人、团队文化的传承者等，能力资源互补能够使每个合伙人都能在自己最擅长的方面发挥最大的作用，避免人力资源的浪费以及出现专业领域的分歧。例如，马云虽然不是技术专家，但他能够以其独特的领袖气质、富有远见的战略决策和企业布局，充分挖掘他的 17 位追随者中不同的专业技能，实现他们之间的优势互补，从而使得团队能够快速发展壮大。

（四）有信任关系或有第三方背书的人

选择合伙人时，可以寻找有信任关系或有第三方背书的人。因为创业初期的强执行力常常来自创始团队的相互信任，第三方背书是指借助朋友的信誉，以明示或暗示的方式进行再一次的确认和肯定，这个过程就叫第三方背书。例如，类似于央视广告上出现的品牌，可以受益于央视的影响力和公信力。

作为合伙人，信任和尊重对合作伙伴而言是非常重要的，所以我们会优先考虑与自己关系比较熟、相互知根知底的人。例如，你的同学、你信任的朋友，你们彼此之间了解较深，可以让你们的团队比较容易迅速进入合作状态，不用过多花时间进行了解与磨合，可以将更多的时间精力放在解决生存和发展问题上。

第三节　创业型中小企业股权结构的动态调整

对创业型中小企业来说，合理的初始股权结构设计固然重要，但随着企业的后续发展，基于企业所处行业性质的不同、融资阶段的不同，企业应该对股权结构进行动态调整，促使企业健康发展。

一、股权结构动态调整目的

创业型中小企业股权结构动态调整目的是根据公司性质的不同，企业创始人基于掌握公司控制权的前提下，确定其他合伙人在上市前持股比例的浮动范围。股权方案设计的制订在实践过程中，存在一定的滞后性。无论是创始团队之间，还是员工股权激励，或者是其他投资融资的设计，都难免在设定时，就能够完全平衡股权比例和各自的贡献，于是在制订方案时就需要考虑股权的动态调整，同时要兼顾公平和效率。比如，一些早前享受股权的合伙人因为能力不足、跟不上公司发展而离开公司；一些员工为公司创造巨大的价值，对公司的重要性日益凸显，需要给予相应的回报，沿用之前的股权机制显然无法做到价值与贡献相匹配，容易激发内部矛盾甚至人才流失。因此，股权结构需要基于价值变化考虑动态调整机制。

具体而言，进行股权动态调整主要有这几个目的。（1）解决合伙人价值调整问题。对于资源型股东以资源或关系作为入股合作条件加入公司时，在完成股权交割分配后，未来资源或关系导致公司存在一定的不确定性，因此为保证公平、合理的分配，需要提前设计股权动态机制以解决合伙人价值问题。（2）解决公司估值调整问题。在企业股权融资过程中，投资机构和企业对企业估值存在一定认知偏差。在未达成共识时，投资人一般通过对赌条款的设计，可以有效保护投资人利益。当对赌协议约定的事项发生时，被投资公司往往需要给予投资人一定的补充，其中可能就涉及股权补充问题。（3）对未来价值的评判。在股权激励设计中，股权给予的数量很大程度上取决于激励对象的未来价值。因此，在这种情况下，就需要对股权作出一定的动态调整，以实现未来价值和现实价值的相互匹配问题。

二、股权结构动态调整原则

股权的动态调整不但实施难度大，而且在实施过程中如果不注意非常容易引起股权纠纷，所以在进行股权动态调整过程中，要格外注意，并遵照这几个原则进行。（1）要高度关注控制权的变化：股权调整意味着各相关方股权比例的变化，如果变化较大就可能会导致控制权发生变更。对于创始团队股东和员工持股的调整而言，在调整过程中应始终密切关注控制权的几个临界点，防止由于调整股权而导致控制权发生变化，不仅对未来的企业上市有直接影响，还会给经营管理的稳定性带来变量。对于外部投资人的股权调整而言，在事先协商股权调整方式及比例时，就应密切关注可能导致企业控制权发生变化的临界点，并做好相应的预案。（2）切忌频繁地进行动态调整。股权结构设计为企业的顶层设计，牵一发动全身，所以频繁地进行股权动态调整不仅不利于企业发展的稳定，还容易给企业增加不必要的内耗，更为关键的是频繁的股权结构变动容易增加股东的不安全感，不利于利益的绑定和企业文化的建立。（3）要始终将公平性作为动态调整的出发点。股权结构之所以需要动态调整，本质上也是因为公平性的考虑。企业作为一个以营利为目的的经济组织，是各种不同类型的"契约结合体"，契约的基本原则之一就是"公平"。解决好公平性问题，是股权动态调整过程的出发点，也是终点。具体到各类股东而言，就是创始股东的价值贡献与所得股权相对等，员工获得的激励股权与其绩效贡献相对等，外部投资人获得的股权与其投资资本的价值相对等。所有导致不对等的因素，站在公平性角度都应当是被调整的对象，最终实现价值的对等交换。

三、股权结构动态调整策略和方法

股权结构的动态调整除了受企业战略的影响外，还受到行业特性、融资外部环境的影响。不同企业所在行业特性影响企业的产品和市场导入的策略，外部融资供需环境影响企业资金的使用情况和融资策略。因此，不同驱动因素为特征的行业特性、融资外部环境很大程度上影响企业战略的制定和股权结构的调整，是创业企业股权结构动态调整策略的重要考虑因素。下面以技术创新驱动和模式创新驱动为例，介绍股权结构动态调整策略和方法。

（1）以技术创新驱动为行业特性的股权结构动态调整策略和方法。技术创新的创业企业是以基础科学或生产技术层面的创新为特点的技术创新，和模式创新的关注点不同，技术创新则更着重于如何创造新的要素或大幅改善现有要素来打破当前发展的矛盾。例如，推动欧洲摆脱农耕时代，进入工业时代的典型标志就是多项技术创新，包括新能源（煤）、新材料（钢铁）和新生产要素（用钢铁打造、用煤驱动的蒸汽机）。

技术创新的创业企业在技术验证和客户认可后，现金流较为稳定，自我造血能力较强，特别是企业发展后期，资金需求并不是那么强烈，创始团队在此过程中，对股权的稀释较少。此类企业一般能够保证创始股东在上市后的企业的绝对控制权，表决权至少保持67%，此时企业合伙人的持股比例在企业上市时可以在10%~39.67%之间浮动调整。

以技术创新驱动为行业特性的创业企业具体的股权结构动态调整设计方法。设定两个变量，一是创始股东期望上市后控制表决权67%；二是上市企业前核心员工持股比例9%。MAX代表创始股东持股比例最大；MIN代表创始股东持股比例最小。上述提到一个原则，即创始股东持股比例 > 合伙人持股比例 > 核心员工持股比例。此处的 > 在实际计算时，至少多于1%代替（见表7-2）。

表7-2　　　　　　　　X1 = 67%，X2 = 9%时股权比例分配情况　　　　单位：%

持股比例类型	上市前		上市后	
	MAX	MIN	MAX	MIN
创始股东	70.33	40.67	52.75	30.5
合伙人	10.00	39.67	7.5	29.75
核心员工	9.00	9.00	6.75	6.75
控制表决权比例小计	89.33	89.33	67	67
投资人	10.67	10.67	8	8
社会公众持股	0	0	25	25

（2）以模式创新驱动为行业特性的股权结构动态调整策略和方法。商业模式创新的创业企业是以商业模式或商业要素上的创新为特点的模式创新，商业模式创新的底层逻辑是通过改变企业创造价值的方式来降低经营成本和提高消费者的价值。模式创新的侧重点在于如何利用和组合现有要素来最大化价值创造。例如，过去20年，我国互联网巨头企业大多是通过利用现有的商业要素（细分群体、渠道、客户关系、收入模式、合作伙伴、资源）重新组合后进行商业活动，支撑了一个新的、足够大的价值主体。

以模式创新的创业企业在大量获取客户、占领市场前，需要企业大量的人力、资金、资源去进行客户习惯教育或者市场的培育，在此过程中需要大量融资，企业的创业团队需要稀释较大部分股权比例，为保证企业创始团队对企业的控制权，此类企业一般设置为大股东在上市后的企业的相对控制权，控制表决权至少保持51%。此时，合伙人的持股比例在企业上市后，可以在10%~29%之间浮动调整。

以模式创新驱动为行业特性的创业企业，具体的股权结构动态调整设计方法。设定两个变量，一是创始股东期望上市后控制表决权51%；二是上市企业前核心员工持股比例9%。MAX代表创始股东持股比例最大；MIN代表创始股东持股比例最小。上述提到一个原则，即创始股东持股比例＞合伙人持股比例＞核心员工持股比例。此处的＞在实际计算时，至少多于1%代替（见表7-3）。

表7-3　　　　　　　X1=51%，X2=9%时股权比例分配情况　　　　单位：%

持股比例类型	上市前		上市后	
	MAX	MIN	MAX	MIN
创始股东	49.00	30.00	36.75	22.5
合伙人	10.00	29.00	7.5	21.75
核心员工	9.00	9.00	6.75	6.75
控制表决权比例小计	68.00	68.00	51	51
投资人	32.00	32.00	24	24
社会公众持股	0	0	25	25
合计	100	100	100	100

综上所述，股权比例分配在实际操作中，企业创始股东根据企业所在行业的特点，首先，要规划好未来上市时，自己期望可以控制多少表决权比例或多少持股比例，创始股东的目标和需求是第一前提；其次，基于这个前提，再分配剩余几个股东的持股比例；最后，预估出上市前的股权比例分配状态。按照这个预设的股权比例分配情况，提前做好规划，预留好各部分股权比例。在企业发展过程中，虽然各类股东比例有所变化，但是只要坚持预定的目标和原则不变，企业就不会出现控制权风险，就能保证企业的稳健运行，最终保持创始股东控制权的前提下，兼顾各方持股的比例和利益，促进企业的健康发展，是股权顶层设计的最终目标。

第四节　创业型中小企业控制权维持机制设计

随着创业企业的逐渐成长，企业的融资逐渐增加，创始人股权将被不断稀释，很难保持公司的绝对控制权。创始人为了继续维持对公司的控制权，需要合理规划融资过程中的控制权维持机制，主要方法是将其他部分股东股权中的投票权分离出来，交给创始股东行使，途径主要包含以下五种。

一、投票权委托

投票权委托，又被称为表决权代理（voting proxy），是英美国家公司法中比较盛行的制度，其目的是让无法出席股东大会进行投票的股东可以委托代理人出席股东大会，由代理人向公司提交股东授权委托书，并在授权范围内就会议事项行使表决权。因为就控制权角度看，对任何公司的股权控制均必须最终捆绑到表决权的控制上，否则所谓的股权控制并不具有真正的价值，或并非真正意义上的股权控制。当然，委托关系能否达成，取决于双方前期沟通以及博弈的结果，如图 7-9 所示。例如，根据京东的招股说明书，在京东上市前，京东有 11 家投资人将其投票权委托给了创始股东刘强东行使。刘强东持股 20% 左右却通过老虎基金、高瓴资本、今日资本以及腾讯等投资人的投票权委托掌控了京东上市前过半数的投票权。

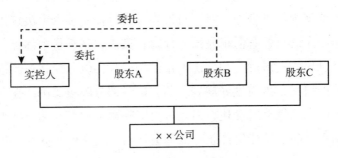

图 7-9　投票权委托下的股权结构

【案例7-2】

"天虹商场"投票权委托情况

天虹商场股份有限公司在2010年IPO时，招股说明书中披露了公司大股东存在的投票权委托情况。

中航技深圳公司是天虹商场发行前的第一大股东，持股46.611%；五龙贸易有限公司是天虹商场发行前的第二大股东，持股44.298%。天虹商场的控股股东和实际控制人为中航技深圳公司，为了保持其第一大股东的地位，中航技深圳公司和五龙贸易有限公司于2006年6月6日签署了《股东契约》，同时根据公司各发起人于2007年2月6日签署的《发起人协议》，公司的发起人股东之间做出以下特别约定。

在公司维持继续上市地位期间，中航技深圳公司是公司单一最大股东，在不损害五龙贸易有限公司利益的前提下，五龙贸易有限公司不可撤销地、不设限制地及无偿地将其持有的、占公司总股本16%的股份的全部投票权授予中航技深圳公司行使，并确认中航技深圳公司可随其意愿自由行使该等投票权。

上述就投票权授权行使所做出的特殊约定已载入现行的公司章程及公司上市后适用的章程文本中。未来，公司成功实现公开发行股票及上市，则《发起人协议》以及公司章程中有关股东大会、董事会、监事会及经营管理机构的规定，将根据法律、法规及证券主管机构的规定在公司章程中另行作出规定。

根据上述安排，在公司本次发行后，并根据《境内证券市场转持部分国有股充实全国社会保障基金实施办法》（财企〔2009〕94号文）实施完毕国有股转持后，中航技深圳公司和五龙贸易有限公司分别将拥有相当于公司发行后总股本55.522%和22.751%的投票权。

天虹商场上市申报时，大股东持有两股东16%的委托投票权，是本案例的焦点，证监会对这种特殊的股权处理方式是认可的。实践中，越来越多的公司也在采用这种方式处理股权问题，夯实了对公司的控制权。

案例来源：于强伟.股权架构解决之道［M］.北京：法律出版社，2019.

二、有限合伙持股

有限合伙企业在我国是一种比较新的企业形式，有限合伙企业的合伙人分为普通合伙人（俗称管理合伙人或GP）和有限合伙人（LP）。普通合伙人执行合伙事务，承担管理职能，而有限合伙人只是作为出资方，不参与企业具体经营管理。所以，可以让股东不直接持有公司股权，而是把股东都放在一个有限合伙里面，让这个有限合伙持有公司股权，这样股东就间接持有公司股权。同时，让创始人或其名下公司担任 GP，控制整个有限合伙，然后通过这个有限合伙持有和控制公司的部分股权。除创始人之外的其他股东，只能是有限合伙的 LP，只享有经济收益而不参与有限合伙日常管理决策，也就不能通过有限合伙控制公司。有限合伙企业的一般组织框架如图 7－10 所示。

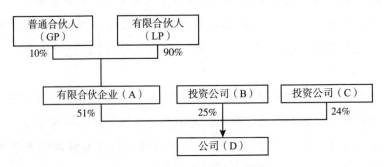

图 7－10　有限合伙企业组织框架

有限合伙制具有增强控制权的天然优势。由于有限合伙企业的事务都是由 GP 负责决策及执行，且 GP 对外代表合伙企业，因此 GP 对有限合伙具有很强的控制力。如果公司的实际控制人或者大股东担任有限合伙企业的 GP，则可以用较少的资金投入，起到控制较多股权的目的。这种优势在有限公司中想要实现的话，则必须借助其他的手段，如投票权委托协议、类别股份制度、实际控制等，但在有限合伙中，这种控制是法律直接赋予的权力，是可以实现的。

在成立一家有限合伙企业时，考虑到 GP 对合伙企业的控制权，除了 GP 出资部分对应的份额，由 LP 出资形成的全部份额，可以被视为控制权的放大部分。并且，LP 的份额越大，放大效果越明显。比如，2015 年绿地集团借壳金丰投资时，就采用一系列有限合伙企业，实现了公司创始人张玉良及绿地集团管理层的股权控制。

【案例 7－3】

绿地集团借壳上市金丰投资时的有限合伙企业持股设计

上海金丰投资股份有限公司（600606）（以下简称"金丰投资"）是上海市

国资委实际控制的一家上市公司，主要从事新型建材、楼宇设备的研发和销售。

绿地控股集团有限公司（以下简称"绿地集团"）是中国第一家跻身《财富》500强的以房地产为主业的综合性企业集团，是上海市混合所有制的特大型企业集团。

2015年，金丰投资以其全部资产和负债与上海地产集团持有的绿地集团股份进行资产置换，同时，金丰投资向绿地集团全体股东以非公开发行A股股票的方式，购买其持有的绿地集团全部股权。交易完成后，绿地集团成为上市公司金丰投资的全资子公司，从而实现间接上市。

整个交易方案中，绿地集团历史上存在职工持股会持股，人员数量众多（982人），持股数额较大，占金地集团全部股权的29.09%。为了解决职工持股会不得在拟上市主体持股的法律障碍，公司通过设立一系列有限合伙企业解决了这个问题。具体方案如下。

（1）成立管理公司。经股东会同意，设立上海格林兰投资管理有限公司（以下简称"格林兰投资"），注册资本10万元，股东为包括董事长张玉良在内的43名管理层成员。其中，张玉良出资3.028万元，其他42人每人出资0.166万元。

（2）成立小合伙企业。格林兰投资作为GP，职工持股会全体成员作为LP，与其共同成立32家有限合伙企业（每家不超过49人），即上海格林兰壹投资管理中心（有限合伙）、上海格林兰贰投资管理中心（有限合伙）、上海格林兰拾贰投资管理中心（有限合伙）等。其中，GP出资0.1万元，全部LP共出3 759.74万元。

（3）成立大合伙企业。格林兰投资作为GP，上述32家小合伙企业作为LP，共同出资设立一家有限合伙企业上海格林投资企业（有限合伙）（以下简称"上海格林兰"）。其中，GP出资6.8万元，LP出资3 759.74万元，如图7-11所示。

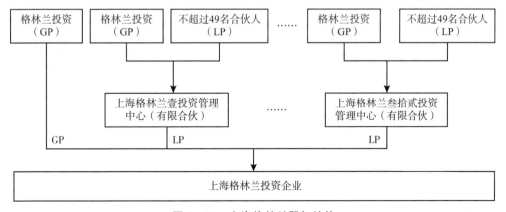

图7-11　上海格林兰股权结构

（4）大合伙企业上海格林兰吸收合并职工持股会，承继其全部资产、债权债务及其他一切权利义务。

（5）大小合伙企业及其全体合伙人共同委托格林兰投资及其投资管理委员会全权代表制订并参与上市计划，及完成其他相关工作。

上述方案公布实施后，上海格林兰持有绿地集团29.09%的股份，并在"资产置换＋定向增发"方案实施完毕后持有上市公司28.83%的股份（见图7-12），是上市公司单一最大股东（不考虑国有股的合并计算）。

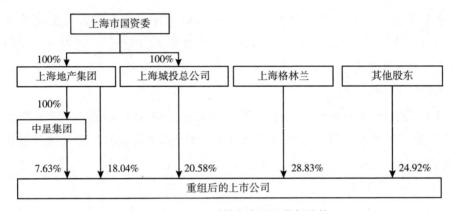

图7-12　重组后的上市公司股权结构

2015年4月23日，金丰投资发布公告，公司"资产置换＋定向增发"的重大资产重组方案，获得中国证监会审批通过。

案例来源：鲍乐东．股权战略解码［M］．北京：法律出版社，2022.

三、双层股权结构

在股权投资领域，投资人与创始股东的需求经常是多元化的，有的投资人为了进行产业投资或特殊目的投资。因此，对公司的控制权、表决权比较在乎，有的投资人单纯就是为了获利，不太关心表决权的归属，而创始人股东则无一例外地都会关注控制权的问题。这种现实的市场需求反映了投资人和创始人在对待公司控制权上各自不同的利益诉求。创始人股东往往会设置类别股份的增强对企业的控制权。类别股份是指利用同股不同表决权，达到持股较少却拥有较多的表决权，从而控制公司股东会的一类股份设置机制，其中最为典型的就是"双层股权结构"。

"双层股权结构"（或"牛卡计划""AB 股计划"）是指资本结构中包含两类或者多类代表不同投票权的普通股的架构。双层股权结构的存在令企业在取得外部融资的同时依旧将控制权保留在家族内部或内部团体中。在公司上市向大众发行低投票权的股票时或者新增股票作为给予现有股东的股利时，这种结构可能就会出现。通常情况下，拥有较大投票权的"超级投票股"是不能转让的，但是可以转换为拥有普通投票权的可转让股。实际上就是"同股不同权"制度，其主要内容包括：公司股票区分为 A 序列普通股与 B 序列普通股，其中 A 序列普通股通常由机构投资人与公众股东持有，B 序列普通股通常由创业团队持有，A 序列普通股与 B 序列普通股设定不同的投票权，如图 7 - 13 所示。

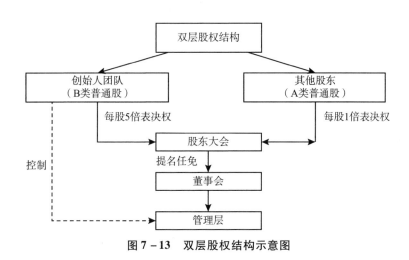

图 7 - 13 双层股权结构示意图

双层股权结构优势十分明显，因为所持高表决权股票（科创板规定的上限是高表决权股票的表决权是普通表决权股票的 10 倍），创始股东可以在多轮融资、持股比例不断被稀释的情况下，依然掌握公司绝对的表决权，从而达到控制公司董事会和日常运营决策，防止恶意收购。但同时也扭曲了控股股东的利润创造动机，而且，它使非控股股东的监督权形同虚设，把监管的职责留给了政府、法院，增加了社会成本及增加了代理成本。

美国上市的公司通常采用这种结构来维持公司创始团队的控制权。比如，脸书（Facebook）、谷歌（Google）与百度等企业都将其 A 序列普通股每股设定为 1 个投票权，B 序列普通股每股设定为 10 个投票权。而近些年上市的京东、聚美优品、陌陌都是采取的这种 AB 股制度。

【案例 7-4】

京东的双层股权结构

根据美国证监会网站披露，京东 2017 年提交的 20-F 文件显示，截至 2017 年 2 月 28 日，京东的主要股东结构如下：

（1）腾讯控股有限公司通过注册在英属维尔京群岛的 Huang River Investment Limited 持有京东 498 850 435 股 A 类普通股，收益权占比 18%，投票权占比 4.2%；是京东第一大股东。

（2）刘强东通过注册在英属维尔京群岛的 Max Smart Limited 持有京东 27 937 566 股 A 类普通股，421 507 423 股 B 类普通股，合计持股 449 444 989 股，收益权占比 16.2%，投票权占比 71.5%；是京东第二大股东。

（3）高瓴资本通过注册在开曼群岛的 Hillhouse Capital Management 持有京东 245 217 184 股 A 类普通股，收益权占比 8.9%，投票权占比 2.1%；是京东第三大股东。

（4）注册在英属维尔京岛的 Fortune Rising Holdings Limited 持有京东 55 141 700 股 B 类普通股，收益权占比 2%，投票权占比 9.3%。该公司的唯一股东和董事是刘强东，是专门为了实施股权激励而设立。

刘强东对京东的控制权，主要是通过双层股权结构实现的，具体如下。

第一，按照京东公开披露的 20-F 文件，公司股份分为 A 类普通股和 B 类普通股。其中，A 类普通股每股享有 1 票表决权，B 类普通股每股享有 20 票表决权。公司向投资人发行的股份都是 A 类普通股，但刘强东拥有的却是 B 类普通股。通过这种方式，虽然持股比例只有 16.2%，但投票权却达到 71.5%，极大地增强了对公司的控制力。

第二，京东为了实施股权激励，专门设立了一个持股平台，该持股平台不仅也持有 B 类普通股，而且由刘强东完全掌控。如此一来，该部分股份的表决权加上刘强东通过 Max Smart Limited 持有的表决权，总计对京东的表决权达到了 80.9%，刘强东已经彻底掌控了这家公司，投资者对京东完全没有掌控力。

投资人的表决权虽然不占优势，但他们享有的投资收益权利则完全按照股权数量比例计算，从财务收益的角度而言，投资人不受任何影响，这也是双层股权结构的魅力所在（见表 7-4）。

表 7 – 4 京东公司双层股权结构情况

股东名称	股票类别	股票数量（股）	股权占比	投票权数量（票）	投票权占比（%）
刘强东	B 类	476 415 289	16.2%	9 528 305 780	80.9
其余股东	A 类	1 536 267 394	83.8%	1 536 267 394	9.01

资料来源：杨维维. 股权设计七步通［M］. 北京：电子工业出版社，2021.

目前，法律允许双层股权结构存在的国家主要有美国、日本、德国、意大利、加拿大、瑞典、瑞士等国家。长期以来，我国的《公司法》坚持的是"同股同权"的原则，因此，双层股权结构的制度设计在法律上就无法实现。但 2019 年 4 月我国修订的《上海证券交易所科创板股票上市规则》，正式允许设置差异化表决权股权结构的企业上市，是我国关于双层股权结构的首次尝试。在此次重大革新中，优刻得公司成为第一家吃螃蟹的企业。

四、一致行动协议

"一致行动人"（persons acting in concert）即通过协议约定，某些股东就特定事项采取一致行动。意见不一致时，某些股东跟随一致行动人投票。在中国 A 股资本市场上，无论是早期的德隆系，还是现在的明天系、中植系、安邦系、潮汕系，以及其他资本运作集团或产业投行，"一致行动人"对于维持整个资本集团的控制权起到了至关重要的作用。"一致行动人"的表现形式或明或暗、手法多端，且带有很强的隐蔽性，是增强股东控制权的重要杠杆，如图 7 – 14 所示。

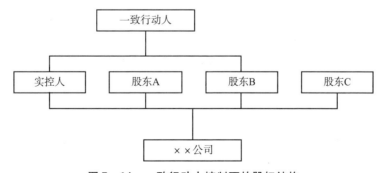

图 7 – 14 一致行动人控制下的股权结构

一致行动协议在境内外上市公司中都很常见，境内上市公司如网宿科技、中元华电、海兰信度都有涉及，而境外上市公司如阿里巴巴和腾讯也同样存在。根据阿里巴巴上市招股说明书，马云仅持有 7.8% 股权，而软银把不低于阿里巴巴 30% 普通股的投票权委托给了马云与蔡崇信行使；南非 MIH 公司持有腾讯 34% 的股份，而马化腾持股仅为 10%，还不及 MIH 的 1/3，但 MIH 公司基于信任将投票权让渡给腾讯管理团队，帮助马化腾团队实现了对腾讯的控制。

五、创始人一票否决权

创始人否决权是一种消极防御性的策略，当创始人的股权低于 50%，且公司的股东会层面作决定时会给创始人一些否决权。这些否决权是针对公司的一些重大事项设置的。例如，合并、分立、解散、公司融资、公司上市、公司的年度预算结算、公司重大资产的出售、公司的审计、重大人事任免和董事会变更等，创始人可以要求对于公司重大事项的决定，没有其同意表决不允许通过。这样的话，虽然创始人的股权低于 50%，但是他至少对公司的重大决定具有否决权，起到防御性的作用。

本章小结

本章主要介绍了创业型中小企业股权规划的相关内容，主要包括股权及股权结构概述、创业型中小企业如何规划初始股权结构、后续动态调整企业的股权结构设计方案，以及根据企业的具体情况，采取不同的控制权维持机制。其中，股权决定着创业型中小企业的健康程度和生命长度，行业不同，企业的股权结构可能不同。常见的股权结构类型主要包括：集中型股权结构、分散型股权结构及制衡型股权结构。由于企业所处行业的特性不同、对融资需求的不同等，这就要求，创业企业需要对股权结构进行合理的调整。随着股权的不断稀释，创始人可以通过投票权委托、有限合伙持股、双层股权结构、一致行动协议、创始人一票否决权来维持自己的控制地位。

本章思考题

1. 请谈谈自己对股权结构的内涵及其实践的理解。
2. 请结合企业实例，阐述不同类型的股权结构有什么样的优缺点。

3. 通过内容和案例的学习，你觉得初创企业在初始股权结构设计时应该注意哪些？

4. 请简要地描述企业股权规划的动态调整过程中，要注意哪些方面的问题？

5. 请简要分析创始人维持控制权的方法都有哪些？

本章案例分析

"雷士照明"股权之争

1998年底，吴长江和高中同学杜刚、胡永宏共同出资10万元，成立了惠州雷士照明有限公司（以下简称"雷士照明"）。其中，吴长江出资45万元，杜刚和胡永宏各出资27.5万元。从股权结构来看，吴长江持股45%是第一大股东，有相对控制权，但杜刚和胡永宏合计持股55%，联合起来就可以制约吴长江。

2002年，由于各股东之间的理念差异，导致吴长江与两位股东之间的矛盾不断升温，最终吴长江妥协，几乎是无偿地将自己的股份向杜刚和胡永宏分别转让5.83%，于是三位股东的持股比例变成33.4%、33.3%、33.3%的均衡状态，三人在公司的分红、工资也完全均等。2005年，吴长江准备对雷士照明的销售运营进行改革，遭到杜刚、胡永宏的坚决反对，三位股东闹到了分家的地步。吴长江开出了退出雷士照明的条件：雷士照明作价2.4亿元，自己从企业拿走8000万元，股份归杜刚、胡永宏两位股东所有。大家随即达成并签署了协议。然而，3天后，发生了戏剧性的一幕。从全国各地赶来的经销商齐聚雷士照明总部，强势介入股东分家之事，最终两百多名经销商举手表决，全票通过吴长江留下。面对此种局面，杜刚和胡永宏被迫接受按照吴长江退出的同样条件各拿8000万元离开雷士照明，吴长江对雷士照明实现100%控股，"以退为进"的策略完美收官。

2006年6月，亚盛投资的毛区健丽，联合其他几位投资者向雷士照明共投入994万美元，获取雷士照明30%的股权。

2006年8月，在毛区健丽的撮合下，软银赛富向雷士照明投入2200万美元，获取35.71%的股权。

2008年8月，雷士照明因收购世通投资有限公司再次融资，高盛注资3656万美元、软银赛富注资1000万美元。完成对世通投资有限公司的收购后，软银赛富成为雷士照明第一大股东（30.73%），吴长江退居第二大股东（29.33%），而高盛成为第三大股东（9.39%）。此股权架构一直保持到雷士照明IPO之时，并为 4 年之后吴长江进入另一个股权"局中局"埋下了伏笔。风险资本的引入，使得吴长江失去了第一大股东的地位，但他此时并没有意识到失去控制权会带来什么风险。

2010 年 5 月 20 日，雷士照明登陆港交所，发行 6.94 亿股新股，发行价 2.1 港元/股，募资 14.57 亿港元。吴长江与风险资本的友好关系在这时达到顶点，此时的吴长江，对资本的好感仍然溢于言表，也不怕失去控制权，因为他自认为会给风险资本赚钱，风险资本在雷士照明的经营上离不开他，可以高枕无忧。

2011 年 7 月 21 日，法国施耐德电气耗资 12.75 亿港元，从软银赛富、高盛以及吴长江等六大股东手中购得 2.88 亿股股票，成为雷士照明第三大股东（9.22%）。此时，在雷士照明的股权架构中，一边是私募基金大佬作为第一大控股方，另一边是国际产业巨头作为第三大股东，此时的吴长江，似乎完全没有意识到自己的"危险处境"。

2011 年 9 月，施耐德提名李新宇出任雷士照明副总裁，分管核心业务商业照明工程及项目审批，吴长江终于开始意识到，施耐德最终的目的可能不仅仅是"投资"而已，警觉后的吴长江开始在二级市场持续增持股份，但为时已晚。经过吴长江连续 5 次增持，吴长江合计持股 6.3 亿股，占 19.95%，重回第一大股东。但是，依然改变不了格局，因为在董事会上依然丧失了控制权。在董事会的席位中，其仅有两位，软银赛富的阎焱、林和平在董事会也占据两席，高盛的许明茵占据一席，施耐德的朱海占据一席。可见，资本与创始人双方在董事会的力量对比是 4:2。董事会一旦被投资人控制，就意味着公司的控制权已经落到了投资人手上。

2012 年 5 月 25 日，吴长江毫无征兆地宣布辞去其一手创建的雷士照明一切职务，接替他出任董事长的则是创投界大佬软银赛富的阎焱，新任 CEO 则是来自施耐德方的张开鹏。2012 年底，吴长江将手中约 11.8% 的雷士照明股权转让给德豪润达，同时，德豪润达在香港联交所购入雷士照明 2.6 亿普通股，占其已发行普通股股数的 8.24%。德豪润达一跃成为雷士照明的第一大股东。吴长江在转让约 11.8% 股权后，还持有约 6.7% 的股份，是雷士照明的第五大股东。吴长江还给了德豪润达不可撤销的购买权，使得德豪润达可以在任何时间以约定的价格购买吴长江手中剩余的股票。另外，德豪润达向吴长江增发，吴长江成为德豪润达的第三大股东，双方还达成了君子协定，即吴长江不干涉德豪润达的运作，德豪润达也不干涉雷士照明的日常经营。

2013 年 6 月 23 日，雷士照明公告，作为公司创始人、现任 CEO 吴长江已于 6 月 21 日的股东大会上当选执行董事。历经 1 年，吴长江终于重返雷士照明董事会。

2014 年 8 月 8 日，雷士照明发布公告称，罢免吴长江的 CEO 职务，任命德豪润达董事长王冬雷担任临时 CEO。随后，雷士照明在香港召开临时股东大会，吴长江的董事以及附属公司的所有职务被全部罢免。

2014 年 10 月 4 日，吴长江涉嫌挪用资金逾 9 亿元、职务侵占 1 370 万元，被刑拘。次年 1 月 5 日，吴长江被广东省惠州市公安局移送至惠州市人民检察院提请批准逮捕。

2016 年 12 月 22 日，惠州市中级人民法院对外公告称，因挪用资金罪、职务侵占罪，雷士照明原法定代表人、董事长吴长江被判处有期徒刑 14 年，并没收财产 50 万元，还被法院责令向重庆雷士照明有限公司退赔 370 万元（见表 7－5）。

表 7－5　　　　　　　　　雷士照明主要股东股权结构演变

1998 年 12 月	胡永宏 27.5%	吴长江 45%	杜刚 27.5%		
2002 年 12 月	胡永宏 33.3%	吴长江 33.4%	杜刚 33.3%		
2005 年	吴长江 100%				
2006 年 8 月	软银赛富 35.71%	吴长江 41.79%	毛区健丽 12.86%		
2008 年 8 月	软银赛富 36.05%	吴长江 34.40%	高盛 11.02%	毛区健丽 9.61%	
2008 年 8 月	软银赛富 30.73%	吴长江 29.33%	世纪集团 14.75%	高盛 9.39%	毛区健丽 7.74%
2010 年 5 月	软银赛富 23.40%	吴长江 22.43%	世纪集团 11.23%	高盛 7.15%	毛区健丽 5.89%
2011 年 7 月	软银赛富 18.48%	吴长江 9.39%	施耐德 9.22%	世纪集团 9.04%	高盛 5.65%	毛区健丽 5.0%
2012 年 12 月	软银赛富 18.50%	吴长江 16.07%	施耐德 9.22%	德豪润达 20.24%	
2013 年 6 月	软银赛富 18.5%	吴长江 9.39%	施耐德 9.22%	德豪润达 20.24%	
2014 年 8 月	软银赛富 18.5%	吴长江 2.58%	施耐德 9.22%	德豪润达 27.03%	
2015 年 1 月	软银赛富 18.5%	吴长江被捕	施耐德 9.22%	德豪润达 27.03%	

资料来源：于强伟．股权架构解决之道［M］．北京：法律出版社，2019.

案例思考题

1. 雷士照明的三位联合创始人，从合作创业到分道扬镳，是否由于在股权结构设计时存在问题？

2. 吴长江在引进机构投资者的过程中忽视了什么问题，从而导致逐渐失去控制权，最终出局？

3. 其他企业在经营发展过程中可以从雷士照明案例中吸取哪些经验教训？

第八章

创业型中小企业股权融资规划

企业的发展，是一个融资、发展、再融资、再发展的过程。股权融资作为企业重要的融资途径，在企业的发展过程中发挥着重要作用。在当前我国"大众创业、万众创新"的时代背景下，如何有效利用股权融资，助力创业型中小企业健康成长，成为一个具有重大现实意义的话题。本章将系统介绍股权融资的特征、商业计划书的撰写、股权融资进程规划、我国多层次资本市场的发展和创业型中小企业上市流程等相关问题。

本章的学习目标

1. 理解股权融资的含义、特征、种类
2. 熟悉撰写商业计划书的基本原则，能够结合企业的实际情况，撰写商业计划书
3. 掌握创业型中小企业股权融资的基本流程
4. 了解我国多层次资本市场发展以及现有板块的准入条件
5. 能够简述创业型中小企业上市流程

 引入案例

腾讯融资史

深圳市腾讯计算机系统有限公司成立于 1998 年 11 月，由马化腾、张志东、许晨晔、陈一丹、曾李青五位创始人共同创立，是中国最大的互联网综合服务提供商之一，也是中国服务用户最多的互联网企业之一。

腾讯多元化的服务包括：社交和通信服务 qq 及微信（WeChat）、社交网络

平台 qq 空间、腾讯游戏旗下 qq 游戏平台、门户网站腾讯网、腾讯新闻客户端和网络视频服务腾讯视频等。

通过互联网服务提升人类生活品质是腾讯的使命。腾讯把"连接一切"作为战略目标，提供社交平台与数字内容两项核心服务。通过即时通信工具 qq、移动社交和通信服务微信和 WeChat、门户网站腾讯网（qq.com）、腾讯游戏、社交网络平台 qq 空间等中国领先的网络平台，满足互联网用户沟通、资讯、娱乐和金融等方面的需求。腾讯的发展深刻地影响和改变了数以亿计网民的沟通方式和生活习惯，并为中国互联网行业开创了更加广阔的应用前景。

1998 年，马化腾与他的同学张志东"合资"注册了深圳腾讯计算机系统有限公司。之后，又吸纳了三位股东：曾李青、许晨晔、陈一丹。作为一家没有风险资金介入就成立的软件公司，初期的每一笔支出都让马化腾和他的同伴心惊。在决定做 OICQ 的时候，当时国内已经有了两家公司在做，产品比腾讯更有市场名气。马化腾没有想更多，除了因为这个产品可以和公司的主项发展业务移动局、寻呼台、无线寻呼方案和项目相互促进外，也因为当时飞华、中华网等许多公司有意向做即时通信项目，市场看上去很有发展前景。

也许是马化腾看到了 ICQ 以 2.87 亿美元的"天价"从以色列卖到美国，也许是看到了高喊免费的.com 公司在大洋彼岸掀起的股市高潮，也许是看到了中国第一批网络英雄们的风起云涌，在 1999 年初的某一天，OICQ 软件忽然被挂在了网上，由定向赠送变成了免费下载。

凭借其简洁、实用的风格以及诸项细心的设计，OICQ 首先在高校一炮打响，然后凭借高校为中心，以令人吃惊的速度传播开来。PICQ. CICQ 等对手几乎不堪一击。这时的腾讯，一边继续开发着项目，一边用赚来的钱养活着 OICQ。

然而，随着 OICQ 用户数的几何级增长，更大的麻烦接踵而至：每月以几何级增长的服务器托管费用也让腾讯不堪承受，OICQ 养活不起了。马化腾后来回忆起当时的情景时说，想卖掉 OICQ，卖了好多次没卖掉，只能另谋生计。

这个计策即是融资。融资尝尽苦辣酸甜，历次融资主要过程如下：

（1）腾讯创业初期（约 1999 年），马化腾及其团队持股 60%，IDG 和中国香港盈科数码各自分享腾讯 20% 的股份作为交换条件，二者共向创业初期的腾讯投资 220 万美元。

（2）2001 年 6 月，中国香港盈科数码以 1 260 万美元的价格出售手中腾讯 20% 的股权，接手方为南非米拉德国际控股集团公司（MIH）。此后，MIH 又从 IDG 手中收购 12.8% 的腾讯股份。此时，腾讯的股权架构为腾讯团队占 60%、

MIH 占 32.8%、IDG 占 7.2%。

（3）2002 年 6 月，MIH 再度从腾讯控股马化腾之外创始人手中购得 13.5% 的股权，此时腾讯股权结构变为腾讯及其合作创业者占 46.5%、MIH 占 46.3%、IDG 占 7.2%。

（4）2004 年，腾讯 IPO 发行 4.2 亿股公众股，此次 IPO 采取增加股本方式稀释原有股东比例。12 位自然人与 MIH 所占腾讯控股比例各从 50% 减到 37.5%。同年 8 月 31 日，ABSA Bank 宣布持有 1.85 亿股腾讯股票，占已发行股份的 10.43%。

至此，腾讯股权结构变为，腾讯及其创始人占 37.5%、MIH 占 37.5%、ABSA Bank 占 10.43%。其中马化腾个人持股约 14.43%。

面向未来，坚持自主创新，树立民族品牌是腾讯的长远发展规划。腾讯 50% 以上员工为研发人员，拥有完善的自主研发体系，在存储技术、数据挖掘、多媒体、中文处理、分布式网络、无线技术六大方向都拥有了相当数量的专利，在全球互联网企业中专利申请和授权总量均位居前列。2018 年 3 月 7 日，腾讯和联发科共同成立创新实验室，围绕手机游戏及其他互娱产品的开发与优化达成战略合作，共同探索 AI 在终端侧的应用。2018 年 6 月 20 日，世界品牌实验室（World Brand Lab）在北京发布了 2018 年《中国 500 最具价值品牌》分析报告。腾讯（4 028.45 亿元）居第二位。

案例来源：沈俊．创业融资：理论、工具及实践［M］．上海：上海财经大学出版社，2020．

第一节　股权融资概述

一、股权融资的含义及特点

对于创业型中小企业而言，初始的创业资金往往来自创业合伙人的自有资金。随着企业的快速成长，合伙人的自有资金逐渐难以满足企业的资金需求。此时，就需要对外进行股权融资。股权融资是指企业的股东愿意让出部分企业所有权，通过企业增资方式引进新股东的一种融资方式。股权融资具有长期性、不可逆性和无负担性三个主要特点。股权融资筹措的资金具有永久性，无到期日，不需归还。企业采用股权融资无须还本，投资人欲收回本金，需借助于流通市场。股权融资没有固定的股利负担，股利的支付与否和支付多少视公司的经营需要而定。股权融资的这些特点决定了其用途的广泛性，它既可以充实企业的营运资金，也可以用于企业的投资活动。

二、股权融资的优势

（一）能够以较低的成本和风险获得资金

与债务融资相比，股权融资不需要抵押担保，也不需要企业在正常运营期内偿还本金和支付高额利息费用，不存在还本付息的财务风险。同时，股权融资的筹资限制相对较少，资金使用上也无特别限制。另外，创业企业可以根据其经营状况和业绩的好坏，决定向投资者支付报酬的多少，资本成本负担比较灵活。并且投资方可以为企业后续发展提供持续的资金支持，并可提供资产重组、企业改制和走向资本市场的技术支持，帮助企业迅速做大。

（二）能够促使完善公司治理结构及管理制度

对于初创企业来说，业务是核心，但完善的治理体系和管理结构则是适应业务发展的重要保障。投资者除为企业发展提供所需要的资金外，还提供合理的管理制度、丰富的资本运作经验、市场渠道、监管体系和法律框架等，从而在比较短的时间内有效改善企业的治理结构、收入与成本结构，提高企业核心竞争力，并最终带来企业业绩和股东价值的提升。

对于投资人而言，由于不参与日常的经营和管理，更加需要注意董事会、股东会议事规则等事项，帮助公司完善各项治理结构，包括规范关联交易、改善管理层激励制度、建立授权制度和分层级的决策制度等。股权融资需要建立较为完善的公司法人治理结构。公司的法人治理结构一般由股东会、董事会、监事会、高级经理组成，相互之间形成多重风险约束和权力制衡机制。

（三）能够帮助公司进行后续融资

在公司后续融资中，投资人可以继续参与融资，或者通过为公司推荐、筛选优秀的投资者等方式，为公司的持续发展提供相应的资金支持。部分综合服务能力强的投资机构，还能直接为有需要的公司提供短期资金融通，进一步优化公司的融资结构。一些知名投资机构与大型商业银行建立了长期合作关系，公司在引入风险投资的同时，往往能够获得银行的信用增级，获得原本难以取得的银行贷款，进而利用财务杠杆优化资本结构，避免单一使用股权融资而造成股权被过度稀释。

(四) 能够帮助公司整合行业资源

投资机构可以利用自身积累的资源为公司提供各方面帮助。比如，投资团队可以利用行业资源帮助公司对接供应商、客户和战略合作伙伴；通过产业链的整合帮助公司拓展业务；通过行业内的人脉，针对公司团队的薄弱面，向公司推荐行业内的优秀人才；基于对行业的理解及行业特点的把握，投资团队可与创始人团队探讨公司未来的发展战略，完善公司的业务流程；将投资机构的已投项目与公司对接，能为公司创造更多的业务合作机会；此外，引入知名投资机构也能在一定程度上提升公司的品牌价值。

三、股权融资种类

股权融资按融资的渠道来划分，主要有两大类：私募发售和公开市场发售。所谓私募发售，是指企业自行寻找特定的投资人，吸引其通过增资入股企业的融资方式。所谓公开市场发售就是通过股票市场向公众投资者发行股票募集资金，我们常说的企业上市、上市企业的增发和配股都是利用公开市场进行股权融资的具体形式。具体而言，创业型中小企业的股权融资种类通常包括五种类型。

(一) 亲友投资

亲朋好友因与创业者个人的关系而愿意向创业企业投入资金。因此，亲友投资是创业企业初创期经常采用的筹资方式之一。在接受亲友投资时，创业企业应用现代市场经济的契约原则和法律形式来规范筹资行为，保障各方利益，减少不必要的纠纷；最好通过书面的方式约定亲友投资在创业企业中所占的股权比例，以及亲友股权在企业中享有的权利。

除此之外，创业者还要在向亲友筹资之前，仔细考虑这一行为对亲友关系的影响，尤其是创业失败后的艰难困苦；要将日后可能产生的有利和不利方面告诉亲友，尤其是创业风险，以便将未来出现问题时对亲友的不利影响降到最低。

（二）天使投资

天使投资（angel investment）是自由投资者或非正式风险投资机构对原创项目构思或小型初创企业进行的一次性的前期投资，天使投资是风险投资的一种，是一种非组织化的创业投资形式。天使投资是风险投资的先锋。当创业设想还停留在创业者的笔记本上或脑海中时，风险投资机构很难眷顾它们。此时，一些个体投资人或天使投资机构如同双肩插上翅膀的天使，给创业企业带来了第一笔外部资金。

（三）风险投资

风险投资（venture capital，VC），又称为创业投资，主要是指向初创企业提供资金支持并取得该公司股份的一种融资方式。风险投资是私募股权投资的一种形式。风险投资机构往往由一群具有科技及财务相关知识与经验的人士组合而成的，以股权投资形式提供资金给需要资金者（被投资公司）。风险投资机构的资金大多用于投资新创事业或未上市企业（虽然现今法规上已大幅放宽资金用途），并不以经营被投资公司为目的，仅提供资金及专业上的知识与经验，以协助被投资公司获取更大的利润。

（四）私募股权融资

私募股权（private equity）融资有广义和狭义之分。广义的私募股权投资是指通过非公开形式募集资金，并对企业进行各种类型的股权投资。这种股权投资涵盖企业首次公开发行前各阶段的权益投资，即对处于种子期、初创期、发展期、扩展期、成熟期和 Pre – IPO 等各个时期企业所进行的投资，以及上市后的私募投资等。狭义的私募股权投资主要指对已经形成一定规模的，并产生稳定现金流的成熟企业的私募股权投资部分，主要是指风险投资后期的私募股权投资部分。

私募股权投资通常以基金方式作为资金募集的载体，由专业的基金管理公司运作，像我们熟知的凯雷集团、KKR、黑石集团和红杉资本等国际知名投资机构就是私募股权投资基金的管理公司，旗下都运行着多只私募股权投资基金。

（五）首次公开募股融资

首次公开募股（initial public offerings，IPO），是指企业通过证券交易所首次公开向投资者增发股票，以期募集用于企业发展资金的过程，也就是"上市融资"。当大量投资者认购新股时，需要以抽签形式分配股票，又称为抽新股。认购的投资者期望未来可以用高于认购价的价格售出股票实现盈利。当前在我国，大部分中小企业通过 IPO 集资的股票都会在深圳证券交易所的创业板、上海证券交易所的科创板及北京证券交易所的新三板（精选层）挂牌上市。也有部分中小企业会选择境外交易所挂牌上市，如香港联合交易所、美国纳斯达克证券交易所等。

【案例 8－1】

一个创业者的三次创业融资故事

郑海涛，1992 年清华大学计算机控制专业硕士毕业后，在中兴通讯公司工作了 7 年。从搞研发到做市场，从普通员工到中层管理人员。但是具有强烈事业心的他并不满足于平稳安逸的工作。在经过一番市场调查后，2000 年他带着自筹的 100 万元资金，在中关村创办以生产数字电视设备为主的北京数码视讯科技股份有限公司。

100 万元的资金很快被用光。郑海涛只得捧着周密的商业计划书，四处寻找投资商，一连找了 20 家，都吃了"闭门羹"，投资商的理由是互联网泡沫刚刚破灭，选择投资要谨慎，况且公司的产品还没有研发出来，投资种子期风险太大。因此，风险投资商们宁愿做中后期投资或短期投资，甚至希望跟在别人的后面投资。2001 年 4 月，公司研制的新产品终于问世，第一笔风险投资也因此有了着落。清华创业园、上海运时投资和一些个人投资者共投 260 万元。

2001 年 7 月，国家广电总局为四家公司颁发了入网证，允许它们生产数字电视设备的编码、解码器，其中就包括北京数码视讯科技股份有限公司。在当时参加测试的所有公司中，北京数码视讯科技股份有限公司的测试结果是最好的。也正是因为这个原因，随后的投资者蜂拥而至。7 月份清华科技园、中国信托投资公司、宁夏金蚨创业投资公司又给北京数码视讯科技股份有限公司投了 450 万元。

在公司取得快速发展之后，郑海涛现在已经开始筹划第三次融资，按计划这次融资的金额将达 2 000 万元。郑海涛认为，一个企业要想得到快速发展，产品和资金同样重要，产品市场和资本市场都不能放弃，必须两条腿走路，而产品与资本是相互促进、相互影响的。郑海涛下一步的计划是通过第三次大的融资，对公司进行股份制改革，使公司走向更加规范的管理与运作模式。此后，公司还计划在国内或者国外上市，通过上市进一步优化股权结构，为公司进军国际市场做好必要的准备。

案例来源：诺曼·M. 斯卡泊莱. 小企业的有效管理［M］. 北京：清华大学出版社，2006.

第二节　商业计划书

一、商业计划书的含义及其特征

商业计划书（business plan），也称商业策划书，是指为了一个商业发展计划而做的书面文件。一般商业计划书都是以投资人或相关利益载体为目标阅读者。商业计划书也是企业战略规划与执行等一切经营活动的蓝图，是企业的行动纲领和执行方案。商业计划书为投资人提供一份创业的项目策划，向他们展现创业的潜力和价值，并说服他们对项目进行投资或合作。为了达到融资或获取资源的目的，创业企业的商业计划书一般具有全面性、系统性、针对性、客观性和可读性五个特点。

商业计划书要全面介绍公司、项目优势、行业和市场分析、营销规划、生产经营、财务预测及投资分析等的必要部分。使商业计划书的阅读者能够全面地了解创业企业的大致情况；并且结构清晰完整，内容连贯有逻辑，各章节要互相联系、互为支撑。一份优秀的商业计划书应该是前后一致的完整体。同时商业计划书的内容要重点突出、详略得当，应详细介绍投资者关注的重点内容，如产品优势、核心竞争力、预期投资回收期等方面。另外，商业计划书应该能客观真实地反映企业的现实情况与合理预期，商业计划书的内容应建立在大量充分的市场调研和客观分析的基础之上。最后，商业计划书的文字内容应易于阅读，便于理解，使不具有专业背景的投资人也能清楚了解公司的项目和商业计划。

二、商业计划书的基本内容

创业者想要获得投资，引起风险投资者的关注，首先应该考虑投资者关注什么问题，并在商业计划书中详细介绍。一般来说，风险投资者主要关注的问题有这几个：第一，"干什么"。公司提供什么样的产品和服务，能够解决什么实际问题。第二，"怎么干"。公司提供的产品是如何生产出来的，产品生产的工艺以及过程，或者提供的服务具体流程是什么。第三，"消费人群"。主要包括市场细分、目标市场以及市场容量。第四，"竞争对手"。产品的市场分析，竞争对手有哪些，竞争优势是什么，有没有可持续性。第五，"营销计划"。包括营销发展思路和具体的策略。第六，"经营团队"。创业者的背景以及个人经历，团队中的主要岗位人员能否胜任。第七，"财务计划"。包括财务假设、报表预测和财务分析。第八，"融资需求和投资决策"。涉及股本构成、融资情况、融资用途、股东背景，以及投资分析。

商业计划书的内容应该建立在阐释主要问题的基础上，以书面形式全面描述公司生产经营、行业市场、财务投融资等方方面面。根据阅读者希望得到的一些信息，商业计划书的基本内容一般包括以下内容。

（一）摘　要

摘要也称执行摘要或执行总结，是对商业计划书最精简的概括，也是对企业、项目或服务的整体刻画。摘要不需要呈现具体分析过程，只需要呈现结果。因为摘要部分是投资者最先了解的部分，第一印象很重要，所以摘要一定要突出核心问题，抓住重点，才能够引起投资者的关注和兴趣。尽管在文本安排上摘要放在最前面，但是因为摘要的重要性，一般在商业计划书的正文部分全部完成以后，才开始撰写摘要。

（二）公司及产品（或服务）

公司介绍主要是为了让投资者了解公司的基本情况，包括公司基本概况、公司的历史和公司的未来发展战略规划。公司产品（或服务）是投资者最关心的问题之一，也是投资者决定是否投资的一个关键点。好的产品往往能够快速占领市场，获得巨大收益，让投资者心动。产品部分除了介绍产品的基本内容以外，还需要详细介绍产品研发团队与技术水平、在同类产品中的比较、产品能够带来的影响力以及产品的突出优势。

（三）行业与市场

行业与市场是创业公司生存的外部环境，主要包括行业环境、竞争力分析、市场细分与定位以及预测和结论。公司只有充分了解行业与市场情况，才能比较准确地进行市场定位、战略定位以及营销和财务的规划。

（四）公司组织与人力资源

组织机构是公司管理系统的框架，能够反映出公司内部的分工、合作与管理情况。此部分也可交代公司的创业理念、公司愿景、价值观等信息。团队成员、岗位设置和人员的配备问题也是商业计划书阅读者最关心的问题。从人员的安排情况，能够看出创业团队是否一个高效率的、可靠的团队。所以，商业计划书可以从部门人数分布、部门职责、核心人员构成以及核心人员职责与权利等方面介绍公司人力资源情况。

（五）市场营销

市场营销包括市场营销战略规划、营销策略和客户关系管理三个方面。市场营销战略规划是对一段时间内市场营销发展的总体设想，由企业高层管理者制定。有了战略规划就要有策略，而营销策略需要理论的支撑，最常采用的是4P营销理论。当然，产品的购买对象是客户，客户关系管理的思想和理念也是必不可少的。

（六）生产运营

由于生产运营是一个比较复杂的过程，会占用大量的资源，创业者需在评估项目价值时加以考虑，从而确定融资资金。每个公司生产运营的模式都不一样，风险投资者也可以根据这部分加深对公司项目的了解。不过，对于服务型企业来说，可能没有生产环节，运营模式简单，就只要着重介绍地理位置选择、人员雇佣情况和信息管理等情况表明公司的运营即可。

（七）财务预测与分析

财务预测与分析反映的是公司的财务业绩，主要包括财务假设和预测、财务分析和财务计划等内容。对于新创业公司或者新项目来说，许多财务数据都不是现时存在的，需要在科学的财务假设与预测之下完成。商业计划书阅读者可以从财务安排分析公司预期的财务状况、经营成果以及现金流量情况，也进一步判断公司在偿债、运营、发展等方面具有的潜力。

（八）投资分析与资本退出

投资分析包括不确定分析和投资决策指标评价。在生产经营过程中可能会出现各种不确定性因素对投资收益产生影响，因此需对项目进行不确定分析。投资决策指标评价则是用来对项目预期所产生的经济效益进行评价和分析，进而判断该项目投资是否可行。此外，风险投资者期望能够通过合适的资本退出的方式获取高额回报。所以，创业者应该让投资者知道他们将以何种方式、在什么情况下退出。

（九）风险预测及管控

风险即预期不确定性，或者受各种不确定性因素的影响，公司或产品未来可能遭受的损失。因此，创业风险的预测与管控对创业者和投资者来说都具有重大意义。如果能够准确地预测公司产品或者项目的风险类型以及发生的概率，就能够提前采取有效的措施，减少公司和投资者的损失。

（十）商业计划书的附录

附录是对商业计划书正文部分的必要补充说明。为了避免商业计划书的正文部分过于烦琐冗长，一些补充材料可以作为附件放在附录之中。附录部分最主要的内容包括合同资料，也包括获奖证书、信誉证明、创业者履历、政策文件、财务报表等资料。

三、撰写商业计划书应注意的问题

（一）商业计划书应重视对管理团队的介绍

对投资人来说，相对于企业、产品、技术等方面，他们往往会更加关注于创业企业是否有一个优秀的创业团队。因此，在计划书中一定要把创业团队吸引人的地方呈现出来。这些内容具体包括创业团队的年龄结构、学历层次、业务能力、处事风格、业绩简历等。总之，要把一个有效率、有能力、值得信赖的创业团队呈现在投资人面前。

（二）商业计划书中应重视目标市场分析

目标市场分析是向投资人说明企业要向特定市场提供什么样的产品或者服务。这部分分析应该详细、具体，易于理解。同时，企业还应该说明两点：一是跟同一市场里其他竞争对手相比，本企业的竞争优势在哪里；二是市场的营销策略，即本企业准备怎么去销售产品或服务。

（三） 企业财务分析部分应力求精确

财务分析部分是创业企业未来发展前景与经营状况的数据化体现，也是投资人获得投资回报的来源，显然是非常重要的。商业计划书中的财务分析部分应力求准确、严谨。另外，在商业计划书中还要向投资人介绍企业的投资需求和股权结构。

（四） 避免过度包装商业计划书

商业计划书的作用固然重要，但它仍然只是一块敲门砖，并不能保证企业最终获得投资。因此过度地对企业包装是无益的，企业仍应该在盈利模式打造、现场管理、企业市场开拓、技术研发等方面下硬功夫，否则将错失良机。

（五） 商业计划书格式趋于灵活

商业计划书固然有很多约定俗成的格式，但很多投资人在实际运作中直接关注几个关键点，因此企业在组织撰写商业计划书的过程中，不要过分拘泥于固定的格式，应该把企业的优势和劣势都明确告知投资人。

第三节　股权融资流程与策略

一、寻找投资方

（一） 依据企业发展阶段匹配投资方

创业企业准备融资时，首先要准确地评估自身企业所处的发展阶段，是初创期还是成长期、成熟期，并按照投资人的类型特点相应地进行匹配。如果创业企业刚刚创立，团队也未搭建完善，商业模式还未定型，就应当多关注天使类的投资人；如果团队已经稳定，开始产生现金流收入，业绩增长较快，则可以多关注一些风险投资类的投资人；如果公司商业模式完全成熟，业绩稳中有升，占有相对固定比例的市场份额，或者有上市打算的（Pre‑IPO 阶段），可以关注私募股权基金类型的投资人。当然，这只是一个大致的匹配划分方式，创业企业还是应当根据自身特点和资源需求去寻找投资人。

（二）价值观认同

创业企业的资金需求量是巨大的，但这不意味着寻找投资人时只以资金条件作为衡量双方合作的唯一标准。创始股东与投资人需要有相同或者类似的价值观，彼此行为方式能够互相认同也是促成合作的重要因素。如果投资人有较强的控制欲望，那么可以预见双方合作后，会有一段痛苦的磨合期。心胸大度、有共享精神、愿意成就他人的投资人往往是比较好的合作伙伴。

（三）避免陷入被动

创业企业还要注意的一个风险是：防止投资者可能成为潜在的竞争者甚至反客为主。例如，如果一家跨国公司在中国参股数家企业，同时又出于总部的整体考虑来安排产品和市场或自建独资企业，这样就可能与融资企业的长期发展战略目标相左。此外，投资者还可能在投资条款中设置未来退出时的清算优先权、回购权、领售权等条款来保护其投资利益，创业企业需要了解投资方的真实意图，并运用谈判技巧来争取长期发展的有利条件，避免因这些条款引发连锁效应，导致陷入被动。

【案例 8 - 2】

"1898 咖啡馆"的众筹股东筛选

"1898 咖啡馆"也是一家众筹模式的咖啡馆，核心发起人非常注重股东的选择和搭配。由于核心发起人的北大背景，他们的众筹股东也是在北大校友中找寻，为了实现多元化的股东架构，其目标人群覆盖了 1971～2000 级的北大校友，其中以"70 后"为主，这类人士事业上已经有了一定积淀，但仍处于爬坡期，创业激情还在。

"1898 咖啡馆"发起人希望打造的理想股东结构为：出钱、出资源、出经验的是"50 后""60 后"校友，主导和干活的则是"70 后""80 后"校友。从职业背景上，股东要形成一个完善的创业生态链，从天使投资到财务、企业运营、法律等各种人脉都要覆盖和涉及。

第一阶段咖啡馆的目标股东人数是 200 人，不过发起人心态很平和，决定先搞定一个三四人的核心股东团队，大家充分磨合，深入沟通，待达成共识后，再扩大核心股东人数。第二阶段的股东人数为 10 人，两批股东之间会再沟通，再磨合，及至达成共识，为后期的快速发展奠定基础，而不是急于求成。

发起人挑选的核心股东都是自己非常熟悉的人，不熟的人决不吸纳，发起人搞定了前两批的核心股东，再由核心股东分别推荐引入新股东，并要遵循以下原则。

第一，要看新股东是否符合项目的股东整体架构设计，不仅要看钱、名、地位，更要看新股东的实力、诚信度、胸怀、性格等。

第二，要看推荐人是谁，通常靠谱的人推荐的人，也不会很差。

第三，200 名股东共事，合作氛围很重要，进入的新股东应是那种合群、有度量、大智若愚的人。

这样，经过前期核心团队的磨合，以及后期对投资人的严格筛选，便将很多潜在风险提前释放或规避了。

案例来源：陈学兵．股权的博弈：如何做好股权设计，让股权激励最大化［M］．北京：电子工业出版社，2018.

二、签署投资意向书

投资意向书又称框架协议、谅解备忘录（memorandum of understanding，MOU），在国际上通行的称法是投资条款书（term sheet，TS）。虽然这些说法不同的文件在内容和格式上各有不同，但基本作用是一致的，即投融资双方就投资事宜达成的初步书面共识，是下一步进行尽职调查和谈判的基础。

投资意向书的条款内容可以约定得很简单，也可以约定得很复杂。从法律角度来看，投资意向书只是各方初步合作的意向，除了排他期约定、保密约定、费用承担约定等条款外，其他条款对合作双方没有法律约束力。尽管这样，多数专业的投资人仍然非常重视投资意向书的各项条款约定，签字后一般不会轻易违约。因为，除非通过尽职调查发现双方之前的交易假设严重不符合实际情况，否则违约的投资者将会付出巨大的声誉代价。

三、配合尽职调查

尽职调查（due diligence，DD）最初起源于 1933 年美国证券法的要求。该法案规定，经纪人在出售证券给客户时只要做到应尽的勤勉，即充分合理地调查发行人信息并向客户披露，如果后来因为发行人其他未披露的信息导致客户遭受损失，经纪人也可以免责。后来尽职调查的概念被延伸使用到投资并购等非诉讼事项以及民事、刑事诉讼等多个领域。

（一）尽职调查目的

所有尽职调查可以归为两类：买方尽职调查和卖方尽职调查。投资者对创业企业的尽职调查以及收购方对被收购方的尽职调查属于买方尽职调查；创业企业IPO时聘请的中介机构团队，包括律师、会计师、审计师、券商等对企业进行的DD则属于卖方尽职调查。买方尽职调查目的在于查找问题、发现风险，而卖方尽职调查的目的则在于寻找亮点、发现价值。

（二）尽职调查范围

尽职调查一般分为三个方面：业务尽职调查、财务尽职调查、法律尽职调查。

第一，业务尽职调查是整个尽职调查工作的核心，目的是了解企业过去及现在创造价值的机制，以及这种机制未来的变化趋势。业务尽职调查主要关注企业概况、管理团队、产品/服务、市场、发展战略、融资用途、风险分析等事项。

第二，财务尽职调查的目的在于发现企业的投资价值和潜在风险，更加注重企业未来价值和成长性的合理预测。财务尽职调查主要关注企业的会计政策及相关会计假设、财务比率分析、现金流分析、盈利能力及前景评析、资产质量及负债评估、内控合规性等问题。

第三，法律尽职调查更多地侧重于风险发现，而非价值发现。法律尽职调查主要关注企业历史沿革的合规性、所提供资料的真实准确完整性、企业资产业务的产权状况和法律状态、发现法律风险并提出解决方案等。创业企业在配合实施尽职调查时，需要从以上三个方面有序地应对投资人及其中介机构团队的调查，了解其关注的核心问题，提高合作效率。

四、投资条款谈判

尽职调查完成后，如果投资人对创业企业有投资意愿，接下来双方就进入协议谈判的环节。这个环节是整个融资交易的核心，也是最能体现双方谈判技巧和能力的环节。

交易各方将投资条款谈判完毕后，律师将会起草正式的有约束力的投资协议。这种协议通常被称为股权购买协议（shares purchase agreement，SPA），也有的称为认购协议（subscription agreement，SA）。除这些专门文件外，投资条款的内容还会体现在公司章程（articles of association）、投资者权利协议（investor rights agreement）、投票权协议（voting agreement）、第一拒绝权及共同出售协议（right of first refusal and co-sale agreement）、管理权函（management rights letter）以及薪酬协议（indemnification agreement）等法律文件之中。

【案例8-3】

滴滴出行：与 Uber 达成合作的谈判之道

在国家发布新规将网约车合法化以后不久，滴滴出行便宣布与 Uber（美国一家基于互联网的汽车共乘服务公司）达成全球战略协议。协议称，滴滴出行将收购 Uber 中国，与 Uber 全球相互持股，成为对方的股东。而在此之前，两方断断续续已谈判数年之久。

早在2012年，滴滴出行的早期投资者朱啸虎曾到访过 Uber 全球的旧金山总部，他建议 Uber 全球创始人特拉维斯·卡拉尼克（Travis Kalanick）投资滴滴出行5% 股权，把中国市场完全交给滴滴出行。但 Uber 全球当时显然有更大的野心，提出要占股30%~40%。这与朱啸虎的期望相差甚远，于是谈判不了了之。

2014年，滴滴出行与快的打车合并。当时，Uber 全球的估值已超过400亿美元，双方都正是意气风发的时候。卡拉尼克主动找上滴滴出行，宣称"要么接受 Uber 占股40% 的投资，要么被 Uber 打败"。他的这种高傲的态度激起了滴滴出行的斗志，最终选择"出击"。

"战役"持续了一年半，看不见的硝烟在市场上弥漫。即使 Uber 全球在中国消耗了20亿美元，但一切仍然没有结束。在这个过程中，滴滴出行还与 Uber 全球在美国的主要竞争对手 Lyft 达成了合作。此次事件让滴滴出行与 Uber 全球的竞争关系变得更加复杂。

2016年，卡拉尼克主动向滴滴出行 CEO 程维抛来橄榄枝。一方面，卡拉尼克意识到在滴滴出行占股40% 的期望不可能达成；另一方面，资本市场的寒冬即将来临，来自董事会的压力迫使他必须立刻停止烧钱，并迅速让 Uber 全球盈利。

但在与滴滴出行的较量中，Uber 中国的网约车市场份额一直被滴滴出行压制，继续打下去是一个无底洞。在这种情况下，Uber 全球必须尽早止损。滴滴出行与 Uber 全球的团队通过远程电话会议进行谈判，开诚布公表明自己的条件。

由于卡拉尼克大大降低了自己的预期，因此谈判进程很快。在中间人的见证下，双方律师通宵修改协议，历时两周达成共识。Uber 全球将持有滴滴出行5.89% 的股权，相当于17.7% 的经济权益，Uber 中国的其余中国股东将获得合计 2.3% 的经济权益。

Uber 全球最初希望对滴滴出行占股 40%，最终只收获了 20%，表明其在与滴滴出行的较量中最终落了下风。但不论过程如何，由于双方利益点一致，因此坐上谈判桌达成合作战略是早晚的事情。面对共同的利益，滴滴出行与 Uber 握手言和，迎来皆大欢喜的结局。网约车市场又会迎来怎样的变革，我们可以拭目以待。

案例来源：黎刚. 股权全案：股权融资 + 动态股权 + 股权并购［M］. 北京：清华大学出版社，2022.

五、签署协议与交割

股权购买协议签署后，除了附条件或者附期限生效的协议，股权购买在投资人与老股东之间或投资人与公司之间立即发生法律效力。尽管有《公司法》上的优先购买权、优先认购权的限制，除交易协议因不符合法定条件而被撤销的以外，股权变动在当事人之间已经生效。国内工商登记只是就股权变动事项发生对外公示的效力，不是股东变动的生效条件。凭借股权购买协议以及公司更新后的股东名册，投资人在法律上足以被认定为公司股东，即使工商变更登记手续没有完成，也不会丝毫妨碍股权变动的效力。

正是因为上述原因，创业企业在与投资人签署股权购买协议后，如果由于投资人的原因导致无法交割而使交易被迫终止的，双方的股权投资关系若协商不成就可能会出现纠纷。为了防止此类情况出现，一般应注意以下三个方面。

第一，尽量使股权购买协议的生效时间后延，最理想的状态是投资款项到位之日起股权购买协议生效。需要注意，协议中的违约责任条款、争议解决条款应当自各方签字之日起生效，以便预防在各方发生纠纷后，能够凭借生效的违约责任条款、争议解决条款解决各方之间的争议。

第二，股东名册的更新应当在投资款项到位之后进行，在此之前维持原状。主要目的是防止投资方凭借生效的股权购买协议及股东名册，能够被认定为公司股东，由此给后续的协议解除、股权退出造成障碍。

第三，交割条件的约定要明确、具体、可执行。不预留开放性的条件敞口，应通过闭环的方式使各方对交割有明确的时间预期。例如可以约定自股权购买协议签署之日起 60 日内或者一方向另一方提交协议列明的交割文件后（以先到者为准），作为交割的具体日期。为了防止歧义，一方在向另一方提交协议列明的交割文件后，另一方应当在收到之日起 5 日内提出异议或予以确认，既不提出异议也不予以确认的，视为同意对方提交的交割文件。

第四节　我国多层次资本市场的发展

党的二十大报告提出："健全资本市场功能，提高直接融资比重"。资本市场是现代金融体系的重要组成部分，是关键的要素和资源市场。健全资本市场功能最重要的是进一步发挥资本市场要素资源配置功能，坚持金融服务实体经济的宗旨，完善适应不同类型、不同发展阶段企业差异化融资需求的多层次资本市场体系，拓宽服务的覆盖面，提高配置效率和服务质量。

经过三十多年发展，我国已形成了包括三大股票交易所、四层股权交易板块的多层次资本市场体系。三大股票交易所分别是上海证券交易所、深圳证券交易所、北京证券交易所。其中上交所主要交易板块为主板、科创板，深交所主要交易板块为主板、创业板，北交所交易板块平移自新三板精选层。同时，从主板到区域股权交易市场，构成四层交易板块。主板作为一板，主要服务于成熟的大型企业。创业板、科创板作为二板，主要服务创新型企业。其中创业板服务于成长型创新创业企业，科创板服务于符合国家战略、突破关键核心技术、市场认可度高的科技创新企业。新三板作为三板，主要服务于创新型的中小企业。区域性股权交易市场作为四板，主要服务于中小微企业。其中，三大交易所内的股票交易均为场内交易，服务上市公司。三大交易所外的交易为场外交易，服务非上市公司。

一、主板：大型蓝筹、行业龙头、骨干型企业

主板也叫一板，主要指传统意义上的股票市场，是一个国家或地区证券发行、上市及交易的主要场所。主板上市对企业的营业期限、股本大小、盈利水平、最低市值等方面的要求非常高，上市企业多为大型蓝筹、行业龙头、骨干型企业，比如贵州茅台、云南白药、招商银行、青岛海尔、中国平安等。

我国主板市场分为上海证券交易所和深圳证券交易所。其中，上海主板市场代码以 600 开头，深圳主板市场代码以 000 开头。主板市场在很大程度上能够反映国民经济发展水平，被称作"国民经济晴雨表"。截至 2023 年 4 月，主板上市公司共有 3 211 家，总市值 66.17 万亿元。

图 8 - 1 列示了我国多层次资本市场。

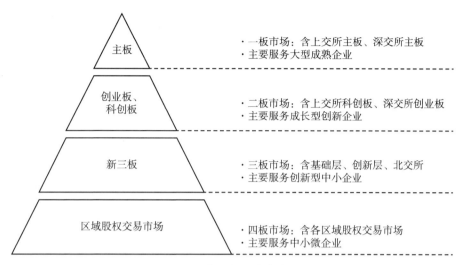

图 8 – 1　中国多层次资本市场

资料来源：微木咨询。

二、创业板：科技成长、自主创新型企业

创业板也叫二板市场（second-board market），即第二股票交易市场。作为主板的补充，创业板专为暂时无法在主板上市的科技成长、自主创新型企业提供融资途径和成长空间。在中国，创业板的市场代码是以"300"开头的。在中国，创业板特指深圳创业板。与主板市场相比，创业板的上市要求比较宽松，主要体现在成立时间、资本规模、中长期业绩等方面的要求。创业板市场的典型特点就是低门槛进入，严要求运作，对成长型中小企业融资有很大帮助。在创业板上市的公司一般都从事高科技业务，一般成立时间短，规模较小，业绩也不突出，但是具有很大的成长潜力。可以说，创业板是一个门槛低、风险大、监管严格的股票市场，被业内人士称作"孵化科技型、成长型企业的摇篮"。截至 2023 年 4 月，创业板上市公司共有 1 255 家，总市值 12.13 万亿元。

三、科创板：经济前沿、技术前线的科技创新型企业

科创板（the science and technology innovation board，STAR market），是由国家主席习近平于 2018 年 11 月 5 日在首届中国国际进口博览会开幕式上宣布设立，是独立于现有主板市场的新设板块。2019 年 6 月 13 日，科创板正式开板；7 月 22 日，科创板首批公司上市。

科创板主要面向世界科技前沿、面向经济主战场、面向国家重大需求，主要服务于符合国家战略、突破关键核心技术、市场认可度高的科技创新企业。重点支持新一代信息技术、高端装备、新材料、新能源、节能环保以及生物医药等高新技术产业和战略性新兴产业，推动互联网、大数据、云计算、人工智能和制造业深度融合，引领中高端消费，推动质量变革、效率变革、动力变革。

我国设立科创板并试点注册制是提升服务科技创新企业能力、增强市场包容性、强化市场功能的一项资本市场重大改革举措。通过发行、交易、退市、投资者适当性、证券公司资本约束等新制度以及引入中长期资金等配套措施，增量试点、循序渐进，新增资金与试点进展同步匹配，力争在科创板实现投融资平衡、一二级市场平衡、公司的新老股东利益平衡，并促进现有市场形成良好预期。截至 2023 年 4 月，科创板上市公司共有 519 家，总市值 6.65 万亿元。

四、新三板：创新型中小微型非上市股份有限公司

新三板（即全国中小企业股份转让系统，简称"全国股转系统"）是经国务院批准，依据证券法设立的继上交所、深交所之后第三家全国性证券交易场所，也是我国第一家公司制运营的证券交易场所。全国中小企业股份转让系统有限责任公司（简称"全国股转公司"）为其运营机构，为新三板市场提供场所和设施，组织新三板市场的具体运营，监督和管理新三板市场，于 2012 年 9 月 20 日在国家工商总局注册，2013 年 1 月，证监会宣布新三板正式揭牌运营，并对所有公司开放。2014 年 1 月 24 日，新三板一次性挂牌 285 家，并累计达到 621 家挂牌企业，这宣告了新三板市场正式成为一个全国性的证券交易市场。到 2015 年 3 月 6 日已有累计 2 026 家公司在新三板挂牌，从公司数量和总市值上来说已经较为庞大。截至 2023 年 4 月，在新三板挂牌上市的公司已有 6 502 家，总市值 2.12 万亿元。

新三板定位于为科技创业创新型的中小微企业提供投融资服务，不仅是金融服务的实体经济，还是国家经济转型的助推器和金融改革的试验田。新三板的发展方向是一个独立的资本市场，既与原来的 A 股市场定位不一样，又与其他市场形成互动。

【案例 8-4】

英雄互娱登陆新三板，股价暴涨 120 倍

2016 年 4 月 22 日，英雄股价到 160 元，短短一个月时间，股价暴涨 120 倍，

成为新三板市场上最会赚钱的公司之一。事实上，新三板市场出现过从 1 分钱飙升至 10 多元钱股价的公司，但相比之下，英雄互娱的股价飙涨更吸人眼球。

股价暴涨在 A 股市场更加常见，但是新三板受流动性限制，很少出现一夜暴富的公司。在这样的大环境下，英雄互娱的表现让人震惊。股价飙涨还使得英雄互娱的总市值达到了 222 亿元，排到新三板公司的第 5 位。

公司 CFO 黄胜利表示，"估值这个东西，核心还是业务和对业务的预期。2016 年按照保守的预期利润估计，对应的主板公司应该是 400 亿元估值，高还是低呢？"

飙涨的股价一定是好业绩的支撑。根据英雄互娱对外披露的 2015 年年报和 2016 年第一季报，2015 年公司归属挂牌公司股东的净利润为 1 979.54 万元，同比大幅增长了 1 541.8%，而公司扣除非经常性损益后的净利润为 1 761.08 万元，同比增长了 1 635.45%；2016 年第一季报更加惹眼，公司第一季度营收 1.82 亿元，同比增长 3 969.9%，毛利率为 90.31%，而 2015 年毛利率仅为 32.56%，归属于挂牌公司股东净利润为 1.31 亿元，同比增长 142 112.53%。

根据公司年报可知，英雄互娱的盈利之所以如此迅速地增长，是因为公司主营业务的重心转向了移动游戏领域。黄胜利指出："除了传统游戏业务方面外，英雄互娱在移动电竞方面的探索和布局也已经打开了局面。由于游戏行业的旺季为每年第一和第三个季度，淡季为第二和第四个季度，所以预计英雄互娱 2016 年 Q2 净利润约为 1.2 亿元。"

案例来源：廖连中. 企业融资：从天使投资到 IPO［M］. 北京：清华大学出版社，2017.

五、北交所：新三板精选层创新型中小企业

北京证券交易所（简称"北交所"），于 2021 年 9 月 3 日注册成立，是经国务院批准设立的中国第一家公司制证券交易所，受中国证监会监督管理。经营范围为依法为证券集中交易提供场所和设施、组织和监督证券交易以及证券市场管理服务等业务。

北交所由新三板精选层为基础组建，旨在服务创新型中小企业的交易所。作为全国中小企业股份转让系统的新三板，自 2012 年 7 月创立以来，已发展成为资本市场服务中小企业的重要平台。新三板 2016 年初步划分为创新层、基础层，并于 2020 年设立精选层，逐步形成了与不同层次企业状况相适应的差异化发行、交易等基础制度，建立了层层递进的市场结构，为不同阶段、不同类型的中小企

业提供全口径服务。由新三板精选层平移而形成的北京证券交易所，突破体制机制上的发展瓶颈，牢牢坚持服务创新型中小企业的市场定位，尊重创新型中小企业发展规律，有效提升市场效率、激活市场活力，努力探索了一条新三板支持服务中小企业科技创新的普惠金融新道路。

六、区域股权交易市场：服务于中小微企业

区域性股权交易市场即"新四板"，是为特定区域内的企业提供股权、债券转让和融资服务的私募市场，是公司规范治理、进入资本市场的孵化器，也为股份公司股权转让提供交易场所。为了促进中小企业发展，解决"中小企业多、融资难；社会资金多、投资难"，即"两多两难"问题，中央2012年允许各地重新设立区域性股权市场，研究并推动在沪深交易所之外进行场外资本市场试验。新四板成为与主板、创业板、新三板并列的我国多层次资本市场之一。截至2023年7月，我国区域性股权交易市场共有35家，托管企业60 607家，挂牌43 140家，其中专精特新企业65家，高新技术企业94家。三大交易所和新三板、四板市场有一定的区别，如表8-1所示。

表8-1 三大交易所与新三板、四板市场的对比

项目	沪、深、北交所	新三板	四板市场
场所性质	全国性证券交易所	全国性证券交易所	地方股权交易中心
设立方式	国务院批准	国务院批准	省级地方政府批准
监管方式	证监会	证监会	省级地方政府
挂牌/上市制度	保荐制度	主办券商制度	推荐挂牌制度
交易制度	竞价交易	做市转让协议转让	协议转让
督导制度	主板（中小板）： 上市当年剩余时间 及其后两个完整会计年度 创业板、科创板、北交所： 上市当年剩余时间 及其后三个完整会计年度	主板券商 持续督导	
融资方式	首次公开发行、公开或定向增发、配股	定向增发	定向增发
公司类型	上市公司	非上市的公众公司	非上市的非公众公司

第五节 创业型中小企业上市流程

创业型中小企业在经历多轮融资后进入到高速发展阶段，面临着重大的投资机遇。这些中小企业需要通过上市以低成本向大众融资从而募集到大笔资金，使企业顺利实现战略转移，并且通过上市使企业产权清晰化，形成完整的现代企业公司治理结构和以股权稀释方式来分散经营风险。

企业的上市工作是一项非常复杂而烦琐的工作，企业上市需要做上市筹备，进行股改、在各个中介机构的辅导下提交上市申请并接受证券监督管理部门的核准，企业行为受《公司法》《证券法》等相关法律约束，在取得中国证监会核准上市的批文后需要刊登招股说明书、路演与询价，最后依照发行方案发行股票。

一、上市筹备

在上市之前，创业企业需要做好充分准备工作，包括组建上市工作小组，选择中介机构；完成尽职调查，制订上市工作方案；增资扩股，提升业绩等。

(一) 组建上市工作小组，选择中介机构

公司确定了上市目标之后，首先需要组建上市工作小组，选择中介机构。上市工作小组成员应当是公司内部专业且有经验的人员，一般由董事长担任组长，由董事会秘书、公司财务负责人、办公室主任、相关政府人员组成。公司上市需要找四类中介机构合作，包括证券公司（保荐机构/主承销商）、会计师事务所、律师事务所及资产评估师事务所。根据《公司法》《证券法》等法律的相关规定，公司选择的中介机构必须具备相应的资格条件。

(二) 明确上市板块及要求

创业企业需要在中介机构的指导下，根据企业自身的发展目标和诉求，就上市地点、板块的选择等问题进行仔细考虑与衡量，以确定拟上市的交易所及板块。当前我国主要证券交易所各板块市值和财务指标标准如表 8-2 所示。

表 8－2　　　　　　　　　　A 股各板块上市市值和财务指标标准

上市地		市值	财务指标
上交所	主板		最近 3 个会计年度净利润均为正且累计超 3 000 万元；最近 3 个会计年度经营活动产生的现金流净额累计超过 5 000 万元；或者最近 3 个会计年度营业收入累计超过 3 亿元
	科创板	预计市值不低于人民币 10 亿元	最近 2 年净利润均为正且累计净利润不低于人民币 5 000 万元；或最近 1 年净利润为正且营业收入不低于人民币 1 亿元
		预计市值不低于人民币 15 亿元	最近 1 年营业收入不低于人民币 2 亿元，且最近 3 年累计研发投入占最近 3 年累计营业收入的比例不低于 15%
		预计市值不低于人民币 20 亿元	最近 1 年营业收入不低于人民币 3 亿元，且最近 3 年经营活动产生的现金流量净额累计不低于人民币 1 亿元
		预计市值不低于人民币 30 亿元	且最近 1 年营业收入不低于人民币 3 亿元
		预计市值不低于人民币 40 亿元	主要业务或产品需经国家有关部门批准，市场空间大，目前已取得阶段性成果。医药行业企业需至少有一项核心产品获准开展二期临床试验，其他符合科创板定位的企业需具备明显的技术优势并满足相应条件
深交所	主板		同上交所主板上市规则
	创业板		最近 2 年净利润为正；累计净利润不低于 5 000 万元
		市值不低于 10 亿元	最近 1 年净利润为正；营业收入不低于 1 亿元
		市值不低于 50 亿元	最近 1 年营业收入不低于 3 亿元
		预计市值不低于 50 亿元	最近 1 年净利润为正且营业收入不低于 5 亿元（适用于红筹企业）
		预计市值不低于 100 亿元	且最近 1 年净利润为正（适用于红筹企业）
北交所		市值不低于 2 亿元	最近 2 年净利润均不低于 1 500 万元且加权平均净资产收益率平均不低于 8%，或者最近 1 年净利润不低于 2 500 万元且加权平均净资产收益率不低于 8%
		市值不低于 4 亿元	最近 2 年营业收入平均不低于 1 亿元，且最近 1 年营业收入增长率不低于 30%。最近 1 年经营活动产生的现金流量净额为正
		市值不低于 8 亿元	最近 1 年营业收入不低于 2 亿元，最近 2 年研发投入合计占最近 2 年营业收入合计比例不低于 8%
		市值不低于 15 亿元	最近 2 年研发投入合计不低于 5 000 万元

（三）完成尽职调查，制订上市工作方案

参与 IPO 尽职调查的主要中介机构包括保荐机构、律师事务所和会计师事务所。其中，最主要的是保荐机构对企业经营业务层面的尽职调查；事务所在法律合规方面的尽职调查也能起到辅助的作用；会计师事务的尽职调查主要是对企业财务状况实施的审计工作。下面主要介绍保荐机构尽职调查的主要工作，保荐机构根据《保荐人尽职调查工作准则》的相关规定，对企业的情况展开调查。

（四）增资扩股，提升业绩

增资扩股不是上市之前的必然选择，但因为益处比较大，所以很多公司都十分重视。上市前增资扩股可以使公司提前获取一部分资金，用于提升经营业绩。例如，房地产公司上市必须要达到一定程度的土地储备，如果自有资金不足，只能通过增资扩股的方式完成土地储备新增。一般来说，增资扩股的渠道一共有三种，分别是：公司未分配利润和公积金、公司原始股东增加投资、新股东入股。不过必须注意的是，在进行增资扩股时，公司实际控制人不能发生变更，主营业务不能发生重大变化，以免影响上市进程。

二、设立股份有限公司

我国《公司法》规定，只有股份有限公司才能发行上市，所以有限责任公司在申请上市之前就必须改制为股权公司，具体可以从以下几个方面着手。

（一）净资产折股/验资

关于净资产折股/验资，《公司法》相关规定如表 8 - 3 所示。

表 8 - 3　　　　　　　《公司法》对于净资产折股/验资的相关规定

《公司法》	条文
第二十七条	"股东可以用货币出资，也可以用实物、知识产权、土地使用权等可以用货币估价并可以依法转让的非货币财产作价出资；但是，法律、行政法规规定不得作为出资的财产除外。对作为出资的非货币财产应当评估作价，核实财产，不得高估或者低估作价。法律、行政法规对评估作价有规定的，从其规定。"
第九十五条	"有限责任公司变更为股权有限公司时，折合的实收股本总额不得高于公司净资产额。有限责任公司变更为股权有限公司，为增加资本公开发行股权时，应当依法办理。"

（二）召开创立大会及董事会、监事会

注资、验资完成后，发起人需要召开股份公司创立大会，组成人员是参与公司设立并认购股权的人。此外，发起人还需要在创立大会召开 15 日前将日期通知各认股人或者予以公告。如果出席创立大会的发起人、认股人代表的股权总数少于 50%，创立大会就无法举行；而如果创立大会顺利举行，就可以进行董事会、监事会成员选举。然后，发起人需要组织召开股份公司的第一届董事会会议、第一届监事会会议，并在会议上选举董事长、董事会秘书、监事会主席、公司总经理等高级管理人员。

（三）申请登记注册

《公司法》第九十二条规定："董事会应于创立大会结束后 30 日内，向公司登记机关报送下列文件，申请设立登记；公司登记申请书；创立大会的会议记录；公司章程；验资证明；法定代表人、董事、监事的任职文件及其身份证明；发起人的法人资格证明或者自然人身份证明；公司住所证明。以募集方式设立股份有限公司公开发行股票的，还应当向公司登记机关报送国务院证券监督管理机构的核准文件。"

公司登记机关收到股份有限公司的设立登记申请文件后，开始对文件进行审核，并在 30 天内做出是否予以登记的决定。如果登记申请文件符合《公司法》的各项规定，公司登记机关将予以登记，并下发营业执照；如果登记申请文件不符合《中华人民共和国公司法》相关规定，则不予登记。股份有限公司的成立日期就是营业执照的签发日期。股份有限公司成立后，应当进行公告。拿到营业执照意味着改制顺利完成，随后便可以进入上市之前的 3 个月辅导期。

三、进入辅导期

上市辅导是指相关机构对拟上市的股份有限公司进行的正规化培训、辅导与监督。下面一起看拟上市公司接受上市辅导的一般程序，内容如图 8-2 所示。

（一）拟上市公司辅导流程

（1）辅导机构提前入场。选定辅导机构之后，应让辅导机构尽早介入拟上市公司的上市规划流程。

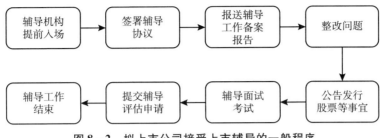

图 8 - 2　拟上市公司接受上市辅导的一般程序

（2）签署辅导协议。股份有限公司成立后，公司需要和辅导机构签署正式的辅导协议。此外，公司与辅导机构需要在辅导协议签署后 5 个工作日内到企业所在地的证监会派出机构办理辅导备案登记手续。

（3）报送辅导工作备案报告。签署辅导协议后，辅导机构每隔 3 个月向证监会报送 1 次辅导工作备案报告。

（4）整改问题。在辅导过程中，辅导机构会针对拟上市公司的现存问题提出整改建议，然后由公司整改现存问题。如果公司遇到难以解决的问题，可以尝试征询权威部门的建议，尽快解决问题。

（5）公告发行股票等事宜。拟上市公司需要在辅导期内接受辅导、准备上市等事宜在媒体公告，接受社会监督。企业在辅导期满 6 个月后的 10 天内，就此次辅导过程，以及拟发行股票上市等事宜在当地最少 2 种主要报纸渠道上连续公告 2 次以上。公告后，如果证监会收到关于企业的举报信，便可能会进行相关调查。此时，企业应积极配合，消除发行上市的风险隐患。

（6）辅导书面考试。在辅导期内，辅导机构会对接受辅导人员进行至少一次的书面考试，直到全体应试人员的成绩达到合格为止。

（7）提交辅导评估申请。辅导期结束后，辅导机构如果认为拟上市公司已符合上市标准，可向证监会派出机构报送"辅导工作总结报告"，提交辅导评估申请。如果辅导机构与拟上市公司认为还未达到计划目标，可向证监会派出机构申请适当延长辅导时间。

（8）辅导工作结束。证监会派出机构收到辅导机构提交的辅导评估申请后，将在 20 个工作日内完成对辅导工作评估。如果评定为合格，会向中国证监会出具"辅导监管报告"，发表对辅导效果的评估意见，这也意味着辅导结束。而假如证监会派出机构认为辅导评估申请不合格，会依据实际情况要求延长辅导时间。

（二）拟上市公司辅导内容

（1）核查股份有限公司的合法性与有效性，包括改制重组、股权转让、增资扩股、净资产折股/验资等方面是否合法，产权关系是否明晰，商标、专利、土地、房屋等资产的法律权属处置是否妥善等。

（2）核查股份有限公司人事、财务、资产及供产销系统的独立完整性，督促公司实现独立运营，做到人事、财务、资产及供产销系统独立完整，形成核心竞争力。

（3）组织公司董事、监事、高级管理人员及持有5%以上（包括5%）股份的股东进行上市规范运作和其他证券基础知识的学习、培训和考试，督促其增强法治观念和诚信意识。

（4）监督建立全面的组织机构、财务会计制度、决策制度和内部控制制度及符合上市要求的信息披露制度，使公司实现有效运作。

（5）规范股份有限公司和控股股东及其他关联方的关系，妥善处理同业竞争和关联交易问题，建立规范的关联交易决策制度。

（6）开展资金投向及其他投资项目规划。

（7）帮助公司开展首次公开发行股票的相关工作。辅导前期，辅导机构应当协助公司进行摸底调查，制订全面、具体的辅导方案；在辅导中期，辅导机构应当协助公司集中进行学习和培训，发现问题并解决问题；在辅导后期，辅导机构应当对公司进行考核评估，完成辅导计划，做好上市申请文件的准备工作。

需要注意的是，辅导有效期为3年，即本辅导期满后3年内，公司可以向主承销商提出股票发行上市申请；超过3年，须按《首次公开发行股票并上市管理办法》规定的程序和要求重新聘请辅导机构进行辅导。

四、申报与核准

公司顺利通过上市前的3个月辅导期之后，就可以向中国证监会发出上市申请。中国证监会受理后的核查是决定公司能否成功上市的关键环节，需格外重视。

（一）制作申报材料

申报材料主要由各中介机构分工制作，然后由主承销商汇总并出具推荐函，主承销商核查通过后，会将其送往中国证监会。根据中国证监会发布的《公开发行证券的公司信息披露内容与格式准则第9号——首次公开发行股票并上市申请文件》，公司需要制作的申报材料如表8-4所示。

表8-4　　　　　　　　　　　　　拟上市公司申报材料

序号	文件类别	具体文件名
1	招股说明书	招股说明书；招股说明书摘要
2	发行人关于本次发行的申请及授权文件	发行人关于本次发行的申请报告；发行人董事会有关本次发行的决议；发行人股东大会有关本次发行的决议
3	保荐人关于本次发行的文件	发行保荐书
4	会计师关于本次发行的文件	财务报表及审计报告；盈利预测报告及审核报告；内部控制鉴证报告；经注册会计师核验的非经常性损益明细表
5	发行人律师关于本次发行的文件	法律意见书；律师工作报告
6	发行人的设立文件	发行人的企业法人营业执照；发起人协议；发起人或主要股东的营业执照或有关身份证明文件；发行人公司章程（草案）
7	关于本次发行募集资金运作的文件	募集资金投资项目的审批、核准或备案文件；发行人拟收购资产（或股权）的财务报表、资产评估报告及审计报告；发行人拟收购资产（或股权）的合同或合同草案
8	发行人关于最近三年及一期的纳税情况的说明	发行人最近三年及一期所得税纳税申报表，有关发行人税收优惠、财政补贴的证明文件；主要税种纳税情况的说明及注册会计师出具的意见；主管税收征管机构出具的最近三年及一期发行人纳税情况的证明
9	成立不满三年的股份有限公司需报送的财务资料	最近三年原企业或股份公司的原始财务报表；原始财务报表与申报财务报表的差异比较表；注册会计师对差异情况出具的意见
10	成立已满三年的股份有限公司需报送的财务资料	最近三年原始财务报表：原始财务报表与申报财务报表的差异比较表，注册会计师对差异情况出具的意见
11	与财务会计资料相关的其他文件	发行人设立时和最近三年及一期的资产评估报告（含土地评估报告）；发行人的历次验资报告：发行人大股东或控股股东最近一年及一期的原始财务报表及审计报告
	其他文件	发行人拥有或使用的商标、专利、计算机软件著作权等知识产权以及土地使用权、房屋所有权、采矿权等产权证书清单；特许经营权证书；有关消除或避免同业竞争的协议以及发行人的控股股东和实际控制人出具的相关承诺：国有资产管理部门出具的国有股权设置批复文件及商务部出具的外资股确认文件；发行人生产经营和募集资金投资项目符合环境保护要求的证明文件；重组协议：商标、专利、专有技术等知识产权许可使用协议；重大关联交易协议；其他重要商务合同；保荐协议和承销协议；发行人全体董事对发行申请文件真实性、准确性和完整性的承诺书；特定行业（或企业）的管理部门出具的相关意见

续表

序号	文件类别	具体文件名
11	定向募集公司还应提供的文件	①有关内部职工股发行和演变情况的文件：历次发行内部职工股的批准文件；内部职工股发行的证明文件；托管机构出具的历次托管证明；有关违规清理情况的文件；发行人律师对前述文件真实性的鉴证意见。 ②省级人民政府或国务院有关部门关于发行人内部职工股审批、发行、托管、清理以及是否存在潜在隐患等情况的确认文件。 ③中介机构的意见：发行人律师关于发行人内部职工股审批、发行、托管和清理情况的核查意见；保荐人关于发行人内部职工股审批、发行、托管和清理情况的核查意见

资料来源：廖连中．企业融资Ⅱ：股权债权＋并购重组＋IPO上市［M］．北京：清华大学出版社，2020.

（二）申请报批

中国证监会收到公司的上市申请后，会在 5 个工作日内作出是否受理的决定，如果同意受理，公司需要按照相关规定向中国证监会缴纳审核费；如果不同意受理，中国证监会则需要出具书面意见并说明理由。另外，《关于进一步规范发行审核权力运行的若干意见》中明确指出："在正常审核状态下，从受理到召开反馈会不超过 45 天，从发行人落实完毕反馈意见到召开初审会不超过 20 天，从发出发审会告知函到召开发审会不超过 10 天。"

五、发行上市

取得中国证监会核准上市的批文以后，公司就可刊登招股说明书，进行询价与路演，依照发行方案发行股票了。完成这些工作以后，企业就正式完成上市了。

（一）刊登招股说明书

IPO 上市交易之前需要刊登招股说明书。招股说明书包括五个部分：封面、目录、正文、附录、备查文件。制作招股说明书时需要注意以下六个问题。

第一，说明风险因素与对策时，给出有效的应对之策，可以增强信服力。第二，说明募集资金的运用时，具体给出资金流向了哪些项目。第三，具体介绍公司上市后的股利分配政策，让投资人和股民了解可以得到的回报。第四，给出过去至少三年来的经营业绩，说明公司经营的稳定性。第五，说明公司的股权分配情况，重点介绍发起人、重要投资人的持股情况。第六，预测盈利，精准预测公司未来的盈利状况直接关系到公司股票的发行情况。

发起人可以研读已上市公司的招股说明书，然后结合自身企业撰写招股说明书。一般情况下，在发出上市申请的时候，招股说明书的申报稿就已经完成。在发行上市之前，企业需要与证券交易所协商招股说明书的定稿版，然后在证券交易所官网刊登招股说明书。

（二）进行询价与路演

刊登招股说明书以后，拟上市公司与其保荐机构需开展询价路演活动，通过向机构投资者询价的方式确定股票的最终发行价格。询价，包括初步询价和累计投标询价两个步骤。

初步询价，即拟上市公司及其保荐机构向机构投资者推介和发出询价函，以反馈回来的有效报价上下限确定的区间为初步询价区间。

累计投标询价，如果投资人的有效申购总量大于本次股票发行量，但是超额认购倍数小于5，那么以询价下限为发行价；如果超额认购倍数大于5，那么从申购价格最高的有效申购开始逐笔向下累计计算，直至超额认购倍数首次超过5倍为止，以此时的价格为发行价。在中小板上市发行股票时，基本不需要累计投标询价。

在询价期间，拟上市公司会通过路演活动向社会对拟上市公司的股票进行推广。通俗来讲，路演是指公开发行股票的公司通过公开方式向社会推介自己股票的说明会，目的是吸引投资人路演分为三个阶段。

首先，一对一路演。顾名思义，一对一路演指上市公司和券商的资本市场部，以及IPO项目组带着招股说明书、投资研究报告、企业宣传片、PPT及定制小礼物到北上广深等一线城市拜会投资人，进行一对一沟通和推介。

其次，三地公开路演。三地公开路演一般是指拟上市公司在北京、上海、深圳三地公开召开推介会议，邀请基金、券商、资产管理公司、私募等机构投资者参加。会议内容与一对一路演相似，两者没有本质区别，有所区别的是听众更多。

最后，网上路演。网上路演是指拟上市公司的管理层、保荐团队代表通过网上投资者互动平台回答股民针对公司上市提出的各种问题。在开展网上路演环节之前，公司股票的首日发行价已经定下来，对发行结果和网上认购数量没有多少影响。

（三）刊登上市公告书并上市交易

询价与路演环节结束之后，公司就可以刊登上市公告书并上市交易了。上市公告书是拟上市公司在股票上市前，按照《证券法》和证券交易所业务规则相关要求，向公众公告发行与上市有关事项的信息披露文件。

上市公告书的内容应当概括招股说明书的基本内容和公司近期的重要材料，主要包括这几个部分：证券获准在证券交易所交易的日期和批准文号；企业概况；股票发行与承销情况；公司创立大会或股东大会同意公司证券在证券交易所交易的决议；公司董事、监事及高级管理人员简历和持股情况；公司近三年来或成立以来的经营业绩和财务状况以及下一年的盈利预测文件；主要事项揭示；上市推荐意见；备查文件目录等。

上市公司信息披露制度规定："上市公司必须在股票挂牌交易日之前的 3 天内，在中国证监会指定的上市公司信息披露指定报刊上刊登上市公告书，并将公告书备置于公司所在地，以及挂牌交易的证券交易所、有关证券经营机构及其网点，就公司本身及股票上市的有关事项，向社会公众进行宣传和说明，以利于投资人在公司股票上市后，作出正确的买卖选择。"

本章小结

本章主要介绍了创业型中小企业股权融资规划的相关内容。其中，包括股权融资的概述、商业计划书的撰写、股权融资的流程以及多层次资本市场的发展和创业型企业的上市流程。股权融资具有长期性、不可逆性和无负担性三个主要特点，其能够以较低的资本成本获得，并且能够完善公司治理结构、辅助后续融资以及整合行业资源，是创业型中小企业获得资金的重要渠道；商业计划书的撰写是创业型中小企业进行股权融资的第一步，其决定了能否吸引投资人对项目进行投资或提供资源；熟悉股权融资的流程与策略有助于创业型中小企业成功融资；我国资本市场经过多年发展已经形成了主板、创业板、科创板等多层次资本市场，创业型中小企业明确上市目标后，经过筹备、股改、辅导后，提交上市申请，待中国证监会审核完成后便可发行上市。

本章思考题

1. 股权融资的基本特点是什么？股权融资包含哪些种类？
2. 商业计划书的核心内容有哪些？

3. 简述创业型中小企业股权融资流程。

4. 创业型中小企业股权融资的时机应当如何选择？

5. 我国资本市场类型有哪些？

6. 简述创业型企业上市流程。

本章案例分析

风投助力，"阿里巴巴"成功上市

一、创业伊始，寻找风险投资救急

1999 年初，马云决定回到杭州创办一家能为全世界中小企业服务的电子商务站点。回到杭州后，马云和最初的创业团队开始谋划一次轰轰烈烈的创业。大家集资了 50 万元，在马云位于杭州湖畔花园的 100 多平方米的家里，阿里巴巴诞生了。这个创业团队里除了马云之外，还有他的妻子、他当老师时的同事、学生以及被他吸引来的精英。比如，阿里巴巴首席财务官蔡崇信，当初抛下一家投资公司的中国区副总裁的头衔和 75 万美元的年薪，来领马云几百元的薪水。他们都记得，马云当时对他们所有人说："我们要办的是一家电子商务公司，我们的目标有 3 个。第一，我们要建立一家生存 102 年的公司；第二，我们要建立一家为中国中小企业服务的电子商务公司；第三，我们要建成世界上最大的电子商务公司，要进入全球网站排名前十位。"狂言狂语在某种意义上来说，只是当时阿里巴巴的生存技巧而已。

阿里巴巴成立初期，公司是小到不能再小，18 个创业者往往是身兼数职。好在网站的建立让阿里巴巴开始逐渐被很多人知道。来自美国的《商业周刊》还有英文版的《南华早报》最早主动报道了阿里巴巴，并且令这个名不见经传的小网站开始在海外有了一定的名气。有了一定名气的阿里巴巴很快就面临着资金的瓶颈：公司账上没钱了。当时，马云开始去见一些投资者，但是他并不是有钱就要，而是精挑细选。即使囊中羞涩，他还是拒绝了 38 家投资商。马云后来表示，他希望阿里巴巴的第一笔风险投资除了带来钱以外，还能带来更多的非资金要素。例如，进一步的风险投资和其他的海外资源。而被拒绝的这些投资者并不能给他带来这些。

二、软银投资，挺过互联网寒冬

让马云意想不到的是，随着公司的逐渐扩大，更多的投资者注意到了他和阿里巴巴。1999 年秋，日本软银总裁孙正义约见了马云。孙正义当时是亚洲首富。

孙正义直截了当地问马云想要多少钱，而马云的回答却是他不需要钱。孙正义反问道："不缺钱，你来找我干什么？"马云的回答却是："又不是我要找你，是人家叫我来见的。"这个经典的回答并没有触怒孙正义。第一次见面之后，马云和蔡崇信很快就在东京又见到了孙正义。孙正义表示将给阿里巴巴投3 000万美元，占30%的股份。但是马云认为，钱还是太多了，经过6分钟的思考，马云最终确定了2 000万美元的软银投资，阿里巴巴管理团队仍拥有绝对控股。

从2000年4月起，纳斯达克指数开始暴跌，长达两年的熊市寒冬开始了，很多互联网公司陷入困境，甚至关门大吉。但是阿里巴巴却安然无恙，很重要的一个原因是阿里巴巴获得了2 500万美元的融资。那个时候，全社会对互联网产生了一种不信任，阿里巴巴尽管不缺钱，业务开展却十分艰难。马云提出关门把产品做好，等到春天再出去。冬天很快就过去了，互联网的春天在2003年开始慢慢到来。

三、新一轮融资，完成上市目标

2004年2月17日，马云在北京宣布，阿里巴巴再获8 200万美元的巨额战略投资。这笔投资是当时国内互联网金额最大的一笔私募投资。2005年8月，雅虎、软银再向阿里巴巴投资数亿美元。

之后，阿里巴巴创办淘宝网、创办支付宝、收购雅虎中国、创办阿里软件。一直到阿里巴巴上市。2007年11月6日，全球最大的B2B公司阿里巴巴在香港联交所正式挂牌上市，正式登上全球资本市场舞台。随着这家B2B航母登陆香港资本市场，此前一直受外界争论的"B2B能不能成为一种商务模式"也有了结果。11月6日10时，港交所开盘，阿里巴巴以30港元，较发行价13.5港元涨122%的高价拉开上市序幕。小幅震荡企稳后，一路单边上冲。最后以39.5港元收盘，较发行价涨了192.59%，成为香港上市公司上市首日涨幅最高的"新股王"，创下香港7年以来科技网络股神话。当日，阿里巴巴交易笔数达到14.4万多宗。输入交易系统的买卖盘为24.7万宗，两项数据都打破了工商银行2006年10月创造的纪录。按收盘价估算，阿里巴巴市值约280亿美元，超过百度、腾讯，成为中国市值最大的互联网公司。

在此次全球发售过程中，阿里巴巴共发行了8.59亿股，占已发行50.5亿总股数的17%。按每股13.5港元计算，共计融资116亿港元（约15亿美元）。加上当天1.13亿股超额配股权获全部行使，融资额将达131亿港元（约16.95亿美元），接近谷歌纪录（2003年8月，谷歌上市融资19亿美元）。

阿里巴巴的上市，成为全球互联网业第二大规模融资。在此次路演过程中，许多投资者表示，错过了谷歌不想再错过阿里巴巴。

四、美国纽交所缔造传奇

2014年9月19日晚间，阿里巴巴集团正式在纽约股票交易所挂牌交易。开盘价92.75美元，较发行价上涨36.3%。截至收盘，阿里巴巴股价暴涨25.89美元，报收93.89美元，涨幅达38.07%，市值达2 314.39亿美元，超越Facebook成为仅次于谷歌的第二大互联网公司。阿里巴巴此次公开发售约32亿股ADS（美国存托凭证），一股ADS代表一股普通股。其中，包括新发行的约1.23亿股，以及既有股东售出的约197亿股，募集的金额约为217.7亿美元。以发行价计算，整体估值超过1 748亿美元。

除此之外，阿里巴巴集团以及部分既有股东已经允许承销商有权限在30天内销售额外的约4 800万股ADS，也就是绿鞋机制。启动该机制，阿里巴巴IPO的募资额将超过250亿美元，成为全球历史上最大规模的IPO。

资料来源：沈俊. 创业融资：理论、工具及实践［M］. 上海：上海财经大学出版社，2020.

▌案例思考题

在每个发展阶段，阿里巴巴分别采用哪种融资手段，其背后的原因是什么？

小规模财务篇 →

第九章

中小企业的银行信贷

中小企业往往面临着资金短缺、生产经营困难等问题。对于普通中小企业而言，股权融资的难度较大且融资成本较高，银行信贷显得尤为重要。然而，传统信贷产品的门槛较高，中小企业往往难以获得银行传统信贷产品的支持，因此，商业银行也在积极突破传统信贷产品研发思维的影响，积极创新服务中小企业的信贷产品。本章将介绍银行信贷创新的概念，系统阐述银行委托贷款融资、信用担保融资、过桥贷款、票据贴现融资与质押融资等银行信贷模式的内涵及特征。

本章的学习目标

1. 理解银行信贷产品创新的内涵

2. 理解委托贷款融资、信用担保融资、过桥贷款、票据贴现融资与质押融资的特征

3. 能够根据中小企业的资产特征，选择合理的银行信贷产品

4. 能够结合各类银行信贷创新产品的特征，分别分析中小企业和商业银行面临的风险

 引入案例

发力专精特新信贷　商业银行创新服务供给

近年来，国家对专精特新企业的金融支持政策的力度不断加大，商业银行也在根据不同企业特点进一步探索和创新服务形式。日前，《证券时报》记者实地调查多家位于北京、深圳的专精特新企业，获悉有商业银行通过设立专营分支机

构、多维度风险评估和数据资产增信等方式，创新金融服务供给。

长期以来，具备高成长性的专精特新企业资金需求量大，但因自身规模小、可抵押资产少，难以通过传统方式获得银行融资。就此，人民银行曾发布文件强调，推动银行业金融机构转变对专精特新企业的价值评价方式，以投资眼光综合研判企业价值，以及更好发挥知识产权在企业融资中的增信作用。

基于数据资产价值的授信融资，是银行探索的方向之一。2023 年 3 月，被列入深圳市专精特新中小企业名单的深圳微言科技有限责任公司（以下简称"微言科技"），是深圳数据交易所（以下简称"数交所"）首批数据商。该公司提供从数据源价值挖掘、数据处理工具到场景解决方案的全链路服务。微言科技董事长黄聪对证券时报记者表示，公司发展正处于高速增长期，每年需要投入大量的研发和人力成本，而银行的贷款对公司扩张起到了重要支持作用。

黄聪介绍，凭借在深圳数交所上架的数据交易标的，2023 年 4 月，该公司获得了光大银行深圳分行发放的 1 000 万元贷款。相比于传统贷款一两个月的审批流程，该笔贷款仅在一周内就完成到账。

据悉，该笔贷款是由光大银行总行数据资产管理部协同深圳数交所与第三方权威机构完成微言科技数据资产质量评估和价值评估，再由深圳分行结合企业数据产品的上架登记和内外部估值情况，综合评估后完成对微言科技的授信审批。

案例来源：谢忠翔. 发力专精特新信贷，商业银行创新服务供给（节选）. 证券时报，2023 -6 -16. http：//www. stcn. com/article/detail/893898. html.

第一节　中小企业的银行信贷创新

一、信贷定义及银行信贷产品创新的内涵

信用贷款（以下简称"信贷"），是指金融机构为用户提供的无抵押、无担保、纯信用贷款。信贷是体现一定经济关系的不同所有者之间的借贷行为，是以偿还为条件的价值运动特殊形式，是债权人贷出货币、债务人按期偿还并支付一定利息的信用活动。

在传统的信贷模式下，商业银行、担保机构和中小企业组成了三方交易担保融资模式，银行对中小企业的贷款多采取抵押或保证的担保方式，贷款手续较为烦琐。由于中小企业贷款量小、频率高，而金融机构无论贷款多少，必须履行完整的融资手续，这些烦琐的手续，让不少中小企业望而却步。为寻求保证或抵押，中小企业还要付出诸如担保费、抵押资产评估等相关费用。可见，商业银行传统的信贷模式对于中小企业融资是很苛刻的。

银行信贷产品创新是指商业银行开发出的各类新型信贷产品以满足不同企业对融资的需求。1986 年，国际清算组织把金融创新定义为按一定方向改变风险、收益、期限、流动性组合等金融资产特性的过程。商业银行信贷产品创新为金融创新在信贷领域的具体实施，是商业银行在当前的市场化条件下，对原有传统信贷业务品种的变革与开发。商业银行信贷产品创新不仅有助于存量产品体系不断完善，也有助于满足市场变化发展的需求。而创新是个系统性工程，对内涉及各个部门的协调，相关体制的完善，人才的培养与激励，对外涉及国内外同行业的竞争与比较，村镇银行、网商银行等新兴金融形态的应运而生，再加上当前利率市场化、互联网金融等影响，都迫切需要商业银行进行信贷产品创新。

二、商业银行信贷产品创新面临的挑战

第一，收益新常态。利率市场化导致传统信贷业务利差不断收窄，银行成本管控和资源配置能力面临重大考验，业绩分化成为必然。

第二，竞争新常态。一是金融脱媒进度加快，集团向国际、大企业向市场、小企业向民间、新企业向私募的直融渠道不断拓宽，银行的中介作用正在弱化；二是涵盖银行、保险、证券、资管等领域的一站式综合金融服务成为大趋势，跨界竞争和混业竞争正在加剧；三是互联网、大数据、直销银行等新型金融业态打破了原有行业壁垒，行业格局正在重塑；四是民营银行、小贷公司等涌现，新的竞争格局在逐步形成。

第三，风控新常态。一方面，随着大资管业务而来的产品固有的交易结构风险，与银行原有的信用风险体系、管控思路存在一定区别，有效识别和控制风险的手段尚待进一步加强；另一方面，实体经济持续走弱、产业空心化加剧，使得金融行业的资产质量承受较大压力。同时，由于风险隔断机制的缺乏，单体风险易通过上下游、互保联保传导形成放大效应。

三、银行信贷产品创新的发展方向

（一）助力中小企业融资，调整商业银行信贷结构

现阶段，很多商业银行都提出了向零售型银行转变的发展目标。信贷支持以创新创业型为首的中小企业，是商业银行拓展零售银行业务的重要方面，可以调整传统的信贷结构，促进商业银行信贷业务的良性发展。

（二）加大中小企业信贷支持，提高商业银行整体收益

现阶段，商业银行信贷业务的收益能力在逐渐降低，一方面，是因为金融脱媒现象愈加明显，大型企业融资渠道丰富，不再完全依赖银行满足自身的资金需求；另一方面，由于大型企业规模大、实力强，具有强势地位和较高的议价能力，而商业银行则数量众多，信贷产品同质化严重，这些都减少了商业银行在传统大客户信贷业务中的收益。中小企业由于规模小、实力弱、融资渠道少、资金需求迫切，商业银行在中小企业信贷业务中能够拥有议价优势，获得较高的收益。因此，加大对中小企业信贷支持力度，能够提高商业银行的整体收益。

（三）支持中小企业，培育商业银行的忠实客户

随着中国资本市场的发展与完善，越来越多的大中型优秀公司可以上市、发行企业债券，这些新型融资渠道的出现，使得大企业不再单独依赖银行贷款来满足资金需求。而中小企业则更希望能够与银行合作，是商业银行未来重要的基础客户群和潜力客户群。

（四）创新中小企业信贷产品，增强商业银行的技术研发能力

技术是产品创新的制胜关键，商业银行开展中小企业信贷产品创新需要强大的技术支持。在网络化和信息化的背景下，商业银行中小企业信贷产品创新需要更可靠的技术来维护创新成果不被复制。这些因素不断激发商业银行加大对创新技术的投入，提高整体创新技术水平，有自主知识产权的信贷产品技术，必然提升商业银行的核心竞争力。

四、基于中小企业的银行信贷创新路径

（一）信贷理念与管理模式创新

商业银行要在中小企业信贷业务上有所成就，必须转变传统的信贷观念与管理模式，真正支持好和服务好中小企业。中小企业信贷理念与管理模式创新可以从两个方面着手：控制好还款保障，把控中小企业贷款风险；加快信贷流程的改造，从审查到放贷，从产品到贷后都要做到"小、快、活"。

（二）企业信贷专门化创新

信贷专门化是指在商业银行内部成立一个专门为中小企业提供服务的银行信贷部门，产品和运营机制应有别于传统的信贷机制。目前，几乎所有的商业银行也都在内部设立了类似于信贷专门化的"中小企业部"，但其信贷营销体制、组织架构和运作流程与传统的机制无异，相当于在银行内部又设立了一个"银行"。这不仅使银行机构更加臃肿、运营效率低下，同时由于重叠的机构设置所产生的费用被转嫁到融资的中小企业，导致中小企业的融资更加昂贵。因此，商业银行应建立真正的信贷专门化部门，对商业银行为中小企业提供融资、信贷服务中存在的难点进行创新，开发出适合中小企业的融资产品，真正发挥银行融资促进中小企业（尤其是中小企业）乃至国民经济发展的社会功能。

（三）担保方式创新

担保作为贷款安全的保障，是银行信贷业务中不得不考虑的一种方式，但是针对中小企业就不能拘泥于传统的担保模式，必须打破原来的担保框架，进行相应的变革。一是商业银行在接收企业实体抵押物的基础上要放开抵押物的种类和范围限制。例如，一些高新科技企业本身是"高成长、低资产"特点，无法提供过多实物抵押，往往不能顺利获得贷款。当前，可以积极探索针对中小企业的新型担保方式。如票据、存货、订单、股权、知识产权等都可以尝试作为新型担保方式。二是商业银行可以与中小企业行业协会、商会合作，探索聚集式担保，根据产业集聚推出专门的行业担保方式。三是商业银行可以与保险公司合作，拓宽保险公司的业务范围的同时，为中小企业客户提供更多他方

担保渠道。

（四）中小企业贷款信用评级体系创新

在企业及银行信息不对称的问题上，商业银行可以通过建立有效的、科学的企业信用评级体系来加以解决。在我国，银行系统中对于企业微观信用的评定如今尚未制定统一的标准，银行对中小企业的信用评价的标准仍缺少统一性。但是从总体上看，银行主要是把企业的信用以及企业家个人的信用有机结合起来考虑。银行对中小企业的信用进行相应的评级时，评定标准比较粗犷，且评级人员的专业性也并不是较强，因而会产生主观计分及重复计分的现象。因此，评价中小企业的信用时，银行首先必须达到专业化的要求，考核的项目一定要进行细化，必须提高其评级过程中统计分析的具体技术，对中小企业的具体档案进行详细的调查，待其评价合格之后才可以给中小企业放贷。

（五）信贷产品与服务创新

中小企业虽然有共性，但是数量众多、灵活多变的中小企业的个性化需求是无法凭借某一种或几种信贷产品就能满足的。银行只有想企业所想，不断创新研发推出信贷产品与服务，才能真正解决中小企业的融资难问题。一是分析检查现有的中小企业信贷产品与服务，丰富现有信贷产品体系，提出针对不同行业、地域、产业链式集群等方面的批量化中小企业信贷产品。可以根据中小企业客户具体的经营流程，原材料购买、产品库存、完成订单性需求等环节推出诸如"原材料支持贷、库存保障贷、订单在手贷"等信贷产品。二是推出"个性定制"信贷服务。针对企业的实力、经营、产品、客户、市场、竞争对手状况等进行深度分析与研究，"对症下药"提出专业的"诊断意见"，为中小企业客户提供具有针对性的信贷产品或者多种产品组合，必要时可以为企业推出全新的"定制版"信贷产品。三是结合担保方式的创新，推出新型中小企业信贷产品。以科技创业型中小企业为例，针对这些企业规模小、技术性强、无过大资产规模但成长潜力大、现金流稳定等特点，银行可以开发知识产权质押贷款、专利技术质押贷款、股权质押贷款、股东担保贷款、科技创新支持贷款、类股权投资贷款等信贷产品。

此外，银行应根据自身情况清晰定位，创建中小企业信贷服务机构与体系，及时配备中小信贷客户经理、产品经理、风控经理及信贷审批人员，加强培训力度，提升专业素质，为中小客户提供专业、高效的中小信贷服务。商业银行要鼓励支持分支机构根据当地经济与创新型中小企业发展的实际情况，结合分支机构自身特点选择潜力大、实力强、有特色的行业或产业集聚链进行深度挖掘，推出特色中小企业信贷产品与服务，打造属于自己的中小企业信贷特色品牌。

【案例 9 - 1】

新化农商银行：创新绿色信贷模式，助企绿色转型发展

为践行绿色金融发展理念，围绕聚焦"三高四新"、金融为民的高质量发展新要求，近日，新化农商银行党委书记、董事长郭汉文，党委副书记、行长聂晓斌一行深入湖南省专精特新"小巨人"企业、湖南科舰能源发展有限公司开展实地走访调研。

该企业是一家集高性能免维护、AGM/EFB 启停、新能源电池研发、生产、销售和废旧电池回收循环利用为一体的高新综合性技术企业，属当地绿色产业领域重点企业。在全国拥有 300 多家代理商、10 000 多家分销商，但货款结算的周期性使其积累了大量应收账款，挤占了流动资金，企业陷入了资金短缺的困境。在对科舰能源生产基地进行市场调研后，郭汉文表示："要充分发挥好金融振兴的先导和杠杆作用，深入贯彻创新、协调、绿色、开发、共享的新发展理念，将绿色金融作为我行经营发展和长远规划的重要方向，引导和推进绿色信贷业务，支持和开发绿色信贷项目，培育绿色信贷服务机制，着力发展绿色信贷。"

据悉，该行结合实际，为科舰能源等县内特色产业、高新技术企业、绿色能源等企业量身定制，推出"碳账户 + 央行再贷款 + 应收账款质押 + 绿色信贷"融资模式，创新"知识产权质押贷""应收账款质押贷"等融资产品，采取"整体授信、分次贷款"的方式，以货款应收账款、知识产权等作质押发放贷款，并通过"先贷后借"模式获得人行再贷款等政策工具支持，有力推动了县域内高新技术企业、绿色能源企业的高质量可持续发展。截至 2023 年 8 月末，该行各项贷款余额 152.6 亿元，较年初增加 13.23 亿元，其中绿色信贷余额 9 444 万元，同比增速 100%。

案例来源：奉洁波. 新化农商银行：创新绿色信贷模式，助企绿色转型发展. 人民网，2023 - 9 - 8. http://hn.people.com.cn/GB/n2/2023/0908/c356378 - 40562704.html.

第二节　中小企业委托贷款融资

一、委托贷款的内涵

根据 2018 年发布的《商业银行委托贷款管理办法》规定，委托贷款是指委托人提供资金，由商业银行（受托人）根据委托人确定的借款人、用途、金额、币种、期限、利率等代为发放、协助监督使用、协助收回的贷款，不包括现金管理项下委托贷款和住房公积金项下委托贷款。商业银行与委托贷款业务相关主体通过合同约定各方权利义务，履行相应职责，收取代理手续费，不承担信用风险。委托人可以是提供委托贷款资金的法人、非法人组织、个体工商户和具有完全民事行为能力的自然人。商业银行按照"谁委托谁付费"的原则，向委托人收取代理手续费。商业银行与委托人、借款人就委托贷款事项达成一致后，三方签订委托贷款借款合同。合同中载明贷款用途、金额、币种、期限、利率、还款计划等内容，并明确委托人、受托人、借款人三方的权利和义务。

二、委托贷款的特点

委托贷款作为较新的贷款方式，特点主要有以下几点。一是委托贷款的委托人一般是大企业，贷款规模较大。二是委托贷款的利率不是由商业银行确定，而是由委托人和借款人自行商定。三是委托贷款的形式趋向多样化，"一对一"逐渐扩充为"一对多"和"多对一"。四是银行在委托贷款过程中充当中介的作用，贷款主要风险集中在委托方，因此委托贷款分散了委托银行所承担的贷款风险。

三、委托贷款运行流程

委托贷款的运行流程可以简要地分成四步。第一步，委托人与借款人达成融资意向，协商确定贷款利率、期限等要素。第二步，委托人与借款人在商业银行开设结算账户，委托人向商业银行出具《贷款委托书》，并由委托人和借款人共同向银行提出申请。第三步，银行受理客户委托申请，进行调查并经审批后，对符合条件的客户接受委托。第四步，委托人在委托贷款发放前将委托资金划入开立的专用账户，商业银行按合同约定方式发放委托贷款。中小企业申请商业银行委托贷款的具体流程如图9-1所示。

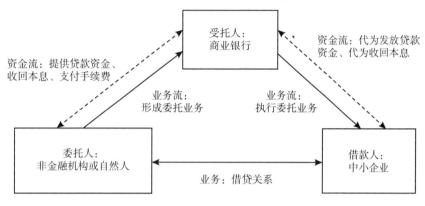

图9-1　中小企业商业银行委托流程

四、委托贷款对中小企业融资的影响

（一）有效降低交易成本

银行委托贷款对于资本的要求比较低，对于借款的抵押条件也比较宽松，可以根据借贷双方的具体情况决定借贷合同的内容。若是还款人在还款上遇到问题，双方还可以根据现实情况灵活地用最佳方案去解决。委托贷款可以降低中小企业的融资成本，使操作手续更加简易，操作起来方便简洁，并且贷款条件宽松，满足了中小企业对融资时效性、灵活性的需求。

（二）有效缓解市场信息不对称的问题

货币市场信息的不对称性是导致中小企业融资难的重要原因。而对于该问题的解决，可以通过借助关系型委托贷款来解决银行与企业之间的"软信息"问题，加强银行与企业之间的联系，以此来降低融资成本。比如，借贷双方有着良好的私人关系，并且存在着合作的关系。正是因为这种情况，贷款方会更加全面地了解借款方。若发现存在还款风险，贷款人可以迅速地采取行动去降低风险，这种信息的优势大大地降低了信息的不对称性带来的不利影响。

（三）监管不到位，造成中小企业的融资成本增加

大型企业利用自己的融资优势在传统银行中获取贷款，然后通过委托贷款的方式将资金以较高利息贷给中小企业。在这种情况下，大型企业实质上成为影子银行。而对于影子银行中的委托贷款监管的漏洞容易造成我国中小企业的融资成本变高。

（四）受地域范围影响大

委托贷款借贷范围小，难以满足大规模的融资需求。同时，对于外部环境的冲击没有抵抗力，发生金融危机等突发事件时会遭受巨大打击。

第三节　中小企业信用担保融资

一、信用担保的内涵

信用担保是一种介于商业银行与企业之间、将信誉证明和资产责任保证相结合的中介服务活动。担保人用自己的信用和资产为被担保人提供担保，从而增强商业银行对企业的信心，降低企业贷款难度。因此，担保本质上是风险的防范和分散。通过担保公司的担保，可以解决中小企业抵押、质押物不足的问题，贷款额度得到信用放大。开展信用担保业务较好地体现了政府对中小企业的政策导向，是推动中小企业科技进步、实现科技与经济相结合的黏合剂。

在企业向金融机构融资时，根据相关法律约定，合法的担保机构以保证人的形式为债务人提供向金融机构的担保。当债务人无法偿还其债务的情况下，由保证人依照所签署的协议来履行职责，这样可以确保金融机构实现其权利，保障其权利。信用担保是介于债务人和债权人之间的一个中介方，它的功效就在于使债权人的权利得以实现，促进社会的资金流通和相关产业的顺利发展。

商业信用与金融信用是信用担保所涉及的两大类。招标中要求承包人提交保证履行合约义务的担保是商业信用的运用，而担保人为被担保人向受益人融资提供的本息偿还担保是金融信用的体现。对企业的财产管理的确保和社会对企业的良好评价相结合的第三方服务，有助于增加企业的自身实力，使得债权人的权利

得以实现，促进企业的融资和企业的发展得到有效的支持。

二、信用担保的功能

企业在向商业银行融资过程中，信用担保机构是二者的中介机构。第一，中小企业本身资金或企业设施不够充足的时候，信用担保机构可以起到充实企业实力的作用；第二，信用担保机构可以使商业银行的融资风险减小，商业银行的贷款业务有所增加，促使资金流通。当中小企业有贷款意向时，可以向商业银行和担保机构发出申请借款及第三方担保的申请，通过对资产的评估和审查后，由中小企业向担保机构缴纳担保费后，银行就会发放贷款。在还贷时，债权人和第三方可以随时对债务人进行考察，到还款日时，担保机构要提醒债务人保证其还款，企业按时偿还债务的，可照常办理还款。如企业未按时还款，担保机构要遵照协议承担还款的义务，随后再实施自己的代位追偿权。三者的关系如图9-2所示。

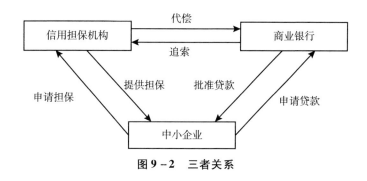

图9-2　三者关系

担保机构在中小企业中所起的作用包括以下几点。

第一，信用增级的作用。运用多种方式及金融资产来保证债务人按规定及时偿还债务，通过这种形式来提升企业的信誉，使企业在市场交易中更具有保证性，使得信用增级。信用增级大致可分为两种，即内部增级和外部增级。内部增级：依据企业本身的资产量来防止信用缺失，以此来为企业提供保证。外部增级：运用担保机构来提升企业的信用，为企业提供保证。中小企业自身的资质差，从而得不到融资，信用也会受到影响，故需要第三方来充实自身，通过第三方来增级企业的信用，并得到更好的发展。在中小企业发展过程中，信用增级使用广泛。

第二，信用传导的作用。担保机构的发展好坏直接影响企业和银行的合作计划。首先，当担保机构经营不善导致无法给企业担保时，会直接影响到企业的信用，就算企业发展良好，由于担保机构的原因，也会让企业面临无法延续向银行贷款的时机，给企业带来直接的损失。其次，担保公司所做的业务并不是为一家企业做担保，而是多家。如果担保公司经营不善，会出现一系列的资金问题，债务人无法偿还债务，银行无法收回资金，导致银行会有很多的死账、烂账。

第三，信用放大的作用。担保机构信用放大的作用体现在担保机构提供的信用担保超出自己实际的担保资金。当担保机构提供的信用担保资金已超出自身实际担保资金一倍的时候，就已经起到了信用放大的作用。信用放大得越多，所面临的风险和压力也会更多。国内外对担保机构的信用放大有不同的规定，我国对于该方面的政策是比较谨慎的，融资担保承担的责任不能超出其净资产的十倍。

三、信用担保的模式

根据信用担保机构运行方式的不同，信用担保模式可以分成三类：政策性信用担保、商业性信用担保和互助性信用担保。按这个标准，可以相应地把信用担保机构划分为政策性担保机构、商业性担保机构和互助性担保机构。

政策性担保机构，指的是不以营利作为主要目的的信用担保机构，主要是我国政府为了进行产业引导和帮扶中小企业而设立的扶持性机构。政策性担保机构常以地方或国家财政预算拨付的款项作为担保资金的来源，具有独立的法人资格和市场化的经营，但不把营利作为主要经营目的。政策性的担保主要运作方式是"政策性目标，市场化经营，多元化资金，企业化管理"。政策性担保这种形式最大的优点就是可以将政府资金的乘数效应发挥到最大，而且还可以利用市场机制的调节功能，更高效地配置社会资金，避免了行政部门的过多干涉。但是政府与担保机构的委托代理关系中存在着较高的道德风险。政策性担保不以营利为目的、以扶持中小企业为宗旨，意味着比其他类型的担保机构有着更高的代偿率，产生道德风险可能性加大，加大了财政负担。

商业性担保机构是以企业、个人出资为主组建，以盈利为目的，通过商业化运作，同时兼营投资业务的担保机构。在从事担保业务的同时，也会涉足其他一些高回报、高风险的投资活动，且通过其他业务领域赚取的利润往往占到商业担保公司收入的很大比重。该类型机构在我国起步较晚，但发展较快，目前其出资额已占到我国信用担保体系总出资额的70%左右。商业性担保自出现以来，经历了早期爆发式的野蛮生长，目前也随着经济增速的放缓经历着整个行业的阵痛期，主要原因还是商业性担保机构的主营方向发生偏移，在整个经济形势下滑的环境下，多线遭受损失。

互助性担保机构。互助性担保是市场上的中小企业自发成立的信用担保机构，主要是为了更顺畅地从银行贷款，不以盈利为目的，自我服务，风险自承。互助性担保往往集中在某一区域，关系方往往知根知底，这类担保机构主要分布在地市级及以下的基层，通常用来分散风险的手段就是合理地运用再担保。在发生风险时，先启用互助基金，而后不足部分再由再担保公司进行偿付。

目前，世界上信用担保比较完善的国家已经逐渐进入到信用担保机构有特定目标和专业化服务发展阶段，各种模式的担保机构有明确的分工。具体来说，商业性担保与政策性担保各司其职，分别为不同领域的中小企业提供贷款担保服务。互助性担保所占份额较低，一般出现在产业集群化地区。有些担保机构可能在承担政策性担保的同时，还经营着商业性担保的担保业务，但是机构内部对这两种信用担保模式在业务操作上泾渭分明。

四、中小企业信用担保融资存在的问题

（一）商业银行对担保机构的抵抗

由于商业银行和担保机构之间存在利益不均的问题，他们之间的合作也不稳定，尤其是以营利为目的的全商业性的担保机构，所承担的风险能力并不一定比银行强。因此，商业银行与担保机构合作的热情不太高。此外，信用担保机构属于新兴的领域，法律法规建设、外部监督机制、风险控制机制等都不完备，频频发生的担保操作造成企业和银行共同损失的经济事件严重打击了银行与担保行业合作的意愿。

（二）银信双方权利义务不等

担保机构以通过提供信用担保向企业收取担保费用为主要的收益，其担保抵押物主要是机构注册的固定资本和其他固定资产。一旦发生风险造成资本损失，很难通过其他方式补充回来，因此其承担风险的能力实际上是有限的。在实际业务操作过程中，信用担保机构与银行合作基本上是银行居于主导地位，在双方建立合作的条款中对利益的划分很明显地表现出银行的高利益和担保机构的低利益。甚至于在双方的合作过程中，担保机构并不占有利益成分，仅仅是在与中小企业的担保协议中才涉及收益。因此，信用担保机构与银行合作存在严重的利益与风险不对等、利益分配不均的问题，为后期的风险集聚爆发埋下伏笔。

（三）信用担保公司诚信缺失

利益分配不均、权利少义务多和高风险低效益的落差极易激起担保机构对企业、银行甚至政府的不满，加上法律监管不到位，担保机构负责人极容易陷入诚信危机。近年来，担保行业发生的几次大的担保机构危机事件，无一不与资金的不当挪用有关，使得本来对担保行业犹有存疑的商业银行面对一而再再而三的机构问题也只能望而却步。抑或选择有政府资金参与的担保机构，寻求风险规避。

（四）银信双方信息不通畅

一方面，虽然在法律上贷款合同会要求商业银行和信用担保机构承担连带责任，但是基于二者的管理体制不同，在跟踪贷款后期使用过程中，二者的关注点不同，导致双方信息交流不通畅。另一方面，信用担保机构在信息共享上往往难以和商业银行进行共享，商业银行更加关注的是信用担保机构进行代偿，而信用担保机构更加关注的是如何减少责任和从被担保的中小企业中获得偿还的资金。银信双方之间很少在被担保的中小企业出现违约后如何进行权责分工作出约定，一旦发生贷款未按时归还情形，银信双方容易产生纠纷，从而阻碍贷款业务的进一步发展。

第四节　中小企业过桥贷款融资

一、过桥贷款的内涵

过桥贷款又称"过桥融资""回转贷款"，是中小企业为归还银行到期贷款并重新续贷，在自有资金不足的情况下，通过各种方式筹措资金，在重新获取贷款后再偿还这部分资金的一种融资方式。过桥贷款是一种过渡性的短期资金需求，目的不是用于生产，而是单纯作为财务上资金链断点的衔接。过桥贷款期限一般在六个月以内，其中一个月以内的融资占比最高。过桥贷款的资金来源以企业、社会信用中介机构的短期闲置资金或投资性资金为主。过桥资金以追逐高收益为目的，由于在特定的时期，资金具有显著的稀缺性。供给方在借贷契约达成前处于谈判优势地位，能够索取较高的利率，其利率通常在月息 3% ~ 5%，高者会达到10%～15%。国内过桥资金的来源主要是企业、非正规的信用中介和个人等影子信用体系。有些地区的地方政府为解决中小企业过桥资金的风险问题，拿出部分财政资金设立了专门的"过桥"基金。

理论界对过桥资金、过桥贷款的研究是伴随着实践发展而逐步展开的。从国际经验看，过桥贷款一词最早出现在共管式公寓转化、政府债务问题以及房地产开发商短期融资等问题的研究中，主要运用在房地产融资及企业并购的资金周转中。过桥贷款虽能解决企业和消费者暂时性的短期资金需求，但过高的成本使得它不能作为长期融资的选择。

在国内，最初过桥贷款专指已落实中长期投资项目资金来源企业，在资金到位之前所需要的临时性、短期过渡性商业银行贷款。随着我国金融体系改革不断深化，过桥贷款的内涵不断扩大，日渐丰富，其主要运用方式有三种。一是与银行相关的过桥贷款，主要涉及企业借新还旧类资金周转业务；二是房地产类过桥贷款业务；三是与证券公司相关的过桥贷款业务。另外，过桥贷款还在拍卖业务、公司注册垫资、管理层收购和股权收购等各种短期性资金周转需求中被广泛使用。

二、过桥贷款的特征与存在的主要问题

（一）过桥贷款的"三高特征"及其利率的三种"追高怪圈"

企业过桥贷款呈现"三高"特征：一是过桥贷款资金占比高。二是过桥贷款资金成本高。三是民间融资比重高。同时，过桥贷款利率凸显三种"追高怪圈"。一是贷款期限越短，承负利率越高。二是资产规模越小的企业，承负的利率越高。三是贷款金额越小，承负的利率越高。

（二）过桥贷款存在的主要问题

第一，加大了企业融资成本。在当前经济金融运行比较复杂的环境下，企业遭受市场不景气和资金链持续紧张的双重压力。通过银行融资的企业为了保住其贷款诚信记录，不得不选择门槛低但利息高的非银行融资渠道获取经营和还贷资金，"过桥贷款"的巨额融资成本成为企业经营发展的巨大"包袱"。

第二，掩盖了信贷资产风险。《贷款风险分类指引》规定，对于借新还旧或者需通过其他融资方式偿还的贷款应至少归为关注类。但据对某县农村信用社存在"过桥贷款"现象的39户授信企业统计，有36户企业在该社贷款五级分类

中均为正常类，没有如实反映贷款五级分类形态。另外，由于"过桥贷款"的资金交易隐蔽性较强、借贷关系错综复杂，加上一些企业对"过桥贷款"融资情况讳莫如深，造成银企之间信息极不对称，直接威胁到银行信贷资产安全，造成了潜在的信贷资产风险聚集。

第三，诱发了银行员工道德风险。一些银行机构的客户经理为完成与绩效考核相挂钩的业务营销任务和信贷风险考核指标，仅关注企业能否按时全额还款，对其还款资金来源情况调查不充分，一些银行客户经理甚至以牟取高额私人利益为目的，利用自身掌握的大量借贷需求信息，为民间借贷双方"牵线搭桥"，从中赚取相应提成。更有甚者为促成借贷"中介"业务，不惜以身涉险，为借款提供个人连带责任保证，或者"另起炉灶"直接通过投放高利贷的方式，向急需归还银行到期贷款的借款人提供短期周转资金。如某银行客户经理利用其信息优势、公信力强的特殊身份，非法充当资金掮客，多方从民间筹措资金后，以个人名义直接与企业进行借贷交易，结果因资金周转不畅和债务沉重导致资金链断裂，客户经理连夜"跑路"，造成了十分恶劣的社会影响。

第五节　中小企业票据的贴现融资

一、票据贴现融资的内涵

票据融资又称融资性票据，是指票据持有人通过非贸易的方式取得商业汇票，并以该票据向银行申请贴现套取资金，实现融资目的。

在我国，商业票据主要是指银行承兑汇票和商业承兑汇票。以商业票据进行支付是商业中很普遍的现象，但如果企业需要灵活的资金周转，往往需要通过票据贴现的形式使手中的"死钱"变成"活钱"。票据贴现可以看作是银行以购买未到期银行承兑汇票的方式向企业发放贷款。贴现者可预先得到银行垫付的融资款项，以加速企业资金周转，提高资金利用效率。票据融资具有以下优点。

（1）银行不按照企业的资产规模来放款，而是依据市场情况（销售合同）来贷款。企业收到票据至票据到期兑现之日，往往是少则几十天，多则300天，资金在这段时间处于闲置状态。企业如果能充分利用票据贴现融资，远比申请贷款手续简便，而且融资成本很低。票据贴现只需带上相应的票据到银行办理有关手续即可，一般在 3 个营业日内就能办妥，对于企业来说，这是"用明天的钱赚后天的钱"，这种融资方式值得中小企业广泛、积极地利用。对中国众多中小企业来说，在普通贷款中，往往因为资本金规模不够或无法找到合适的担保人而贷不到钱，而票据贴现无需担保、不受资产规模限制，对中小企业更为适用。

（2）利率低。票据贴现能为票据持有人快速变现手中未到期的商业票据，手续方便，融资成本低，是深受广大中小企业欢迎的一项银行业务。票据贴现利率一般在人民银行规定的范围内，由中小企业和贴现银行协商确定，企业票据贴现的利率通常大大低于银行商业贷款利率，融资成本下降了，企业利用贷款获得的利润自然就高了。

二、票据贴现融资的种类

（一）银行承兑汇票贴现

银行承兑汇票贴现是指当中小企业有资金需求时，持银行承兑汇票到银行按一定贴现率申请提前兑现，以获取资金的一种融资业务。在银行承兑汇票到期时，银行则向承兑人提示付款。当承兑人未予偿付时，银行对贴现申请人保留追索权。

银行承兑汇票贴现是以承兑银行的信用为基础的融资，是客户较为容易取得的融资方式，操作上也较一般融资业务灵活、简便。银行承兑汇票贴现中贴现利率市场化程度高，资金成本较低，有助于中小企业降低财务费用。

（二）商业承兑汇票贴现

商业承兑汇票贴现是指当中小企业有资金需求时，持商业承兑汇票到银行按一定贴现率申请提前兑现，以获取资金的一种融资业务。在商业承兑汇票到期时，银行则向承兑人提示付款，当承兑人未予偿付时，银行对贴现申请人保留追索权。

商业承兑汇票贴现是以企业信用为基础的融资，如果承兑企业的资信非常好，相对容易取得贴现融资。对中小企业来说，以票据贴现方式融资，手续简单，融资成本较低。

（三）协议付息票据贴现

协议付息商业汇票贴现是指卖方企业在销售商品后，持买方企业交付的商业汇票（银行承兑汇票或商业承兑汇票）到银行申请办理贴现，由买卖双方按照贴现付息协议约定的比例向银行支付贴现利息后银行为卖方提供的票据融资业务。该类票据贴现除贴现时利息按照买卖双方贴现付息协议约定的比例向银行支付外，与一般票据贴现业务处理完全一样。

与一般票据贴现不同的是，票据贴现利息一般由贴现申请人（贸易的卖方）完全承担，而协议付息票据在贴现利息的承担上有相当的灵活性，既可以是卖方又可以是买方，也可以双方共同承担。与一般的票据相比，在协议付息票据中，贸易双方可以根据谈判力量以及各自的财务情况决定贴现利息的承担主体及分担比例，从而达成双方最为满意的销售条款。

三、中小企业票据贴现融资的难点

（一）票据综合结构的问题

长期以来，中小企业由于单个企业持票少、单张票面金额小、到期日零散、票据张数多、背书次数多等"零售"特点，使得贴现难度大、成本高、不易转卖，给商业银行在买卖和交易上带来了许多障碍。因此，商业银行更愿意办理具有"批发"性质的大企业签发的票据。

（二）票据市场工具单一性的问题

根据现行《票据法》的规定，票据市场主体只能办理交易性票据业务，不能办理融资性票据业务。而目前在交易性票据中，银行承兑汇票所占的比重远高于商业承兑汇票所占比重。这种近乎单一票据的市场，限制了中小企业票据融资的规模和范围，也不利于金融机构防范票据风险和保持票据市场的健康持续发展。

（三）票据市场缺乏统一性的问题

票据利率市场化后，出现各行相互压价的无序竞争现象，不利于全市场健康发展。2018年银保监会出台的《关于规范银行业金融机构跨省票据业务的通知》第四条写明"银行业金融机构应审慎开展跨省票据承兑、贴现业务"，但出于"审慎"二字的理解，目前较多银行系统不支持企业跨省贴现，限制了票据流动性，不利于资金双向融通。

（四）票据真实贸易背景的问题

近年来，监管部门和央行多次检查发现，虽然商业银行在办理票据业务时履行了审查之责，跟单资料也基本齐备，但延伸追踪检查的结果表明，相当数量的票据不具有真实贸易背景。脱离贸易背景签发、承兑的融资性票据实际上是一种短期债券，由于缺乏法律依据和市场信用评级，其潜在风险不容小觑。

（五）金融机构对票据业务风控管理的问题

一些金融机构为扩大承兑规模，规避承兑保证金管理制度而采用逆向操作，通过对办理承兑业务的中小企业发放贷款，先给予贴现资金后办理票据贴现手续。一些商业银行分支机构故意降低票据交易跟单资料，要求放松对出票（承兑）人资信状况的核查，降低票据交易利率，放宽承兑、贴现标准等。这一系列盲目扩大承兑的票据融资行为，所带来的风险远远大于它所解决的问题。

【案例 9 - 2】

票交所"贴现通"以科技赋能帮助中小微企业纾困解难

"贴现通"是上海票据交易所于 2019 年 5 月推出的票据创新产品，通过打造全国统一的贴现服务平台，为贴现主体提供了信息登记、撮合交易、清算结算等线上化贴现服务功能，旨在破除贴现市场信息壁垒，实现待贴现票据和待投放资金的精准匹配，提升票据贴现服务民营企业小微企业的效能。截至 2022 年 10 月底，"贴现通"业务已累计服务企业 1.93 万家，接受委托询价票据 10.99 万张、2 723.36 亿元，达成贴现意向票据 9.15 万张、2 437.63 亿元，业务范围遍布全国 31 个省、自治区和直辖市，为支持民营企业小微企业票据融资发挥了重要作用。

"贴现通"从多个方面进行了创新，具体如下。

一是促进贴现业务线上化、电子化。在充分市场调研的基础上，"贴现通"整合主流贴现机构受理审查要求，提供了企业基本信息、营业执照、财务报表、法定代表人信息、股东信息、受益所有人信息等多类贴现申请资料的上传功能，贴现申请人通过票据经纪机构完成电子化信息登记，相关资料后续均以电子形式线上流转，可重复用于询价。以系统生成标准化电子成交单、结算交割单取代传统的纸质贴现合同、贴现凭证，显著提高贴现业务效率。

二是提供丰富高效的交易方式。为契合贴现业务需要，"贴现通"设立了意向询价、挂牌询价、对话报价等多样化的交易方式，提供企业行业类别、规模大小、地域省份以及绿色、科技、民营等专属标签，促进贴现供需双方匹配和价格发现。

三是实现贴现机构全量覆盖。"贴现通"上线时，票交所系统已覆盖 2 613 家具有贴现业务办理资质的金融机构，包含 10 万多家系统参与者。通过对贴现机构的全量覆盖，贴现申请人可以通过一次询价触达全市场对手方，方便快捷实现全国询价。

案例来源：中国支付清算协会. 票据市场创新及风险防控案例汇编（2022）.

第六节　中小企业的质押融资

一、质押融资的内涵

质押融资是用质物提供质押担保获得融通资金的一种方式。质押是指债务人或者第三人将其动产或者不动产或权利凭证交付给债权人占有，以该动产或者权利凭证所表示的权利作为债权的担保。当债务人不履行债务时，债权人对该动产或者权利凭证予以折价拍卖，拍卖所得价款予以优先受偿的权利。质押包括以下特点。

（1）质押是以转移标的物的占有为成立要件。质押的成立以转移质押财产的占有为要件。涉及权利凭证的，以交付权利凭证为原则，以办理质押登记为例外。交付作为动产质权的生效要件，属于法律的强行性规定，依照物权法定主义的要求，不允许当事人任意设定或者约定，否则无效。

（2）质押的标的是动产或者权利凭证。作为保证债权实现的质物，必须是动产或者财产属性的权利凭证。由于转移标的物的占有为质押的成立要件，不动产不适宜转移，所以不动产不能成为质押的标的物。

（3）质押是担保物权，债权人具有优先受偿的权利。质押权是一种担保物权，是保证债权人到期债权的实现。债务人逾期不履行债务时，债权人请求人民法院拍卖，出卖出质财产，对于其他普通债权，债权人享有优先受偿的权利。质押的内容，是实现物权的交换价值的效力，具有排除他人的非法干涉及对标的物的支配效力。

本节重点讨论中小企业质押融资中常采用的应收账款质押融资和知识产权质押融资。

二、中小企业应收账款质押融资

应收账款是中小企业一项重要的流动资产，应收账款若能盘活，将为中小企业融资难问题的解决提供很好的途径。应收账款质押融资即是中小企业发挥应收账款融资功能的方式之一。

（一）应收账款质押融资的内涵

2007 年 10 月 1 日，实施的《中华人民共和国物权法》，规定了应收账款质押的合法合理性。应收账款质押融资是指贷款企业用应收账款作质押担保向商业银行等金融机构融资的一种方式。它的融资款项持有期较短，主要可为企业一年内的资金缺口提供支持，给企业提供及时的生存补给，以促进企业的长足发展。应收账款与其他担保物不同的是，它能够随着企业应收账款的收回来偿还贷款，也就是说它本身能产生一种还款机制；在以往的担保贷款中，在企业违约时，银行只能通过法律手段将抵押品折价购买或是拍卖获得赔偿，而企业使用应收账款的融资，其违约风险主要由第三方企业承担，商业银行原则上不承担风险；应收账款质押主要是依赖于企业的现金流，只要企业营运正常，现金流能够流入企业，那么就可以依期还贷。

（二）中小企业应收账款质押融资的主要特点

第一，融资期限短。企业用应收账款融资的使用的时间，一般为半年到一年，以满足企业对资金周转的需要。该贷款持有期限短，这正符合企业应收账款的回收期限短的特点，一般为一年以内，且贷款期限不应超过应收账款的回收期。

第二，应收账款质押融资贷款的额度差别较大。企业通过应收账款质押取得的贷款金额主要取决于该项应收账款的质量及数额。商业银行等融资机构一般是根据企业应收账款的质量来评定贷款百分比的。综合评估越高，企业取得融资款的金额就越高，额度一般为应收账款质押金额的60% ~80%。

第三，第三方企业（应收账款债务人）须实力雄厚。商业银行为了规避风险，一般倾向于对拥有信誉实力较强的第三方企业的贷款企业进行融资。

第四，受限因素多。从业务规模上看，因其融资比例有限，限制了其业务的发展。同时，商业银行对该项业务的严格审核也使其发展受到限制。

（三）中小企业应收账款质押融资运作机理及业务流程

中小企业应收账款质押融资是以贷款企业（应收账款债权人）的一笔或几笔应收账款作为质押保证给商业银行等质权人的。在合同规定的一定时间内和对应的资金数额条件下，以企业自由支配款项的方式，向商业银行（质权人）等机构取得短期贷款的模式。当第三方企业（应收账款债务人）一次或分批次将该应收账款归还到中小企业的账户中时，商业银行就可以通过账户取得还款，直到款项回收完毕，至此抵押关系相应解除。如果第三方企业由于其财务困难不能支付或故意拖欠款项，致使贷款企业应收账款不能按时收取，将会使商业银行面临资金风险。因此，商业银行在办理该项质押业务的过程中，不仅需要充分考虑第三方企业的还款能力和信誉，还需要考虑贷款企业的还款能力和信誉。只有贷款企业和第三方企业双方都具有良好的信誉及较强的偿债能力，商业银行才有意愿为贷款企业提供融资服务。

应收账款质押融资业务流程，如图 9 - 3 所示。

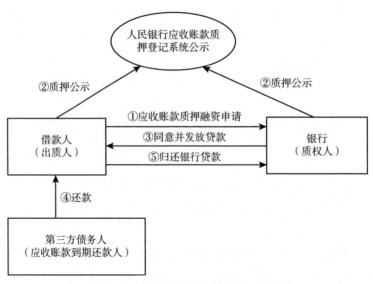

图 9 - 3　应收账款质押融资基本流程

（四）中小企业应收账款质押融资的主要风险

（1）信用风险。表现在若债务企业的履约能力不强，极有可能导致企业不能按期收回应收账款，将直接影响到企业按期还款，从而给银行造成损失。

（2）财务风险。主要体现在融资企业在贷款期内破产的风险。一般来说，应收账款质押融资企业大多数为中小企业，其经营受宏观经济变动的影响较大，季节性和周期性表现明显，抗风险能力比较弱，一旦决策失误就有可能产生连锁反应，直至破产。

（3）法律风险。包括违约风险、缔约过失的风险等。如债权和债务企业相互串通，签订虚假的销售合同骗取银行的资金，或者贷款资金不用于企业的正常经营或被企业挪用。此外，债务人在应收账款出质后仍可行使抗辩权、抵销权；如提出债权无效或可撤销、同时履行抗辩、诉讼时效抗辩、行使抵销债务的权利等，都会影响质押权的实现。

（4）操作风险。一是形式审查导致的风险。《应收账款质押登记办法》规定，质权人在办理质押登记时，需要提交的资料仅是双方签订的协议，而登记内容由出质人自行填写，征信中心只审查形式要素是否完备，对质权描述的合法性、真实性、完整性不承担任何责任。二是信息系统安全风险。现行的应收账款质押登记公示系统是以电子互联网络为平台的一种登记公示模式，在提供开放性、广泛性、便捷性等优点的同时，也为第三人的恶意登记、恶意注销、恶意异议等提供了方便，增加了质权人的风险。

三、中小企业知识产权质押融资

（一）知识产权质押融资的内涵

知识产权质押融资，是指企业以合法拥有的知识产权作为质押物向商业银行申请贷款，经第三方机构评估后获得融资，在有限的期限内按照约定的贷款利息进行偿还的一种融资方式。对于企业来说，可出质的知识产权有商标权、专利权、计算机软件、集成电路设计图等。其中，提供知识产权质押的债务人为出质人。当知识产权发生质押时，债权人就获得了知识产权的所有权。知识产权相比其他实物资产质押，债权和质权的实现决定了知识产权质押法律关系的存在和消失。知识产权质押融资具备了高风险、高收益的特点，同时以潜在的未来收益为还款来源，这就对质押融资的预期收益做了一个较高的限定。只有在能够获得较大收益的前提下，银行等金融机构才会批准科技型中小企业通过知识产权质押融资获得相应贷款。

知识产权质押融资是为解决企业尤其是中小企业融资难问题而产生的一种新型融资模式。对中小企业来说，因其资产规模较小、授信评级低，一直受融资难、融资成本高的困扰，严重制约了其发展。自 2009 年起，为解决中小微企业融资瓶颈，国家知识产权局在全国先后开展了知识产权质押融资试点工作、投融资服务试点及创建国家知识产权投融资综合试验区，为中小企业的发展送去了"及时雨"。

（二）中小企业知识产权质押融资的模式

我国当前知识产权质押融资业务虽然还没有形成规模的体系，但在国内许多地方已经有不同程度的开展，大多数地区知识产权部门已经采取不同行政措施扶持中小企业知识产权质押融资，大力加快了知识产权质押融资业务的发展进程。根据政府参与程度的不同，知识产权质押融资模式基本分为以下几种。

（1）政府行政推动型。这种模式属于政府参与程度最高的模式，整个过程都由政府以行政指令方式参与。政府要求指定的金融机构资金支持以知识产权进行质押融资的中小企业。虽然这种模式市场化程度很低，目前进行得还比较少，但仍可以说明政府已经开始重视促进知识产权质押融资的发展，为之后国内各地全面构建知识产权质押融资体系奠定了基础。

（2）政府出资担保型。在这种模式中，政府提供专门的支持资金并且设立知识产权质押融资平台服务于知识产权质押融资。融资过程是以政府为背景的中介作为政策性担保机构履行担保职能，贷款企业主要由政府进行挑选，银行决定权较小，政府主要承担了企业知识产权质押融资其中的风险。政府为企业质押贷款提供专门财政基金担保或者由政府相关部门向金融机构推荐该企业。

（3）政府补贴融资型。此种模式是指政府创造条件引线搭桥，并且引入担保机构分担风险，划拨专项资金来补贴资息或评估公司、律师事务所等中介费。该种模式下政府参与度较低，完全由中介机构承担相关风险。因此，实际运作中对融资方的各方面要求比较严格，筛选更加谨慎。当前，该种偏重市场导向、政府补贴的知识产权质押融资模式是业务规模最大的一种，有力地加快了知识产权质押融资业务的推广普及。

（4）政府环境推动型。此种知识产权质押融资类型是以市场为主导模式，从选取适当的企业到接受质押融资并承担风险，一系列过程都由商业银行独立完成，政府的作用主要是作为引导向银行推荐一些优质中小企业进行知识产权质押融资，从环境上推动。但由于这种模式政府参与程度非常低，缺乏政府的资金支持，风险完全由贷款银行承担，造成了银行参与积极性不高，业务规模较小。

（三）中小企业知识产权质押融资的主要风险

1. 评估风险

知识产权评估的风险是知识产权质押融资风险中最重要的风险。准确的估价会为融资提供详尽的知识产权价值信息，为金融机构的风险管理提供可靠的依据。实践中，知识产权评估具有较大风险。评估风险产生的主要原因包括：（1）理论和实践存在距离，理论的合理性在实践中却很难具有可操作性；（2）规范化的评估流程尚未形成，使得不同机构的评估结果差距较大；（3）金融机构、担保机构、评估机构和中小企业的协作机制还需要进一步明晰；（4）受社会其他影响因素较多，取得评估结果的精确性和权威度受到挑战；（5）倒评行为普遍存在，不是从专利价值到融资额度，是先定好融资额度再去寻找专利的价值点；（6）尽管已经有不少规定涉及监督管理问题，各级评估协会也履行相关责任，但仍然不能满足评估需要。

2. 法律风险

中小企业知识产权质押融资中的法律风险，既包括法律制度不成熟引致的风险，也包括知识产权本身在法律状态上的不稳定造成的法律风险。一方面，《民法典》只是较为概括性地将动产质押和其他权利质押的规定用于知识产权质押融资方面。依照规定，质押知识产权的变现可以采用拍卖、变卖、折价抵偿等方式。但知识产权具有的特点决定了其不可能像动产质押一样使用这些方式来实现其价值，立法者只注意到权利质押与动产质押的相似性，忽视了权利质押制度本身所具有的特点。另一方面，知识产权权利的制约包括时间上的制约、空间上的制约和权利行使方式的制约。这些制约使得知识产权并不是在任何时候、任何地方、针对任何使用行为具有同样的权利效力。知识产权可能处于过期、邻近过期、无效、申请而未授权等各种阶段，这些阶段的风险是不同的。其中，知识产权被宣告无效的风险更为显著。因此，知识产权的法律风险将会影响知识产权质押融资的风险，使得企业、担保机构、金融机构之间的关系可能处于一种不稳定状态。

3. 经济风险

中小企业知识产权质押融资的经济风险主要包括质押物变现难度产生的风险、知识产权价值衰减产生的风险、交易市场不完善产生的风险。在质押变现方面，银行不能像票据质押一样直接占有财产，甚至难以对知识产权进行有效控制。知识产权的许可和转让相对于有形动产而言受到更多的法律制约，其流转需要登记等各种要求，交易市场相对比较狭小。金融机构获得质押物，但要将质押物变现却有着实际困难。一旦中小企业不能清偿债务，质押的知识产权不能变现，金融机构便具有较大的经济风险。在价值衰减方面，由于技术发明的不断进步，技术被更新换代的速度在加快，知识产权的技术价值随着时间变化而不断衰减。知识产权技术价值的衰减直接导致其经济价值的衰减。而知识产权保护的期限性使得知识产权的法律生命随着时间也逐渐减少，也会削减知识产权的经济价值。在交易市场方面，目前我国知识产权资源的交易结构不完善，交易成本过于高昂。如果企业不能清偿融资，金融机构只能对知识产权加以变现，但因为交易市场不成熟，难以实现其经济价值。

【案例9-3】

知识产权就是现金流

2021年9月7日上午，在"温西工具"集体商标质押融资签约仪式暨"工具速贷"产品发布会上，温岭市工量刃具协会凭借"温西工具"集体商标获得了温岭农商银行10亿元的授信，惠及行业内200多家企业。这也是浙江省首笔制造业集体商标质押融资，既开了先河，也盘活了集体知识产权资源，为企业融资拓展了新路径。

作为"中国工具名城"，温岭拥有全国最大的工量刃具销售网络，辖内的浙江工量刃具交易中心已成为产值超百亿元，集产、供、销于一体的集散地。近几年，温岭工量刃具企业建立起了技术研发创新体系，在一批综合竞争力较强的行业龙头骨干企业的带领下，涌现出了一批快速成长、富有活力的新兴企业以及一批位居细分行业前列的"隐形冠军""单打冠军"，而技术创新、商标品牌等知识产权在行业发展过程中可以说是功不可没。

为进一步加强行业知识产权保护，大力推动区域品牌建设，提升温岭工量刃具产品影响力，2020年7月，温岭市工量刃具协会成功注册申请了"温西工具"集体商标。

为了更好地引金融"活水"浇灌制造业"良田"，助力工量刃具产业高质量发展，温岭农商银行经过综合评估和走访调研，确定"温西工具"品牌价值超30亿元，确定给予该集体商标质押融资授信10亿元。

此后，在市场监管局的指导帮助下，该行向国家知识产权局商标业务台州受理窗口提交了质权登记申请，在2个工作日内领取了商标专用权质权登记证，成功办理了全省首笔制造业集体商标质押融资，进一步推动"知产"转化为"资产"。

当天，温岭农商银行与市市场监管局签署了《党建共建暨战略合作协议》，并针对工量刃具行业发布了专属的"工具速贷"贷款产品。

值得一提的是，除了此次集体商标质押融资，温岭农商银行 2020 年还曾与温岭市市场监管局携手发放了浙江省首笔"专利权、商标权、著作权"三合一混合质押担保贷款，开了浙江省混合质押贷款先河。截至目前，该行已办理知识产权质押登记 24 笔，金额达 6.5 亿元。

2020 年，温岭市共有 175 家企业以 430 项知识产权质押，完成知识产权质押登记 204 笔，质押金额达 65.5 亿元，居全国各县（市、区）第一。其中，专利权质押金额达 51.82 亿元，同比增长 1 712.67%；商标权质押金额达 13.68 亿元，同比增长 186.55%。自 2021 年以来，温岭市市场监管局又推动实现专利质押登记 23.49 亿元，商标质押登记 40.64 亿元，有效盘活了知识产权资源，为温岭市推动优势产业发展、助力共同富裕先行市建设注入了一剂有力的"强心针"。

案例来源：温岭市人民政府网. 知识产权就是现金流全省首笔制造业集体商标质押融资落地温岭（节选）. https：//www. wl. gov. cn/art/2021/9/9/art_1544473_58971258. html.

本章小结

由于中小企业具有高风险、轻资产、信用记录少等特点，取得传统的银行信贷融资仍存在一定困难。然而，相比股权融资的难度与成本，银行信贷融资对中小企业经营发展尤为重要。近年来，国家不断加大对中小企业的金融支持政策力度，商业银行也在积极探索银行信贷产品创新。中小企业需充分结合自身发展特点，以企业拥有的核心资源作为获得银行信贷的信用保证，积极取得第三方权威机构的背书，主动参与商业银行信贷创新产品的设计，实现银行信贷融资的降本增效。

本章思考题

1. 请谈谈自己对银行信贷创新内涵的理解。

2. 请比较分析不同银行信贷创新模式的特征及其适用性。

3. 请结合企业实例，简要分析银行信贷产品创新的可能方向。

4. 请从商业银行的角度分析银行信贷产品创新面临的潜在风险以及如何管理风险。

本章案例分析

"财园信贷通"破解中小微企业融资难题——力烁制衣的筹资之路

2020 年，一场突如其来的新冠疫情，将正在高速发展的力烁制衣置于灾难的危机。受新冠疫情影响，境外消费者对服装的需求急剧下降，导致境外客户的付款能力和付款意愿下降，应收账款期限延长，收汇风险增大，资金回笼节奏减缓，现金流日益紧张。另外，由于部分订单延期或取消，以及成品运输不出去，导致存货挤占了大量资金，水电、房租、工资等刚性支出不降，进一步加剧了公司资金紧张的状况。

通过银行柜台窗口、网上银行、电话银行等渠道，财务经理咨询了多家银行的贷款信息，包括银行贷款产品、贷款流程、申贷人的条件、需提交的资料等。为降低资金使用成本，财务经理向建设银行、中国银行、江西银行等多家银行表达了贷款意向，以期从中挑选一家利率比较低的银行。

然而，在银行看来，力烁制衣这类缺乏有效抵押物的中小微企业就是"小麻雀，肉少还容易飞"，多家银行中只有一家江西省本土银行 A 有初步合作意愿。根据 A 银行要求，财务经理除了向其提交营业执照、税务登记证、组织机构代码证、开户许可证、公司章程、验资报告、法定代表人以及股东的身份证等反映企业基本情况的资料外，还提交了近 3 年的年报和近 3 个月的月报、水电费单据、征信报告、经税务部门盖章的纳税证明、企业资产证明等。力烁制衣不但准备这些资料花费了很长的时间，而且接受贷前调查耗费的时间更长。接下来，力烁制衣就陷入了漫长的等待中。这段时间里，虽然车间的生产仍在继续，但是公司账上的流动资金已经坚持不了 2 个月了。

通过实地考察、召开座谈会以及接触关联企业等方式，银行客户经理对力烁制衣进行了深入细致的考察，考察的重点主要是公司的领导者素质、经济实力、资产质量、偿债能力、发展前景、经营效益六个方面。然而，经过半个月的调查，力烁制衣在银行客户信用评级系统显示的最终企业评级为 B 级。相较于其他指标，力烁制衣的经济实力和资产质量评级较差。前者是由于力烁制衣银行账户上现金流不佳，企业名下没有厂房和办公楼，缺乏实力强的担保人和有效抵押物；后者是由于力烁制衣仓库滞留了大量的原材料、产成品等存货，资产变现能力差。

"非常遗憾，由于贵公司的最终评级为 B，你们此前提交的贷款申请不被通过。主要归咎于这几个原因。一是缺少有效抵押物和实力强的担保人。你们公司的厂房是通过租赁得来的，不能作为抵押物。虽然你们可以抵押服装智能吊挂设备和生产线，但这些设备具有专用性、专业性的特点，和常用于抵押的厂房、土地使用权相比有其特殊性，变现能力较差，不能满足我们银行抵押物的要求。二是我们银行对贵公司不够了解，很难评价贵公司的信用、前景以及资金使用效率等。所以，很抱歉，你们初步提交的贷款申请不被通过。但是，如果你们可以抵押股东名下的房产、地产，或找到实力强的人或机构做担保，那么信用评级还可以再提高。"银行客户经理遗憾地说道。

财务经理了解到当地政府出台了一项支持中小微企业复工复产的优惠政策——"财园信贷通"。在这种政策下，政府充当担保人的角色，为中小微企业增信，帮助中小微企业获得无抵押、无担保、低利率的流动资金贷款。财园信贷通申贷流程，如表 9-1 所示。

表 9-1　　　　　　　　　　　　　　财园信贷通具体申贷流程

申贷流程	说明
1. 与银行对接	企业与银行进行双向选择，确定财园信贷通业务的合作双方，合作银行对申贷企业进行贷前调查，办理人员为各银行业务人员。若企业未找到合作银行但又符合财园信贷通申报条件，则由园区管委会帮助企业寻找合作银行
2. 书面申请	有意愿申请"财园信贷通"贷款的企业，携带企业申请表、营业执照、纳税证明等《财园信贷通贷款企业材料清单》所要求的资料，向"财园信贷通"领导小组办公室提出书面申请
3. 贷前调查	各成员单位（区财政局、区税务局、区市场局、区人社局等）根据自身职责对申贷企业进行调查，根据调查结果确定信贷规模
4. 会议推荐	由领导小组召开"财园信贷通"融资项目评审会，对申贷企业进行审核，将会议审核通过的企业名单公示三天
5. 平台申请	对于公示无异议的拟贷款企业，可在智慧财园信贷通综合服务平台发起申请（http://www.smes-services.com/Home/Index）
6. 出具推荐函	平台审批完毕后，"财园信贷通"协调领导小组将在 3 个工作日内向合作银行出具财园信贷通贷款推荐函，企业可在 3 个月内申请财园信贷通政策支持

续表

申贷流程	说明
7. 银行报批	合作银行根据领导小组推荐函及企业提供的相关贷款材料，3 个工作日内完成信贷审核工作
8. 缴存保证金	江西省财政厅、园区财政按照 1∶1 的比例，在合作银行存入财园信贷通贷款风险代偿保证金，合作银行按不低于保证金的 8 倍安排贷款额度

全面了解"财园信贷通"后，力烁制衣的负责人许娜和财务经理一致认为这种融资方式非常适合公司，决定马上办理相关手续。鉴于江西省农村信用社联合社（以下简称"农商银行"）所提供的信贷规模已达到全省财园信贷总量中的半壁江山，是财园信贷通合作银行的中坚力量，许娜决定寻找农商银行合作，同时向财园信贷通协调领导小组递交了书面申请及相关材料。

领导小组办公室收到力烁制衣的申请材料后，对材料的完整性、合规性进行审核，审核通过后发函至财园信贷通协调领导小组成员单位征询相关意见。成员单位包括青山湖区税局、区公安分局、区法院、区人社等 10 个部门。成员单位收到征询意见函后需在三个工作日内回复反馈，若在三个工作日内不反馈则视为同意。根据成员单位的回函情况，力烁制衣在税收缴纳、生产经营等方面不存在违法违规情况，各部门均同意该公司申报财园信贷通。

随后，园区负责财园信贷通工作的专干与农商银行客户经理，前往力烁制衣进行实地考察，了解公司的实际生产情况、经营稳定性、财务状况等。次日，园区财政局牵头召开"财园信贷通"协调领导小组全体会议，讨论力烁制衣的贷款条件和申请资格。会后，领导小组向南昌力烁制衣有限公司开具了财园信贷通贷款推荐函，告知其财园信贷通业务申报成功。与此同时，江西省财政与园区财政按照 1∶1 的比例，分别在农商银行存入 31.25 万元的贷款风险保证金。在领导小组的推荐下，力烁制衣在农商银行成功融资 500 万元，利率仅为 4.2%，远低于市场上 6% 的实际利率。对于力烁制衣而言，这笔资金就是及时雨、雪中炭，有了这笔资金，公司就能顺利完成服装的生产和销售，有效缓解了流动资金周转问题。

针对生产经营正常、信用状况良好的企业，"财园信贷通"合作银行提供"无还本续贷"服务，发展态势越来越好的力烁制衣自然顺利通过了续贷申请，省去了还贷再申贷的审批时间，也省去了 1% 的筹资费，实现了新旧贷款的无缝衔接，为公司做大做强创造了有利条件。

"财园信贷通"通过政府"搭台子"、银行"唱主角"、企业"得实惠"的合作方式，开创了中小微企业融资新模式，有效缓解了中小微企业融资难题。

案例来源：马杰，黄丝兰．"财园信贷通"破解中小微企业融资难题——力烁制衣的筹资之路．中国管理案例共享中心，2023．

案例思考题

1. 对于力烁制衣而言，融资究竟难在哪里？

2. 为什么在"财园信贷通"政策性融资模式下，银行愿意放贷给力烁制衣？

3. 为进一步破解中小微企业融资难题，请分别从政府、银行、中小企业等角度提出建议。

第十章

中小企业集群融资

中小企业融资需求较旺盛，然而受限于自身经营风险等因素，银行信贷融资往往较难满足其融资需求。随着市场竞争愈加激烈，产业发展凸显出区域集中化趋势，中小企业在不同地域形成了具有鲜明特色的集群。产业集群所显示出的效应，尤其是在融资方面其独特的优势越来越明显。集群融资可以削弱普遍存在的"信用误区"，增加集群内每一个中小企业的信用度，提高资金的利用效率和周转率，实现资金的规模优势。因此，对于面临银行信贷约束的中小企业而言，集群融资也是一种行之有效的融资模式。本章将系统介绍中小企业集群融资的特征、种类、运作流程等相关问题。

本章的学习目标

1. 理解集群融资的概念、意义、发展条件
2. 掌握不同类型集群融资方式的特点与差异
3. 能够结合中小企业的债务融资需求和自身约束，合理选择集群融资模式，规划集群融资运作流程
4. 了解集群融资的特殊风险

 引入案例

徐州举行"343"创新产业集群四链融合对接会

2023年8月15日，徐州举行"343"创新产业集群四链融合对接会。"四链"融合本质上是政府、企业、高校和科研院所、金融服务机构等各方力量协同配合，相互作用，共同推进形成的创新生态。

徐州市地方金融监督管理局局长孙秀云发布资金需求清单，全面梳理出 168 家企业，总融资需求 524.03 亿元。其中，优势创新产业集群需融资 359.83 亿元，占比达到 69%，新兴创新产业集群占比 16%，特色创新产业集群占比 15%。"从融资额看，'专精特新'中小微企业融资需求旺盛，是我们各类金融机构服务的重中之重。"据介绍，在 173 个项目中，1 000 万元以下 58 个，占比 34%；1 000 万~5 000 万元 49 个，占比 28%；5 000 万元以上 66 个，占比 38%。

"我们突出需求导向、聚焦短板弱项，面向全市广大企业征集遴选形成了 126 项技术需求，意向投入达到 22.7 亿元。"徐州市工信局局长张长缨介绍，其中，工程机械等优势创新产业集群 66 项，主要面向电动液压泵、变速箱等产品和技术领域；数字经济等新兴创新产业集群 42 项，主要围绕城市数字孪生开放平台、AI 算法中台等产业领域。高端纺织产业等特色创新产业集群 18 项，主要围绕低碳功能性纤维材料、混纺和色纺的并条技术、石墨烯改性多功能聚酯新材料等产品和技术领域。

案例来源：人民网. 徐州举行"343"创新产业集群四链融合对接会 24 个优质项目现场签约（节选）. http：//js. people. com. cn/n2/2023/0815/c360301 –40532504. html.

第一节　中小企业集群融资概述

一、中小企业集群概念

中小企业集群是一种地区性经济现象，是众多生产、经营上相似或互补的、联系紧密的中小企业在地理区域内的高度集中。在集群内部，中小企业通过集群社会关系网络进行频繁互动、交流，共享信息、终端产品市场、原材料市场等，产业集群提供了中小企业共同发展、风险分摊的平台。对于中小企业而言，企业集群的存在打破了单个中小企业发展的局限性，使得中小企业的发展与集群整体发展相结合，通过集群的竞争优势不断实现自身的发展。

具体来说，中小企业集群可以从这几个方面来界定：一是，中小企业集群是不同企业和产业间功能相互联系的结果；二是，中小企业集群是一种具有旺盛生命力的发展趋势；三是，中小企业集群超越了单个企业、产业的局限，各个企业只是构成集群的一个部分。

追根溯源，企业集群一词，最早见于马歇尔在 1890 年出版的《经济学原理》一书中。马歇尔认为，某一区域内的某种产业在空间上的聚集，使该区域企业的生产成本出现下降，形成外部规模经济，进而促使中小企业产生集聚现象。马歇尔主要针对"外部经济"的角度对企业集群进行了探讨，而外部经济性理论后来发展成为学者们研究中小企业集群理论的主要理论基础。这种积极的外部效应来源于劳动者熟练的劳动技能、社会各种劳动分工的紧密配合和相关服务的效率提高。这种外部规模经济非常重要，经常能在一些功能、性质非常相似的中小企业集聚的地方得以体现，而这些产业集聚的地区就是集群化地区。

二、集群融资概念

集群融资是伴随着企业集群的出现和发展，逐渐形成的一种企业融资体系和各种运行机制（主要包括合作机制、价格形成机制、信息共享机制、风险机制、横向监督机制等）的组合。企业作为集群融资体系的主体，打破了传统形式下企业与投资者的单独交易，通过企业间的内在联系，将其各自的信用资源重新整合，使得企业在融资能力上产生规模优势。

集群融资立足于产业集群的发展。在集群融资体系中，企业个体的融资行为与集群整体紧密结合，企业不再作为单独主体与银行进行谈判、议价等信贷交易，打破了传统的银企信贷融资模式。

集群融资是融资模式创新的结果。产业集群为企业频繁的互动、交流提供了平台和空间，随着企业经济行为嵌入整个集群网络，由此产生的产业链、价值链进一步深化了企业间的合作，推动了企业信用资源的重新配置、整合。许多企业组建的融资团体，打破了单个企业抵押物不足的困境，从而有效增强了企业的议价能力、增加了企业的信贷可得性、降低了企业的交易成本。

三、中小企业集群融资概念

当前，中小企业融资面临巨大困境，虽然国家出台了很多金融改革政策与扶持方案，但仍不能从根本上解决中小企业的融资问题，中小企业要彻底地走出融资困境，仅仅靠外部的力量是不够的，需要找到一个能自己掌控的方法，而集群融资就是这条解决之路。集群融资的基本方式有集合债券、集合票据、集群担保、团体贷款等。

集群内的中小企业通过生产关系而形成本地网络，成员包括上游供应商、下游的销售商及其网络、客户、其他的关联企业等。该网络系统中每个企业都是一个网络节点，从而可以让企业集群先面对市场，然后再是集群内的具体企业。因此，中小企业不仅能够保持原有的反应灵敏、灵活多变的特性，且容易形成集体规模，有规模经济以及依靠区域空间而产生的竞争优势。融资过程中产生的信用行为，会因中小企业集群而产生相应的变化，该变化削弱了融资过程中的信息不对称以及融资成本过高等制约性的问题，从而提高中小企业的融资能力。因此，中小企业集群可以解决单个企业融资难的问题。总的来说，中小企业集群融资是指依靠中小企业产业集群而产生的一种新的中小企业融资机制及各种运行机制的组合。

四、中小企业集群融资的意义

（一）有利于降低银企信息的不对称程度

中小企业与银行等金融机构之间的信息不对称是阻碍中小企业融资的重要因素之一。中小企业普遍存在管理混乱、财务信息缺乏、第三方会计师事务所审计等问题，银行难以通过从企业获得的"硬信息"判断企业真实的经营情况。因此，一定程度上，银行会通过考察中小企业的"软信息"判断企业的发展前景和违约风险。企业集群内的企业地理位置高度集中，处于复杂的集群社会关系网络内，频繁的互动、交流过程中，企业各自的信息在有限的范围内迅速传播实现共享，从而有效克服信息传播的时滞效应。一方面，集群内部的企业之间形成了横向监督机制与互助担保机制维护集群声誉。另一方面，集群内中小企业、银行等金融机构、地方政府、行业协会、担保机构等中介服务组织之间互动频繁、联系日益密切，随着集群的演化，它们之间逐渐形成横向监督机制。在产业集群环境下，信息透明度的提高增加了中小企业在融资过程中获得集群网络中优质企业为自己担保的可能性。一方面提高了银行对企业进行贷前授信评估的效率，另一方面使得银行对贷后贷款资金运用的状况监督更为全面。

（二）有利于降低银行放贷风险

信贷违约风险是银行参与信贷交易时面临的主要风险之一，如果企业不能及时偿还贷款或不能偿还全部贷款，将直接导致银行的不良资产率上升，核心资本比率降低。集群内中小企业与上下游其他企业之间存在密切的联系，企业的生产活动与整个产业集群的发展存在高度的相关性。集群内的中小企业可以充分享受到集群内公共的基础设施、政府的税收优惠政策等。集群特有的文化推动了集群企业共同遵守的社会规范的形成，长期利益的追求，使得企业的经济活动更符合法律法规的要求。立足于集群内的中小企业，注重长期社会资本的积累，由于维护自身声誉的需要，一方面企业的行为更加理性，另一方面，企业的经营活动更符合市场经济的内在发展规律，具有稳定性，在一定程度上使得银行可以同时对集群企业进行大批量考察，通过预测集群的整体风险来评估集群内中小企业的经营风险，降低了其考察成本，又化解了信贷风险。

（三）有利于降低融资成本

在目前我国资本市场不发达的情况下，中小企业对传统的银行贷款依然具有较强的依赖性。当中小企业处于集群中，地理位置的集中推动了产业链、供应链的形成，企业间的频繁互动使得企业的经营信息得以实现多路径、多维度的迅速传播，一方面，企业更容易找到信誉高的企业与其达成长期合作，社会资本在长期的合作过程中得以积累；另一方面，银行更容易了解掌握企业的经营状况和违约风险，银行调查成本的降低使得银行对中小企业设定贷款利率水平时也有所降低，无疑也会降低企业从银行融资的成本。此外，集群中处于一条产业链的企业之间交易频繁，发达的社会网络强化了企业之间的信任合作，进而推动了企业社会资本的建立，企业自身积累的信誉成为其可以顺利获得上下游合作企业商业信用融资的关键。这种集群内的商业信用融资一定程度上降低了企业的间接融资成本，解决了中小企业的融资难题。

（四）有利于增强信用程度

产业集群内中小企业成为集群网络的构成单元，企业个体的经济行为与整体产业集群的发展高度相关，企业以产业链、价值链、供应链、产品链为媒介与集群内其他企业、金融机构、行业协会和地方政府频繁互动、交流、沟通，长期的、稳定的合作关系得以建立，在长期合作过程中积累的信誉提供了中小企业融资时信用增级的工具。发达的集群社会网络，提高信息传播速度的同时降低了信息传播的失真程度和滞后性，有良好信誉的企业，可以很容易地找到生产合作伙伴，在融资时容易得到银行的青睐。因而，产业集群逐渐形成的社会规范成为企业共同遵守的准则，企业欺诈动机会减少，就降低了银行的放贷风险，提高了银行与中小企业进行信贷合作的积极性。

（五）有利于获得担保抵押支持

抵押物不足、担保条件苛刻，是制约中小企业获得银行贷款的重要因素之一。银行为了降低贷款风险，往往要求中小企业提供贷款抵押或信用担保。然而，中小企业可供抵押资产少、信用不佳等现实问题致使其面临融资困境。在集群内，企业同处于产业链上，地理位置的集中推动了企业之间的合作和交流，信息在企业互动过程中得以传播。随着企业之间了解的加深，信用良好的企业融资时，集群内其他企业能够为其提供信用担保、抵押和其他可能的安全支持，使其顺利获得融资。

五、中小企业集群融资发展条件

（一）政府支持与协调

"集群融资"实质上是一种金融创新，因此需要政府的支持与协调。地方政府对中小企业融资难的问题一向高度重视，积极为中小企业融资提供政策支持，地方政府职能部门采取政策引导、资金支持、推进信用担保体系建设等多项措施，帮助中小企业进行集群融资，很大程度上缓解了中小企业融资难题，促进了中小企业的快速健康发展。

（二）企业集群发展

中小企业由于经营风险高，可提供担保的抵押物价值不高等原因，往往不能达到银行信贷融资条件。通过产业集群，中小企业间地域上的邻近性和产业的相关性，将更有利于银行对信息的获取，也更有利于银行发放贷款取得规模经济效应。因此，基于产业链特点，形成强势的产业集群，将会大大提高中小企业的集体融资能力。我国各地各级各类的经济开发区为中小企业集群发展提供了有利条件，企业也应慎重选择，"集群而居"。

（三）培育合格中介组织

中介组织在金融市场的发展中所起的作用是至关重要的。尤其对于"集群融资"，各发行人可能处于不同产业领域，过去也不一定有较多的业务联系，缺少相关人才，融资方案设计复杂等，对具有协调能力和专业技能的中介组织存在较大需求。因此，政府应逐步从中退出（作为支持者而不是参与者），着力培育合格的中介组织，提高"集群融资"的市场化运作水平。

第二节 中小企业集合债券

一、中小企业集合债券概述

中小企业集合债券是通过牵头人组织，若干个中小企业所构成的集合作为一个发债主体，采用统一的债券名称，统一发行，统一偿付，但各企业各自确定发行额度，分别负债的一种企业债券形式。

集合发债的关键点是在"集合"上面，集合就是集聚、聚集、聚合、集中，其目的是由小变大。在我国，中小企业一直存在融资难问题，融资难主要有这几个原因：一是无适合资产作抵押；二是担保问题无法解决；三是信用增级难以解决。发行债券是企业融资的一种重要方式，受制于发行门槛，一般只有大型企业才能发行企业债。既然"小"阻碍了中小企业发债，就要把它变"大"，变大最有效的方式就是通过集聚、集合的方式。集合债券的创新之处在于将若干经营状况良好、成长能力较强的中小企业集合在一起，一同发债。这种债券发行方式使发行主体由原来单一的企业转变为一揽子企业。

集合发债打破了只有大企业才能发债的惯例，开创了中小企业新的融资模式，它的出现是企业债券发行的重大创新。在中央银行调控银行信贷规模、小企业融资难的情况下，集合债券的发行可以使成长性良好的中小企业募集到发展所需的资金，且成本低于银行贷款利率，对中小企业发展提供强有力的支持。集合中小企业的融资需求，既能增加审批额度，也能分摊一定的费用负担，这是集合债券深受中小企业欢迎的主要原因。

二、中小企业集合债券的特征

中小企业集合债券的推出，一定程度上缓解了中小企业融资困局。根据其定义及发行流程，中小企业集合债券归纳总结起来主要有以下几方面的特征。

第一，发行主体是处在相同地域的多家未上市的中小企业。多家企业联合在一起发行同一支集合债券，每个企业作为发行主体的个体，根据自己的发行额度分摊总发行金额，债券到期时支付本金和利息，按照相应比例承担发行费用。

第二，集合债券根据发行单位及发行地域统一命名，便于债券发行流通。

第三，集合债券一般由某个政府机构牵头组织，全面统筹集合债券在发行过程中的组织协调工作。

第四，集合债券发行需建立全面的信用征信体系、信用增级机制。发行集合债券时要对发债的每个企业进行综合信用评级，提高集合债券发行成功率，降低投资者的投资风险。实际在发行集合债券时，综合考虑到企业的行业异质性、运营风险等因素，会运用第三方信用担保以及再担保的多层担保体系，信用增级后对整体集合债券进行信用评级。

三、中小企业集合债券的优势

发行中小企业集合债券对中小企业来说，具有以下优势。

第一，拓宽直接融资渠道。集合债券的发行可以为一批有发展潜力的中小企业提供新的融资渠道。由于企业发行债券，利息支付可以在税前扣除，节约企业成本，企业通过发行企业债券也能优化企业资本结构比例。

第二，有效保障股东权益。中小企业可以利用财务杠杆提高净资产收益率，使股东利益最大化；债务融资债权人不具备管理权和投票选举权，发行债券不会影响公司的所有权结构和日常经营管理。

第三，融资成本低。中小企业集合债券是以市场利率发行的，并且受信用增级的影响，低于同期限商业银行贷款利率，通过信用增级能够吸引更多的投资者，降低债券融资成本，节约了企业财务成本。

第四，获得资本市场更多关注。企业债券发行上市后，企业需要按规定定期披露信息，被广大机构投资者关注，这有利于企业规范运作，提高自身管理水平，并可在资本市场上树立良好的信用形象，为企业持续融资打下信用基础。

第五，融资期限相对较长。和银行贷款相比，集合债券的融资期限一般为3~5年，而中小企业获得的银行贷款通常为短期流动资金，通过发行集合债券能够更好地为企业募集长期发展资金。

第六，融资规模相对较大。银行贷款受到银行的限制，经常规模较小，中小企业集合债券的融资规模虽然由审批决定，但通常情况下较银行贷款要大一些。

四、中小企业集合债券发行条件

中小企业集合债券是广大中小企业进行直接融资的一种手段，但并不是任何企业都有资格进行申报。参与发行企业集合债券的中小企业必须同时满足以下条件。

（1）有限责任公司的净资产不低于人民币6 000万元；

（2）企业最近三年平均可分配利润（净利润）足以支付企业债券一年的利息；

（3）筹集资金的投向符合国家产业政策和行业发展方向，需相关手续齐全，且募集的资金不能超过投资项目的具体比例；

（4）其他债务未处于违约或者延迟支付本息的状态；

（5）最近三年没有重大违法违规行为；

（6）发债企业需提供具有证券从业资格的会计师事务所审计的最近三年的财务报告。

五、中小企业集合债券的运作流程

中小企业集合债券的发行需要涉及多个部门的共同协作，发行运行过程比较复杂。具体来说，集合债券的申报流程如下。

（1）相关政府部门或者协会首先组织辖区内的中小企业共同学习、了解有关中小企业集合债券的知识，了解企业的融资需求及意愿。

（2）对有融资意愿的企业进行初步统计。企业如有融资意愿，向相关组织机构报名，报名时需提供这些资料。企业名称、经营范围、申请发债金额、近年主要财务数据（包括总资产、净资产、归属于母公司的净资产、主营业务收入、净利润、经营活动产生的现金流量净额等指标）、本次募集资金用途及项目审批情况（包括发改委的立项批文、环保部门出具的环评意见书、国土部门的用地意见等批文的完备情况），同时还需说明企业是否严格按照税法要求履行纳税义务。

（3）相关组织部门及中介机构根据集合债券的发行条件对报名企业进行初步筛选。

（4）相关中介机构对初选企业进行实地调研，企业的基本情况、经营情况、财务情况以及本次募集资金投向项目等进行深入调查。

（5）相关中介机构根据调研结果确定最终入选企业。

（6）相关中介机构进场开展工作；中小企业集合债券发行工作中涉及的中介机构主要有主承销商、会计师事务所、律师事务所、评级公司、担保机构等，负责债券发行工作中的申请材料的制作及组团、审计、法律事务、企业及债券信用评级、担保等工作。

（7）相关中介机构在完成各自工作后，负责本次债券发行工作的主承销商对相关资料进行整理、汇总并逐级上报当地市发改委、省发改委、国家发改委。

（8）待国家发改委核准发行后，主承销商负责组织承销团进行本次债券的发行工作。

（9）发行结束后，主承销商负责安排本期债券上市或在其他场所交易流通。

【案例 10 - 1】

2011 年，常州市中小企业集合债券

常州中小债（债券代码 1180057）是我国自"07 中关村债"之后获批发行的第 7 只也是江苏省首只中小债，同时也是我国地级市首只中小债。本期债券发行总额为 5.08 亿元人民币，其中 4.858 亿元用于联合发行人投资项目，其余 0.222 亿元用于补充营运资金。本期债券面值 100 元，平价发行。本期债券为 3 年期固定利率债券，票面利率为 5.03%，每半年付息一次到期一次还本，最后一期利息随本金的兑付一起支付。"11 常州中小债"总体信用级别为 AA +。"11 常州中小债"属于银行间市场发行的企业债券，只限于符合条件的机构投资者参与。本期债券发行人共有 10 家，如表 10 - 1 所示。

表 10 - 1　　　　　"11 常州中小债"债券发行人发债金额一览　　　单位：万元

序号	债券发行人	发债金额
1	常州天山重工机械有限公司	2 700.00
2	常州市建筑科学研究院有限公司	5 000.00
3	江苏河海新能源有限公司	4 000.00
4	常州华钛化学股份有限公司	4 500.00
5	常州天马集团有限公司	8 000.00
6	常州华科树脂有限公司	3 000.00
7	常州永泰丰化工有限公司	3 600.00

续表

序号	债券发行人	发债金额
8	常州佳讯光电产业发展有限公司	3 000.00
9	江苏朗生生命科技有限公司	3 000.00
10	常州市新东方电缆有限公司	4 000.00
合计		50 800.00

本次债券发行的主要成本分为三类。第一是债券票面利率，为基准利率4.64% + 0.4% = 5.04%，0.4%的加成比例主要根据债券的信用评级来确定的；第二类是担保费用，本次债券发行人支付给担保人常州投资集团的担保费用；第三类是发行费用，主要包括承销费、财务顾问费、审计费、评级费等。担保费用和发行费用率总和除以年限之后再加上票面利率不高于7%且比银行贷款利率低30%。

案例来源：2011 年常州市中小企业集合债券总募集说明书．

六、中小企业集合债券发行现状及存在问题

（一）中小企业集合债券的发行现状

2003 年，中国金融市场探索发行集合债券。该集合债券是在政府部门的统一组织下，为12 家企业提供资金。发行债券总额达 8 亿元。当时，该债券的主承销商是国家开发银行，担保机构为各发行人所在地的财政部门。该集合债券期限为 3 年，到期时全部还本付息。这次成功发行为我国正式发行集合债券奠定了基础。

2007 年，深圳市中小企业集合债券"07 深中小债"在国家开发银行的担保下成功发行。这是我国第一只中小企业集合债券。该集合债券发行主体为20 家深圳市中小企业，发行总额为 10 亿元。同年，包含 4 家发债主体的中关村集合债券发行。之后，大连、武汉等地方在本地政府的主导下都发行了中小企业集合债券。至 2015 年，16 只中小企业集合债券成功上市流通，多家中小企业通过集合债券获得融资，而中小企业集合债券自 2016 年起无新增业务。近年来，中小企业发行的集合债券主要是小微企业增信集合债券。

（二）中小企业集合债券存在的问题

中小企业集合债券在我国已有十余年的发展历史，但其在为中小企业提供了一个新的融资渠道之外，还存在诸多问题。

第一，进入门槛高。从前文中小企业集合债券的发行条件可以看出，中小企业集合债券对发债主体要求还是比较高的。此外，债券发行要求中小企业集合债券的企业信用等级高于 BBB－，鉴于我国大多数中小企业信用等级普遍较低，很多企业满足不了这项要求。因此，符合中小企业集合债发债条件的企业大都是规模较大、偿还能力较强的企业。

第二，组织协调难。中小企业集合债券的发债主体多，而且每个发债主体的背景、抗风险能力及偿债能力各不相同，加上涉及到牵头人、联合发行人、会计师事务所、律师事务所、评级机构、担保公司、承销机构、注册机构、资金托管方等诸多的主体，所以组织协调难度相对较大，在现实发债过程中存在着在准备发行时，由于某个个别企业的退出整个发债会被中断的情况。

第三，程序复杂、耗时长，不确定性较大。中小企业集合债券发行过程中程序复杂，发行前期手续繁琐，申请发债到债券发行时间长，而且有较大的不确定性。甚至中小企业耗力耗时，到最后由于审批不通过无法发行，以至于影响财务计划及企业资金的有效使用。

第四，担保难。中小企业集合债券的主要信用增级模式是第三方担保，当前主要担保模式为银行担保、国有背景的大型企业担保，以及小担保公司联合担保。但是由于规模、资质、盈利能力、发展前景等诸多因素，银行和一些担保机构、担保公司并不愿意为中小企业提供担保，使得担保问题成为中小企业发行集合债券的瓶颈。"07 深中小债"和"07 中关村债"利用银行担保，增信效果较好，信用等级为 AAA。但在 2007 年 10 月，银监会发布了《关于有效防范企业债券担保风险的意见》，认为企业债券属于直接融资，企业债发行应依赖发债人的资信和还款能力。银行机构给企业债券担保带来的风险将影响存款人和银行股东利益，所以银监会禁止集合债券进行银行担保。自此以后，银行担保在我国中小企业集合债券发行中没有再出现过。

第五，发行后流动性差。缺乏流动性很大程度上影响了中小企业集合债券的发展。缺乏流动性归因于很多因素。例如，债券发行量、剩余到期时间、信用等级、票面利率等。对于现有的中小企业集合债券来说主要原因是信用等级不高，而且相对于信用风险，票面利率不够有吸引力。

第六，发展受制约。当前，我国征信体系仍相对落后，对集合债券发行后的信用风险管理不到位，没有公正、科学的追踪评级报告，大大加大了集合债投资的风险，使得集合债券的后续发展受到制约。

第三节　中小企业集合票据

一、中小企业集合票据概述

中小企业集合票据是指在银行间债券市场推出的一种创新型债务融资工具，通常是由一家机构（通常为当地政府）作为牵头人，通过组织、协调两个（含）以上，十个（含）以下具有法人资格的中小非金融企业，在银行间债券市场以统一产品设计、统一券种冠名、统一信用增进、统一发行注册方式共同向机构投资者发行的，约定在一定期限各自还本付息的债务融资工具。中小企业集合票据募集资金应用于符合国家相关法律法规及政策要求的企业生产经营活动。不要求募集资金一定要用于具体的项目。

中小企业集合票据融资方式的成本主要包括票面利率、主承销费用和中介费用。其中，票面利率根据发行时的市场价格而定，具体受主体资质、发行规模、评级结果和市场利率影响；承销费用基本为每年 0.3% ~ 0.4%，由银行收取；中介费用主要包括评级费用、律师费用、会计师费用和托管费用、兑付费用等，此价格有较大的伸缩性，可以通过谈判进一步降低。

二、中小企业集合票据融资方式的条件和基本流程

（一）中小企业集合票据融资的条件

发行集合票据的中小企业，是指国家相关法律法规及政策界定的非金融中小企业，其选择中小企业集合票据融资方式的基本条件为：

（1）规模要求。单个企业拟发行规模 2 000 万元以上 2 亿元以下（净资产规模达到 5 000 万元以上）。

（2）盈利要求。发券前，连续两年盈利。

（3）评级要求。任一企业主体信用评级为 BBB 级及以上，评级结果与发行

利率具有相关性。

（4）行业要求。可获得当地政府明确支持，如财政贴息、项目补助优先支持、税收优惠、政府背景担保公司提供担保等。

（二）中小企业集合票据融资方式的基本流程

（1）确定政府牵头部门和优惠政策。主要是通过政府部门组织协调企业，如地方政府有条件可给予费用或利息补贴。

（2）目标客户遴选。目标客户先提供公司简介及三年报表以供银行选择。

（3）确定中介服务机构。目标客户确定后，一是选择外部评级机构（如联合信用、中诚信、新世纪、大公国际等）对客户预评级（该阶段不收费）。银行和政府部门可选择担保机构以提升中小企业评级（即信用增级）。二是选择已是交易商协会会员的会计师事务所进行审计（如果企业报表已经由该类事务所审计，则不用重新审计）。三是银行和政府协商确定律师。

（4）尽职调查并制作上报文件（由银行调查完成）。

（5）交易商协会审查阶段反馈沟通。

（6）取得注册通知书后发行。

（7）债券持续期内持续的信息披露。

（8）债券到期兑付。

三、中小企业集合票据的特点

我国中小企业集合票据融资具有以下明显的基本特点。

（1）注册。集合票据需在中国银行间市场交易商协会注册。

（2）金额。任一企业集合票据待偿还余额不得超过该企业净资产的40%；任一企业集合票据募集资金额不超过2亿元，单只集合票据注册金额不超过10亿元。

（3）期限。为支持中小企业根据实际资金需求灵活安排融资计划，法律法规未对中小企业集合票据发行期限做出硬性规定。但由于中小企业经营发展具有较大的不确定性，市场成员普遍认为，为有效控制风险，集合票据的期限不宜过长，具体产品的期限结构可由主承销商和发行企业结合市场环境协商确定。交易商协会债券市场专业委员会2009年第1号公告明确：债务融资工具期限必须为标准期限。据此，中小企业集合票据发行期限可为3个月、6个月、9个月或1年（含）以上以年为单位的整数期限。

（4）担保。可采取多种担保方式，包括由主体信用评级为 AA 级及以上的担保公司承担连带保证责任、企业以其自有资产向担保机构提供抵押或质押等反担保、银行给予信贷支持等信用增级措施。

（5）效率。交易商协会鼓励创新，支持为中小企业拓宽融资渠道，项目可进入"绿色通道"注册，可以有效提高发行效率。

（6）统一管理。集合票据由主承销商统一发行，募集资金集中到统一账户，再按各发行企业额度扣除发行费用后拨付至各企业账户；债券到期前，由各企业将资金集中到统一账户，统一对债权人还本付息。

【案例 10 - 2】

杭州市 2013 年度第一期区域集优中小企业集合票据

浙江省杭州市 2013 年度第一期区域集优中小企业集合票据，是由浙江合美休闲用品有限公司和浙江东华纤维制造有限公司两家公司在银行间债券市场以"统一产品设计、统一券种冠名、统一信用增进、统一发行注册"方式共同发行的，约定在一定期限还本付息的中小非金融企业债务融资工具。中债信用增进投资股份有限公司为本期集合票据存续期限内联合发行人应偿还的 1.9 亿元本金和其相应票面利息提供全额不可撤销的连带责任保证担保。其大致发行情况，如表 10 - 2 所示。

表 10 - 2　　杭州市 2013 年度第一期区域集优中小企业集合票据发行概况

序号	公司名称	发行规模	募集资金用途	信用等级
1	浙江合美休闲用品有限公司	10 000 万元	5 000 万元用于补充营运资金；5 000 万元用于置换银行贷款	BBB -
2	浙江东华纤维制造有限公司	9 000 万元	4 000 万元用于补充营运资金；5 000 万元用于置换银行贷款	BBB -
	合计	19 000 万元		

本期集合票据通过区域集优模式发行，其最大特点是，政府资金支持、中介机构让利、工作流程集优，杭州市人民政府牵头组织，人民银行杭州中心支行全程参与，共同联合各中介机构建立"统一认可的业务标准、统一行动的工作机制、统一执行的审批流程"以提高效率，为杭州地区中小非金融企业实现批量

化、规模化的债务融资。

案例来源：杭州市2013年度第一期区域集优中小企业集合票据跟踪信用评级报告.

四、中小企业集合票据与集合债券的比较分析

中小企业集合票据与中小企业集合债券是为中小企业设计的新型融资模式，两者有不少相同之处，也有一些区别。

（一）中小企业集合票据与集合债券的共同点

1.均属于集合融资

集合是指多家具有法人资格的中小企业共同组成的一个集合体。不管是中小企业集合债券还是中小企业集合票据，都是多家企业集合在一起进行融资。其中，发行一笔集合债券的企业数量至少是两家，上限没有明确规定；发行一笔集合票据的企业数量在两家到十家之间。

2.统一组织、统一信用增级、统一冠名、统一发行

统一组织是由一个机构作为牵头人，在多家中小企业之间进行协调组织等工作。中小企业的信用级别普遍不高，为保证发行的成功及降低发行费用（票面利率），对集合债券和集合票据都设计了信用增级这一程序，但这并不是对每家企业信用增级，而是对债券整体进行信用增级。集合债券（票据）的名字不包含其发行主体（各中小企业）的名字，而是对外用统一的名字。如"07中关村债""09大连中小债"等。并统一对外发行。一旦涉及对外的事务上，各发行体都是统一行事。

3.分别负债，责任独立

这些发债的中小企业对外是一个整体，对内则是相互独立的个体。各中小企业分别按照其需求的金额上报发行额度，所承担的还本付息的责任也只限定在其上报的发行额度。各企业是相互独立的个体，相互之间没有连带责任，不对其他的企业负责，只对自己的发行额度负责。

（二）中小企业集合票据与集合债券的区别

1.发债主体数量、发债规模的规定不同

一笔集合债券的发行主体的数量至少是两个，上限并没有规定。中小企业集

合票据的发行主体被界定在两到十个之间。相对来说，集合债券的发行主体的数量较集合票据可以更多。同时，对单只中小企业集合票据的发行总规模要求不超过 10 亿元，另外，单个发行体发行规模不能超过 2 亿元，而对中小企业集合债券则没有这方面的规定，理论上，其规模没有上限。

2. 发行期限不同

从现在已经发行的集合产品中可以看出，中小企业集合债券的发行期限一般是在 3~6 年之间，而中小企业集合票据一般是在 1~3 年之间。因此，从时间期限角度划分，中小企业集合债券属于中长期债券产品，中小企业集合票据则是中短期票据产品。

3. 对发行主体的规定不同

对中小企业集合债券和集合票据发行主体的硬性规定有很多不同。对集合债券的各发行主体规定：有限责任公司注册资本不少于 6 000 万元，股份制公司不少于 3 000 万元，对企业发行债券余额的规定是不高于净资产（不包括少数股东权益）的 40%。中小企业集合票据的发行主体并没有像集合债券的发行主体那样严格地规定，只规定发债余额不高于净资产（包括少数股东权益）的 40%。这就使得对集合债券的要求比集合票据更为严格。

4. 主管机构不同

中小企业集合债券的主管机构是发改委，其发行须经发改委审核批准，审批程序比较复杂，用时较长，容易造成资金到位与企业的需求时间的不匹配；中小企业集合票据只需获得中国银行间市场交易商协会的注册通过即可发行，发行人只需满足信息公开原则，管理机关只对申报文件的全面性、真实性、准确性和及时性进行形式核查。

5. 主承销商不同

中小企业集合债券的主承销商为证券公司，而中小企业集合票据的主承销商为商业银行。

6. 募集资金用途限制不同

中小企业集合债券募集资金一般只限定用于特殊项目，而对中小企业集合票据无特殊要求。

第四节 中小企业集群担保

一、中小企业集群担保融资概述

中小企业集群担保融资又称集群互助担保融资，是指集群中小企业以自愿和互利为原则，共同出资组建互助担保基金，为成员企业向银行贷款提供担保，获得银行融资的一种融资模式。我国中小企业互助担保机构的基本形式主要有三种。一种是互助担保公司形式。由地方政府牵头并部分出资，吸收中小企业投资入股，组建担保有限公司，只对股东企业提供担保服务。一种是互助担保协会形式。地方政府、协作银行和成员企业共同出资，为成员企业提供流动资金贷款担保，在一定条件下相关企业有权自愿进入或退出担保协会。还有一种与前两类不同的是担保对象既包括股东企业，又包括非股东企业。这种模式克服了中小企业自身资产不足，在向金融机构贷款时缺乏抵押品的缺陷，同时由于互助担保基金可以改善中小企业在与银行谈判中的弱势地位，为中小企业争取更有利的贷款条件。

当前，中小企业信用互助担保，是我国信用担保"一体两翼"体系的重要组成部分，在缓解中小企业融资约束问题上发挥了较大的作用。快速发展的民营担保机构多采用"会员制"。"会员制"民营互助担保机构具有以下特点。

（1）服务范围固定。担保公司有固定会员，只向会员企业提供融资担保服务。

（2）不以营利为目的。只向会员企业收取公司正常运行成本费用，能切实减轻中小企业的融资成本。

（3）风险补偿有保证。担保基金主要来自会员企业的出资，并存入贷款银行，运用担保基金弥补可能发生的信贷损失。同时会员还须向担保公司提供资产反担保。

二、中小企业集群担保融资的优势

（一）利用和强化集群融资优势

首先，中小企业互助担保是建立在企业间信息共享、风险共担的基础上的，担保决策要充分地利用彼此的信息资源，减少信息调查成本，提高担保决策的准确性，减少风险发生的概率。因此，会员企业会利用其与集群中其他企业通过各种直接和间接和途径取得的联系和了解，即充分利用集群内部企业间的信息机制，来减少信息不对称。参加互助性信用担保后，通过进一步的"长期互动"，更增加了对彼此的熟悉，各种信息在互助担保机构汇聚，使信息机制进一步得到强化。其次，集群中小企业互助担保使中小企业以信用担保为目的，更加紧密地联系在了一起，除了信用互助外，当某个企业存在经营困难时，其他企业出于风险分摊的考虑，会在自己的能力范围内给予各种形式的帮助，从而使企业的抗风险能力进一步增强。由于互助担保企业间出于共同的目的的联系，使企业的经营更加离不开集群这个环境，因而社会惩罚机制和信誉机制也得到强化。再次，由于互助担保组织内部信息共享，而且有互助基金进行担保，因此银行对中小企业的调查成本以及贷后监督的成本都可以大大减少，基本上都由互助担保机构内部化了。最后，互助担保通过组建互助担保共同基金向银行提供担保，克服了中小企业自身资产规模有限的缺陷，同时如果有需要进行反担保的也可以充分利用集群内部资产易变现性的特点，灵活规定反担保品的范围。

（二）提高中小企业融资效率

第一，降低融资成本。在互助担保模式下，成员企业的贷款不再是以它本身的资产信用为还贷依据，而是以成员企业出资组建的互助担保基金作为贷款担保，这就为贷款银行提供了稳定和有效的第二还款来源和保全措施，降低了中小企业贷款风险，而当银行贷款风险降低时，银行要求的风险利率也就会随之降低。同时，由于中小企业互助担保将单个中小企业的信用上升为互助担保组织的集体信用水平，提高了中小企业与银行进行谈判的地位，从而也可以获得较低的贷款利率。另外，互助担保机构不以营利为目的，相对商业担保机构来说，担保费率较低。第二，缩短贷款时间。中小企业贷款的较高风险性使得银行的贷款手续和程序都很复杂，贷款的交易、信息成本很高，而信用互助降低了中小企业贷款风险，有效地提高了银行对中小企业贷款的安全性，能够降低贷款的正式合约程度，减少审批程序和手续，节约贷款所用时间。

（三）具备推广的良好现实条件基础

我国中小企业集群的发展为中小企业互助担保提供了优越的组织和社会条件。中小企业集群内业主在行为和思维上趋于同质，基于血缘、地缘、业缘的人际关系网络，提升了企业之间的信用度。这为多个中小企业集中出资，相互提供贷款担保创造了优越的地理和信用条件，也节省了信用互助组织的管理与运作成本。集群企业之间的交易和协同，为信用互助组织的产生提供了牢固的合作基础。中小企业集群之间的规制结构，比如，三方规制结构下的中间人组织，双方规制结构下的用以均衡交易风险的相互购买体制和增加共同利益的相互持股体制等，为互助担保提供了组织和制度条件，同时有利于规避信用风险并对失信行为进行有力的惩戒。与此同时，信用互助担保体系作为我国信用担保体系的重要组成部分逐渐得到政府部门的重视，各地方政府都在积极进行尝试。

三、中小企业集群担保融资存在的问题

（一）中小企业互助担保机构资金规模小且供给不足

互助担保机构设立时，资金大多是属于一次性投入，政府的财政资产划拨、国内外的社会捐赠、入会民间企业集资等，资金规模较小且缺乏保障性和持续性，而导致互助担保机构的服务面较窄，担保项目有限。大多数担保公司都只对流动资金贷款进行担保，贷款期限只有 3～6 个月，长的也才 1 年，固定资产、设备引进等大的贷款项目的担保还无力开展，无法满足中小企业长期资金运行的需要。由于互助担保的公益性，使得担保费率较低，而担保业又是高风险的行业，使得担保机构遇到代偿情况时，会因为债务过高甚至超过其资产总值，且资金持续来源不足，而陷入财务困境。由于互助担保机构的非营利性，机构基金收益主要来源是为会员企业提供担保所得的担保费以及存入银行的微薄利息收益，致使资本内部补偿不足。再加上外部资金补偿机制缺乏，使得互助担保机构发展缺乏可持续性。

（二）中小企业互助担保机构会员评估风险和系统风险较大

首先，在多数互助担保机构中，担保机构能有效把握本行业发展前景，但由于互助担保中要求入会的中小企业一般为新建企业和成长中的企业，新建企业无盈利和信用记录，而成长中的企业存在市场抗风险能力弱、会计制度不健全、财务管理水平低、信息透明度差等问题，准确评估新入会企业的管理能力、盈利能力、信用情况具有一定难度。这使得互助担保机构难以对会员企业开展有效的入会和贷前风险评估。其次，互助担保机构会员一般由同一行业或同一区域会员组成，行业市场处于不景气时，易形成"一损俱损"的机构内的系统性风险，风险过于集中。

（三）中小企业互助担保机构责任分担制度难以达成共识

担保企业是低收益和高风险的行业。当互助会员违约时，担保机构代偿风险的分担对担保行业的持续发展就显得尤为重要。担保风险的代偿责任是担保机构、协作银行和政府三者间的利益博弈。据相关统计，中国每年的全国担保机构累计担保金额不足银行贷款余额的 1%，银行参与互助担保的热情不高，代偿风险均一般由担保公司 100% 承担之外，部分银行甚至对合作条件提出更高的要求。互助担保机构在与银行合作时，往往处于被动地位，风险责任分担制度难以达成共识。此外，我国的中小企业信用再担保机制建设相对滞后，各级政府所能提供的再担保资金量较少，能开展再担保业务的担保机构数量较少，政府往往处于心有余而力不足的尴尬困境。

（四）高额保证金制度扼住中小企业互助担保机构发展的咽喉

在互助担保贷款中，为了进一步降低贷款风险，不少银行设置保证金门槛。举例来说，按现在银行的行规，如果银行按 1∶3 的比例收取保证金，互助担保公司要向银行贷款 1 亿元，担保公司必须给银行交纳 3 000 万元的保证金，即担保公司实际只获得了 7 000 万元贷款额，到期利息计算是以本金 1 亿元计息。这对本身资金就比较匮乏的互助性担保公司来说，资金成本压力是巨大的。同时受银行内部企业信用评级的限制，担保机构资金所能获得的平均放大倍数也十分有限。据统计，国内担保行业的资本平均放大倍数仅为 2 ~ 4 倍，不仅低于财政部所规定的上限 10 倍，也远远低于日本及韩国的 20 倍。

【案例 10 - 3】

北京中关融鑫互助担保有限公司

北京中关融鑫互助担保有限公司于 2006 年 8 月 31 日成立，由 6 家原始股东发起，至今已解决股东企业资金缺口达 20 多亿元，违约率为零。6 家原始股东均为土生土长的民营中小型企业，相互之间十分了解，有的存在直接的业务关系，互相都非常信任，这是互助担保发起并成功的关键性因素。

他们规定新企业加盟必须得到这 6 家发起股东的一致认可，这是最基本的条件。加盟企业需要交至少 100 万元的互助计划金，依每个会计年度使用资金额度可以多交。担保放大倍数一般为 5 倍，以每个企业交的互助金为基准进行放大，放大倍数和担保额也视信用状况等而不同。如果同时有几家企业需要资金或者贷款总额超过了担保放大后的资金总额，则不足部分由合作专业担保公司解决，该部分利率另行计算，担保费率相对其他担保公司要低一些。

由于有互助担保基金以及专业担保公司的担保，银行在给股东中小企业贷款时贷款程序也简化了。这样，股东中小企业克服自身抵押不足的缺陷，通过组建互助担保公司不仅获得了银行贷款还由于贷款程序得以简化使资金的获得更为及时。贷款利率虽然没有因此而降低，但担保利率相对其他担保公司低。随着互助担保公司规模的扩大，其与银行谈判的地位提高了，贷款利率也最终会降低。因此，总的来说，企业的融资效率得到了提高。

合作银行北京市农村商业银行属于地方性的中小银行，由于中小银行本身定位于中小企业贷款业务，因此有利于达成合作关系，其对中小企业的业务也相对国有大银行要熟悉和专业，审批程序也可以更为简化，因此有利于业务的开展。

案例来源：韦峰. 集群中小企业互助担保融资机制研究［D］. 泉州：华侨大学，2009.

第五节　中小企业团体贷款

一、中小企业团体贷款概述

团体贷款是指相对于个体独立贷款而言的、面向中小企业基于自我选择形成的团体而发放的连带责任债务。团体贷款具有以下特征。

第一，团体贷款是相对于个体贷款而言的。个体贷款是指银行根据独立个体向其提供的还款保证能力和一定程度的担保能力而发放的贷款，而团体贷款即基于群体方式的贷款，也就是向一个团体中的个体成员贷款，成员间相互担保，或者直接向团体提供贷款，团体再向其成员贷款。

第二，团体贷款的核心特征是连带责任。连带责任是一个法学中的概念，是指当事人按照法律的规定或者合同的约定，连带地向权利人承担责任。在此种责任下，权利人有权要求责任人中的任何一人承担全部或部分责任，责任人也有义务承担部分或全部责任。连带责任的实质是相互承担履行债务的担保责任。具体含义表现为两点：一是各债务人都有义务承担全部责任，债权人可以要求任何一个债务人承担全部或部分责任；二是债权人与债务人之间的债权债务关系因任何一个债务人承担了全部责任而告消灭。从贷款风险的分担角度考虑，团体贷款的连带责任特征，实现了个体债务的偿还风险在团体内部的互相承担；债权人只需承担整个团体违约的风险，只要团体中有一个个体违约，则债权人有权利对团体中任何一个或者多个个体主张权利，对于是同时向多个个体主张权利，还是先后向几个个体主张权利，债权人完全具有选择权。

第三，团体贷款的对象是中小企业基于自愿选择而形成的团体。首先，其受众是由于信息不对称、缺乏抵押资产、难以取得第三方担保而难以独立进行债务融资的中小企业；其次，团体的构成遵循自愿的原则，即独立个体在相互了解、相互信任的基础上自愿选择、自主结合，不受团体外第三方的制约。

二、中小企业团体贷款的机制

（1）自发形成机制。由于团体大多是由中小企业组建而成，因此它可以利用团体成员之间相互了解、信息透明等优势，帮助银行降低信息的搜寻成本，缓解信息不对称引发的逆向选择问题。

（2）连带责任下的银行甄别优化机制。通过自我选择形成团体之后，团体作为一个整体向信贷机构申请贷款，银行对团体进行甄别。

（3）横向监督机制。贷款发放后，团体成员将利用资金进行项目投资，这时团体成员间的相互监督机制，一定程度上可以降低道德风险，这种监督机制称为横向监督。

（4）社会担保机制。信贷机构在发放团体贷款时通常不要求传统意义上的抵押担保，且取得了惊人的高还款率。这是因为团体内成员间的相互制衡关系起到了社会担保的作用，能够对违约者进行惩罚。

三、中小企业集群背景下团体贷款的优势

（一）集群内中小企业的聚集优势

中小企业集群首先具有地理集中的特性。地理上的集中，使产业集群内的中小企业表现出这几个主要特征。一是本土性。很多中小企业集群一般都萌芽于本地，并在本地土生土长，产业集群内的经营者多数为当地人，集群企业的雇员多数也来自本地，集群内企业起步时主要利用本地资源和满足本地市场，集群内企业的管理方法、管理制度带有鲜明的地方文化色彩和社会烙印。二是稳定性。产

业集群一旦扎根，就具有较强的非移植性。由于多数民营企业规模不大、实力不强、关系不广，迁徙外地要么水土不服，要么经营成本加大，难以顺利发展。这种稳定性有助于推动企业与银行之间的信息交流和沟通，帮助整个区域范围形成债信文化，遏制机会主义的产生，提高银行贷款的积极性。

（二）集群内中小企业的信息优势

集群内的企业由于其密切的关联性、较低的交易成本和较高的制度收益，能够产生巨大的集群效应，使产业集群的中小企业在向银行贷款时具有单个中小企业融资所不具备的信息优势。一是内部信息聚集效应减少信息不对称性。地理位置集中性缩短了信息传递的空间距离，加速了信息的流动，使信息传播的渠道更为通畅。二是集群的信息降低信贷交易成本。在中小企业集群的环境中，如果银行给同一行业的众多企业贷款，贷前调查、贷时审查、贷后监督都可以"批量"进行，可以克服银行给单个中小企业贷款时的规模不经济问题。

（三）集群内中小企业的信用优势

产业集群中的中小企业具有更好的信用依存度，信誉更好。一方面，产业集群所产生的信用优势源自其特有的交易环境，这种紧密的交易环境使信息充分传递，迫使交易主体在交易中选择守信行为。在产业集群中，企业之间的交易活动非常频繁。其中，许多经济行为不仅仅依赖于经济交换，而且在很高程度上还依赖于相互之间的信用关系。集群内部专业化分工程度较高，配套服务条件好，企业所需的人才、信息和客户在集群内部更容易获得，加上集群能创造更多的市场机遇，有利于企业的发展，因此企业的迁移成本高，增大了企业的守信度。另一方面，集群内的中小企业贷款需求频繁，与银行之间的合作是重复的。这样，银行与企业之间可以通过重复博弈，以信用与承诺的方式，建立长期而稳定的信任机制。

总之，集群中的中小企业拥有共同的文化背景和制度环境以及社会网络，使得企业与银行建立长期性合作关系成为可能。集群内的信息聚集和扩散效应使金融机构在收集信息的过程中，产生规模效益，节约了信息收集成本，减少了信息的不对称。

本章小结

集群融资是中小企业获取融资的一种有效方式。产业集群是促进中小企业高质量发展的重要组织形式。在中小企业及产业集群协同发展过程中，集群有助于中小微企业增信，增加其获得融资支持的可能性。然而，参与集群融资的企业违约频发，影响了集群融资优势的发挥。因此，基于集群的发展特点，综合考量中小企业集群融资背景、政策、环境等因素，选择合适的集群融资模式也是中小企业有效获得融资的关键所在。

本章思考题

1. 请比较分析不同集群融资模式的优缺点。
2. 通过案例的学习，请思考集群融资模式发展的困境。
3. 为更好地帮助中小企业融资纾困，你认为集群融资如何进一步完善？

本章案例分析

科技型小微企业融资困局的破解？——H 公司集合可转债的探索

　　H 公司于 2015 年 6 月 9 日成立，是 R 公司旗下专门从事创业投资的全资子公司。H 公司的经营目标是以市场为导向，通过科技孵化联手资本孵化，营造开放、互动、共享的园区创业生态和环境，降低创业者的创业成本，提升创业者的创业成功率，形成孵化主体多元、孵化服务专业、创业活动持续以及创业资源开放的园区新格局。同时，其以资本为纽带，建设园区多层次、多元化和多渠道的科技金融平台，推动项目资源、政策资源与金融资源、风险投资的有效对接，通过为不同发展阶段的项目和企业提供相应的资本支撑，满足企业成长和科技创新的需求，以资本带动产业，促进产业发展。

　　为了进一步助力科技型小微企业的发展，在结合投资方和融资方的关切点以及债券和股权的特点的基础上，H 公司创新性地发行了集合可转债产品，在破解科技型小微企业融资难题和实现国家级优秀科技企业孵化器的使命两个方面，进行积极的探索和实践。

　　H 公司与 X 市担保公司、Z 银行、X 市股权交易中心共同合作发起设立集合可转债。融资人要求必须是火炬高新区内科技型小微企业，并且在 X 市担保公司政策覆盖范围内。产品运作模式具体如下。

1. 产品基本模式

H 公司与 X 市担保有限公司、G 信托公司共同合作发起设立信托产品。X 市担保公司和 H 公司双方共同推荐融资方企业，由 X 市担保公司对融资方企业进行尽调后设计担保方案，并由双方共同与融资方企业商谈期权或转股权方案，在 X 市担保公司评审通过后由 H 公司委托 G 信托公司设立信托借款给融资方企业，并由 X 市担保公司为融资方企业提供 100% 的全额本金担保。首期 H 公司出资不超过 3 000 万元，单家融资方企业借款金额最高不超过 1 500 万元。融资人要求必须是高新区内科技型小微企业，且在 X 市担保公司政策覆盖范围内。

2. 交易结构

信托产品将委托 G 信托公司发行，X 市担保公司为信托产品提供全额本金担保。融资企业反担保措施根据具体情况可灵活设置，可接受房产抵押、设备质押、专利质押、个人保证、关联企业保证及其他可操作的反担保方式。

3. 融资方企业的融资成本

第一次信托发行不超过 3 000 万元，产品年化利率为 6.5%（包含信托发行费 1%），期限两年。H 公司资金实际年化收益率为 5.5%（扣除信托发行费 1% 后），担保年化费率 1%，市科技局贴息 1.3%，贴息后科技型小微企业直接融资成本为年化利率 6.2%，按季付息，到期一次性偿还本金（见表 10 - 3）。

表 10 - 3　　　　　　　　融资方企业的融资成本

（1）产品利率（包含信托发行费 1%）	6.50%
（2）担保费	1%
（3）科技局贴息	1.30%
（4）企业融资成本 =（1）+（2）-（3）	6.20%

4. 转股行权模式

H 公司和 X 市担保公司有权选择在行权期限内，任一时点将持有的转股选择权的债权全部转为企业股权，不得部分转股。行权后的债权将在融资者完成股东名册变更登记并由相关工商行政管理部门变更登记后不再存续。若在行权期限内未选择行权，则视为继续持有转换股选择权的可转债至到期。

5. H 公司和 X 市担保公司的投资期权分配及收益

X 市担保公司与 H 公司另外签署一份权益互换合同，约定 X 市担保公司与 H 公司按照 3∶2 的比例分配股权投资期权，而 H 公司向 X 市担保公司支付其获得的利息收入的16.67%（1/6）换取股权投资期权（见表10-4）。

表10-4　　　　　H公司和X市担保公司的投资期权分配及收益

	股权投资期权分配比例	（1）签订权益互换合同前的年化利率	（2）签订权益互换合同导致年化利率的变动	（3）签订权益互换合同后的年化利率＝（1）+（2）
X市担保公司	60%	1%	+0.92%	1.92%
H公司	40%	5.50%	-0.92%	4.58%

为了加强对集合可转债的风险控制，H公司从标的企业的筛选、目标企业的业绩和风险承受能力的评估以及参与各方的风险控制3个方面来实现目标。

H公司和X市担保公司设置了以下企业准入条件，对科技型小微企业的经营规模、产业所在的当前市场状况和市场前景、偿债能力、财务业绩、实际控制人的信用等几个方面展开评估，筛选淘汰经营风险与财务风险比较高的企业。

在2017年7月由H公司、X市担保公司和G信托公司三方联合举办多场推介会的宣传，同时现场对企业负责人详细解说可转债产品的交易结构、准入条件、费率、额度、期限、转股方式等产品细则，申请发行集合可转债的企业达100余家。通过H公司和X市担保公司工作人员对申请企业的走访，共筛选出十余家科技型小微企业进行尽职调查，最终获得X市担保审批通过的企业有两家，分别是K公司、B公司。在2018年4月，向两家企业发行额度分别为200万元和300万元，经H公司团队研究分析再以股权投资方式对K公司投资，金额为400万元。

在进行集合可转债尽职调查及审批过程中，有4家企业无法通过担保公司对债务方式的审批，H公司团队经研究分析认为有较大的投资价值，直接以股权投资方式进行投资，投资额度分别为1 029万元、500万元、500万元、1 000万元。

在集合可转债发行过程中总共解决企业融资需求3 929万元，其中债权形式500万元，股权形式3 429万元。

案例来源：谢帮生，林清云，李岳菁函，黄振铺，余学玮．科技型小微企业融资困局的破解？——H公司集合可转债的探索．中国专业学位案例中心，2020.

案例思考题

1. 集合可转债与传统融资方式相比的创新之处体现在哪些方面？

2. 集合可转债是如何平衡风险与收益？

3. H公司的投资配置与科技型小微企业的融资需求的匹配度如何？

第十一章

中小企业供应链融资

随着经济全球化和网络化的发展，不同公司、国家甚至一国之内的不同地区之间比较优势被不断地挖掘和强化。往往对于经济和金融欠发达地区或资金不够雄厚的中小企业而言，一些"成本洼地"，成为了制约供应链发展的瓶颈，影响到供应链的稳定性和财务成本。在这一背景下，供应链研究和探索的重心逐渐转向了提升资金流效率的供应链金融层面。在激烈的竞争环境中，充足的流动资金对企业的意义越来越重要，尤其是对于发展机遇很好却受到现金流制约的中小企业。它们往往没有大型企业的金融资源，却是供应链中不可或缺的重要环节。它们虽然具有可观的发展潜力，却常常因为上下游优势企业的付款政策而出现现金短缺问题。中小企业对供应链不可或缺的意义，体现了解决其融资问题的必要性，由此带来的挑战是对供应链的参与者及其关系的新的理解，以及对金融和供应链物流交叉领域中的组织间交互模式的研究。

本章将系统介绍创业型中小企业供应链融资概念与价值、创业型中小企业供应链融资基本原理与运作框架、供应链融资品种、供应链融资平台、供应链融资成本与风险等相关问题。

本章的学习目标

1. 掌握供应链融资的内涵和价值

2. 理解供应链融资设计的基本原则及常见的设计类型

3. 能够根据中小企业的发展需求，合理设计供应链融资模式以及结构

4. 结合中小企业特点及所处的发展阶段，判断对应供应链融资需要注意的风险点

 **引入案例**

齐心战"疫"，产业保"链"
——供应链金融助力波司登逆境突围

　　2021 年 1 月中下旬新冠疫情突发时，波司登凭借着自身过往的深厚积淀没有受到太大的冲击，不仅积极履行社会责任驰援一线物资，还保持了不错的业绩同比增幅，但马上就要开始全面复产复工时，供应链上下游的企业却出了问题。波司登的上下游企业多是中小企业，抗风险能力较差，新冠疫情使得他们的资金链出现问题，没有办法及时配合波司登的生产计划。

　　中国建设银行（以下简称"建行"）了解了波司登此时供应链上下游企业贷款困难、想要进行网络供应链金融合作的事，建行十分热情地对接波司登的生产复工需求，愿意帮助波司登渡过难关。上海东上服饰有限公司（以下简称"东上"）是一家成衣加工企业，作为波司登上游供应商之一，东上就是这次波司登与建行的供应链金融合作中的受益者之一。由于新冠疫情的原因，东上几乎所有业务都被搁置，生产项目停工，订单受到影响，员工的工资也快要发不下去，想要贷款更是难上加难。在收到波司登与建行合作的通知后，东上的贷款融资就容易多了。在波司登与东上签订采购协议并形成了一笔东上对波司登的应收账款后，东上由于资金紧缺，便可选择将该笔对波司登的应收账款权益转让给建行作为其贷款保障；建行在收到东上的贷款申请时会向波司登发出通知请求确认；然后，由波司登向建行验证该笔应收账款，经过确认后便可将相关单据等证明材料交付给建行，并做出还款或回购承诺，同时通知东上该笔应收账款的权益已经转移给建行；最后，建行就可以基于东上与波司登之间交易背景的真实性以及根据对波司登的信用评级的判断向东上发放一定额度的融资款，等到应收账款到期日时，由波司登直接向建行支付货款（见图 11 - 1）。在这种融资模式下，企业应收账款得到了充分的利用，盘活了企业资金进行贷款，对于像东上这样的供应链上中小企业来说，不仅解决了应收账款多的问题，也不会占用固定资产进行融资。

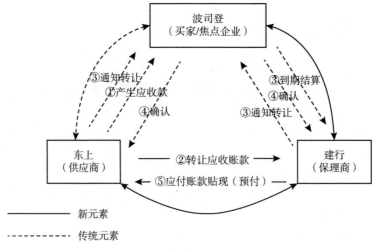

图 11-1　东上的贷款业务流程

案例来源：邓杰，贺嘉帅，张睿，龚源欣．齐心战"疫"，产业保"链"——供应链金融助力波司登逆境突围．中国管理案例共享中心案例库．2022.

第一节　中小企业供应链融资概述

一、供应链融资的含义

根据中国人民银行等八部委在《关于规范发展供应链金融支持供应链产业链稳定循环和优化升级的意见》中的定义，供应链金融是指"通过整合物流、资金流、信息流，以快速响应产业链上企业的结算、融资、财务管理等综合需求"。

供应链金融是银行围绕核心企业，管理上下游中小企业的资金流，把单个企业的不可控风险变成供应链企业整体的可控风险，降低风险的金融服务，是商业银行信贷业务的专业领域，也是企业的一种融资渠道。与传统的银行和供应链上企业的关系对比，供应链金融下银行与供应链上的企业关系存在不同。具体流程见图 11-2。

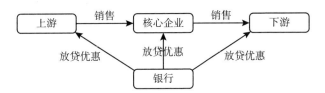

图 11 – 2　供应链金融下银行与供应链上企业的关系

随着经济全球化和网络化的发展，不同公司、国家甚至一国之内的不同地区之间比较优势被不断地挖掘和强化。往往对于经济和金融欠发达地区或资金不够雄厚的中小企业而言，一些"成本洼地"，成为了制约供应链发展的瓶颈，影响到供应链的稳定性和财务成本。在这一背景下，供应链研究和探索的重心逐渐转向了提升资金流效率的供应链金融层面。在激烈的竞争环境中，充足的流动资金对企业的意义越来越重要，尤其是对于发展机遇很好却受到现金流制约的中小企业。它们往往没有大型企业的金融资源，却是供应链中不可或缺的重要环节。它们虽然具有可观的发展潜力，却常常因为上下游优势企业的付款政策而出现现金短缺问题。中小企业对供应链不可或缺的意义，体现了解决其融资问题的必要性，由此带来的挑战是对供应链的参与者及其关系的新的理解，以及对金融和供应链物流交叉领域中的组织间交互模式的研究。

供应链管理问题研究不断深入，物流、信息流和商流问题已逐渐得到解决，资金流问题渐渐成为制约供应链企业发展的瓶颈。而资金问题仅仅是供应链中财务问题的一个部分，同时出现在人们视野中的，还有资本结构、资本成本、资金流转周期等问题，这些问题成为影响供应链绩效的重要因素。供应链中出现的金融财务问题，需要在供应链中利用金融和财务方法进行理解和解决。

随着供应链思想逐渐被接受以及供应链研究的日趋完善，供应链的工具和实践也得到很大的提升，供应链中的物流、商流、信息流的效率得到巨大的提升。原本被认为是辅助流程的资金流动问题，逐渐出现在资金相对短缺的中小企业身上，成为制约整个供应链发展的瓶颈。当整合供应链中的物流和信息流在实践中被应用和检验时，资金流也开始得到越来越多的关注。

【案例 11 –1】

打造产业互联网区块链金融科技生态

中国物流的主力军是公路物流，根据国家统计局 2017 年数据显示，全国社会物流总费用 12.1 万亿元，占 GDP 的 14.6%。而公路物流作为中国的主力军，承载了 77.5% 的货运量。根据 2018 年工商部门的数据显示,中国有 710 万家物流公司,每家平均不到 2 台车。巨大的货运量和小微企业数量,融资需求非常旺盛,我国物流企业的贷款融资需求保守估计在 3 万亿元以上。这些融资需求被传统金融机构满足的需求不足 10%。仅物流运费垫资一项,约有 6 000 亿元的融资需求,但是传统金融机构为公路运输企业的垫资贷款的比例不到 5%。小微企业的融资需求很难被传统金融服务覆盖,这是物流行业最大的痛点。

矢链科技公司采用区块链技术解决物流行业资产真实性问题,降低金融机构信任成本、提高业务效率,进而就能解决中小微物流企业融资难、融资贵的问题。因此,矢链开发的物流金融平台项目的目标就是要专门为物流金融行业打造一套数字金融服务协议,为物流企业提供一个数字资产管理和流转平台,通过帮助物流企业解决资金流动性的问题,产生收益。宝供物流就是入驻物流金融平台之一的物流公司。在这个物流金融链中,宝供是链上的核心企业,同时也是发起方,宝供的所有的数据都向联盟链开放。目前,宝供平均有 50% 的账期会达到 6 个月。在项目实施后,矢链将宝供的账期统一规范到 3 个月之内。现在对于宝供来讲,它的账期规范了。例如,合同账期是在 45 天,在改了合同之后,整个合同账期也能够达到 3 个月。新的规则对宝供来讲有一个要求,就是合同账期改完了之后变成 3 个月,3 个月之后必须付款,如果不付款有金融机构负责向宝供来催收。这样对于宝供的供应商,也就是承运商来讲,也是帮助他们催收。原来虽然合同账期是 45 天,但是宝供会拖,拖了之后还是拿不到钱。现在承运商只要用了运力值就可以得到付款的保证。在这样的前提下,金融机构又给他提供了运力贷,可以在兑完账之后当天拿到款。总体来讲,物流金融系统将 6 个月的账期缩短到了 T + 1 结算。

表 11 - 1 列示了物流金融平台项目价值。

表 11 - 1　　　　　　　　　　物流金融平台项目价值

价值	传统金融	本项目
效率提升	单笔贷款申请 2 天左右	1 分钟申请,1 个小时内放款
管理能力提升	存在重复质押、重复结算的情况	数字资产流转,具有唯一性和可追溯性。更有利于管理。大幅度提升对账效率
融资成果率提升	抽样调查 200 家小微专线公司,从银行融资成功率不足 5%。基于应收账款转让的融资成功率为 0	80% 实现了保理业务,融资成功率和额度大幅度提高
回款周期极大缩减	专线公司平均回款周期 1 + 3 个月	回款周期 1 + 0 个月

物流金融平台还产生了较高的示范效应。物流行业作为典型的供应链领域环节，在供应链领域扮演十分重要角色。产业互联网的发展以及物流角色（特别是网络货运平台）的本身的需求推动，决定了物流行业的信息化水平较高，特别是物流货运管理、订单管理、运费管理都有成熟的管理系统，但是没有确定统一的标准体系，对推动行业标准起到重要作用。

案例来源：宋华，伊志宏，张霞，陈思洁，朱亮亮．中国管理案例共享中心案例库．矢链：打造产业互联网区块链金融科技生态．2020．

二、供应链融资的特点

从产业供应链角度出发，供应链金融的实质就是金融服务提供者通过对供应链参与企业的整体评价（行业、供应链和基本信息），针对供应链各渠道运作过程中企业拥有的流动性较差的资产，以资产所产生的确定的未来现金流作为直接还款来源，运用丰富的金融产品，采用闭合性资金运作的模式，并借助中介企业的渠道优势，来提供个性化的金融服务方案，为企业、渠道以及供应链提供全面的金融服务，提升供应链的协同性，降低其运作成本。具体看，供应链金融的特点有：

（1）现代供应链管理是供应链金融服务的基本理念。供应链金融是一种适应新的生产组织体系的全方位金融性服务，特别是融资模式。它不是单纯依赖客户企业的基本面资信状况来判断是否提供服务，而是依据供应链整体运作情况，以企业之间真实的贸易背景入手，来判断流动性较差资产未来的变现能力和收益性。通过融入供应链管理理念，可以更加客观地判断客户企业的抗风险和运营能力。可以说，没有实际的供应链做支撑，就不可能产生供应链金融，而且供应链运行的质量和稳定性，直接决定了供应链金融的规模和风险。

（2）大数据对客户企业的整体评价是供应链金融服务的前提。整体评价是指供应链服务平台分别从行业、供应链和企业自身三个角度对客户企业进行系统地分析和评判，然后根据分析结果判断其是否符合服务的条件。行业分析主要是考虑客户企业受宏观经济环境、政策和监管环境、行业状况、发展前景等因素的综合影响；供应链分析则主要评判客户所在供应链的行业前景与市场竞争地位，企业在供应链内部的地位，以及与其他企业间的合作情况等信息；企业基本信息的评价主要是了解其运营情况和生产实力是否具备履行供应链合作义务的能力，是否具备一定的盈利能力与营运效率，最为重要的就是掌握企业的资产结构和流动性信息，并针对流动性弱的资产进行融通可行性分析。显然，上述所有信息都有赖于大数据的建立，大数据指的是某事物所涉及的数据量规模巨大以至于无法通过人工，在合理时间内达到截取、管理、处理并整理成为人类所能解读的信息的数据。事实上，供应链运行中每一笔交易、每一项物流活动，甚至每一个信息沟通都是数据，通过筛选、整理、分析所得出的结果不仅是简单、客观的结论，更能用于帮助提高企业经营决策。收集起来的数据还可以被规划，引导供应链金融活动的产生。

（3）企业、渠道和供应链，特别是成长型中小企业是供应链金融服务的主要对象。与传统信贷服务不同，供应链金融服务运作过程中涉及渠道或供应链内的多个交易主体，供应链金融服务提供者可以获得渠道或供应链内的大量客户群和客户信息。为此，可以根据不同企业、渠道或供应链的具体需求，定制个性化的服务方案，提供全面金融服务。供应链中的中小企业，尤其是成长型的中小企业往往是供应链金融服务的主体，从而使这些企业的资金流得到优化，提高了企业的经营管理能力。传统信贷模式下中小企业存在的问题，都能在供应链金融模式下得到解决（见表11-2）。具体来讲，在传统金融视角下，中小企业由于规模较小、经营风险大，甚至财务信息不健全等原因，存在信息披露不充分、信用风险高的状况。而且一般观点常常认为由于中小企业道德风险大、存在机会主义倾向，最终使得成本收益不经济。而在供应链金融视角下，上述问题都不存在。一方面，由于中小企业嵌入在特定的供应链网络中，供应链网络的交易信息以及供应链竞争力，特别是供应链的成员筛选机制使得信息披露不充分以及信用风险高这些问题得以解决。另一方面，因为供应链成员都会对其上下游进行严格、动态的监督，而且供应链信息的及时沟通与交换，以及灵活多样的外包合作不仅控制了机会主义和道德风险，而且也降低了运行的成本，大大增强了供应链金融的收益。

表11-2　　　　　传统金融和供应链金融视角下对中小企业认知的差异

传统金融视角下的中小企业	供应链金融视角下的中小企业
信息披露不充分	供应链中的交易信息可以弥补中小企业的信息不充分、采集成本高的问题
信用风险高	供应链成员中的中小企业要成为供应链运行中的参与者或合作伙伴，往往有较强的经营能力，而且其主要的上下游合作者有严格的筛选机制，因此信用风险低于一般意义上中小企业的风险
道德风险大	供应链中对参与成员有严格的管理，亦即认证体系，中小企业进入供应链是有成本的，资格本身也是资产。声誉和退出成本降低了道德风险
成本收益不经济	借助供应链降低信息获取成本，电子化、外包也可以降低一部分成本

三、供应链融资的价值

（一）金融资金的灵活、有效运用

协作投资可能发生在所有的物流职能上，遍及整个物流子系统，像订单处理、持有库存、包装及运输过程。当对不同的投资选择进行决策时，需要同时考虑投资的花费和投资所产生的收益。费用相对来说较易测量，投资所产生的收益有两个维度：货币的和非货币的。像投资在信息及通信设备上的数额则很难计算。当然了，这种投资所创造的价值也是不容小觑的。每个企业都会面临投资在物流职能和流程上的任务。那么在供应链协作环境下的投资有何独特性呢？有两个需要考虑的问题：

首先，协作投资意味着参与者联合投资于某一对象，这当然不是一家企业可以考虑的事，投资备选方案的数量也因而增加了。考虑一家生产型企业：为了加强采购流程，这个公司从其自身角度来说可以投资新建仓库或者引入货物处理流程。与这家企业有着金融协作的最重要的供应商提供了一种新的选择：对供应商分销仓库的联合投资可能更有益于加强企业的采购流程。

其次，现在最好的投资选择是能向所有的协作伙伴提供最高价值的那个方案。这就需要在权衡不同的方案时考虑不同成员的现金流情况。例如，一个供应商面临 A 和 B 两种订单跟踪体系的选择，A 在财务上更具吸引力。但从协作的角度考虑，它的顾客和合作伙伴所使用的体系更接近于 B，B 系统使得其与伙伴发生联系且从顾客的角度来说节省了相当的行政费用。那么协作的结果是 B 将是更好的选择。为了安排个体和协作体之间的最好选择，一个激励的现金转移体系需要在协作伙伴间建立。

最后，协作投资活动的机会的识别（例如，增加的资产消耗）、协作负债管理、协作影响资本成本的方式等，这些都是供应链金融进一步改进的空间，也是未来可深入研究的子课题。

（二）扩大了金融资源的源泉

供应链成员及服务提供商之间所提供的商品和服务需要进行支付，因而产生了融资的需求。一般来说，债权融资和内部融资是两种常用的方式。债权融资有三种形式：长期借贷、短期借贷和信贷替代品。企业债权融资主要受公司的信用等级、证券价格以及债权人的意愿等因素的影响。基于此，由于知识及资本的集中，供应链金融提高了链上成员获得资本及在金融市场上融资的可能性，也因此增加了债权融资的可选择性，改善了链上企业融资的境况。对于商业信贷来说，传统上它是指短期借贷。商业信贷政策会直接影响链上企业的现金周转期。例如，提前 10 天付款可享有 2% 的现金折扣。信贷替代品作为债权融资的第三个支柱为链上成员的融资提供了新的机会。可以想象当金融服务提供商或者物流服务提供商创新地采用一些金融工具，链上企业的财务绩效将会得到改善。

第二节　创业型中小企业供应链融资基本原理与运作框架

　　供应链金融关注的是供应链的不同参与方，这就使得供应链金融不仅包括协作各方，还包括组织部门及事业单位。在供应链协作中，不再有同质性的群体。不同的群体对风险和回报有着不同的偏好。换句话说，需要考虑不同实体间的利益均衡。不同的协作伙伴在法律上是独立的实体，因而它们只对自己的行为负责。也正因为如此，需要证明供应链金融对于每一个特定成员或事业单位都是有益的。具体讲，供应链金融的生态系统可以划分为三个层面（见图 11 - 3），这三个层面的参与者相互影响、相互作用，共同构成了生态系统。

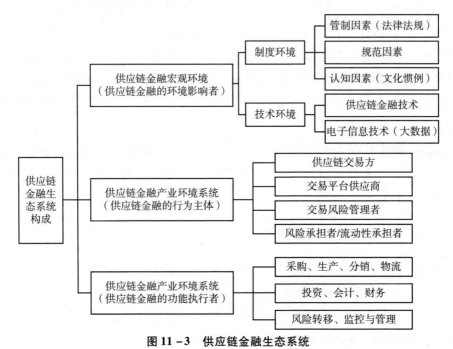

图 11 - 3　供应链金融生态系统

一、宏观层面的环境影响者

宏观层面的环境影响者不是具体指向某个特定的活动主体，而是建构环境或推动环境发展的个体或组织。宏观层面的环境包括了两类。一是制度环境。供应链金融生态环境中最重要的是法律环境，而法律环境（系统）的核心功能在于如何提供对信贷人权利的良好保护。从法律的角度看，供应链金融涉及动产质押及应收账款担保等活动，涉及的法律法规主要包括：《民法典》及担保法司法解释、《合同法》《动产抵押登记办法》和《应收账款质押登记办法》等。供应链金融业务链往往会涉及出质人（资金需求方）、质权人（金融服务提供商）和监管人（第三方物流等）的三角关系。质权人以质物的质量为关注点，有责任对质量做出明确的确认和约定。在实际应用中，质权人常常把质物质量的检验交给其所指定的监管人，多由第三方物流企业来承担。质权人把对质物的保管义务委托给监管人执行，形成一种典型的"委托—代理"关系。在一些商业领域，一般质权人应向监管人支付相应的业务费用，但实际应用中该费用多由融资需求人（出质人）承担。由此可能出现监管人在一定程度上放松对出质人的行为监管，由此而引发质物损没的潜在风险。所有这些制度性因素都是需要关注的重要方面，其中的组织与个体都在塑造供应链金融的环境，并且通过环境对其运行产生影响。

宏观层面的另外一个环境就是技术环境，这种技术环境既包括供应链金融技术，即各种创新性的金融产品和运作技术，更包括了电子信息技术。从某种意义上讲，供应链金融的发展依托完善、发达的电子化的信息技术。一方面这种信息技术帮助供应链金融的各方参与者及时掌握供应链运行的状态、资金运行的效率以及不同阶段存在的风险及其程度；另一方面，信息化的手段本身就是供应链金融的主要内容，诸如电子化的票据等。因此，这些环境的创造者或服务提供者也是供应链金融的参与者。

二、产业（中观）层面的机构参与者

供应链中的产业层面机构参与者被定义为法律及经济上互相独立的组织，这些组织协同参与了供应链金融运行的整个过程。在全球商业研究中心 2007 年的研究报告中，供应链金融中的参与者被分成了四大类，亦即除了供应链的买卖方外，还包括平台提供商（供应链金融支持服务提供者）、交易风险管理者和风险承担者或流动性提供者。

（1）平台提供商（供应链金融支持服务提供者）。在供应链金融中，所谓平台提供商是为风险承担者或者流动性提供者提供必要应用（诸如，电子账单呈现与传递，即票据、应收应付账款等）或基础的主体，它促进了采购订单、票据、应付等文件在供应链买卖双方以及金融机构之间的交换与信息整合，它能使相应的参与方自动及时了解供应链交易的过程和信用（见图11-4）。

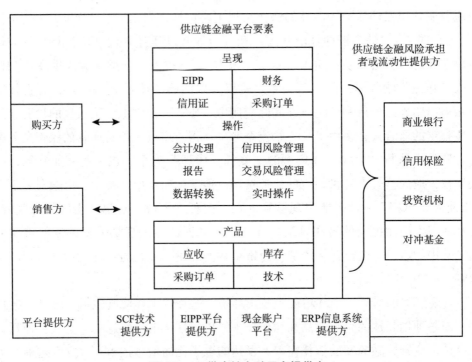

图11-4　供应链金融平台提供方

（2）交易风险管理者。交易风险管理者拥有交易、物流数据、聚合数据，并将整合的数据传递给投资者以做出相应的决策，它将各类不同的经济主体有机地组织在一起从事供应链金融活动，包括供应链买卖双方、第三方物流服务提供商、金融机构以及其他所有相关机构。其功能在于证实数据、整合数据、分析数据以及呈现数据，促进供应链中金融活动的顺利开展（见图11-5）。

具体讲，交易风险管理者承担的主要职责包括这几项活动。第一，物流数据的整合。从某种意义上讲，将物流数据与金融活动相结合是交易风险管理者最主要的职责。在供应链金融运作过程中，追踪物流活动和管理产品物流是供应链金融的关键，物流服务提供商将相应的物流信息传递给交易风险管理者，它需要证

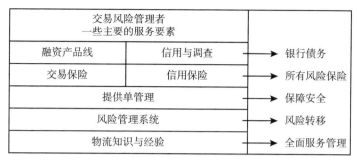

图 11 – 5 交易风险管理者的服务要素与功能

实这些信息的完整性和可靠性，同时整合、分析各方面的信息，将这些加工后的信息传递给风险承担者进行决策。第二，信息技术的推动和大数据的运用。在供应链金融的运作过程中，信息技术和大数据是关键，二者是保障物流信息与金融活动完美结合的基础。第三，交易和信用保险的支撑平台。供应链金融能有效开展，需要运用交易和信用保险转移可能存在的风险，推动资金流在供应链中的有效运行。通过风险管理者的管理活动和整体设计安排，最终能推动供应链中的企业展开融资活动，切实地解决供应链中一些企业，特别是中小企业融资困难的状况。

（3）风险承担者/流动性提供者。风险承担者或流动性提供者是供应链金融中直接提供金融资源的主体，也是最终承担风险的组织。一般而言，这类主体包括商业银行、投资机构、保险公司、担保/保理机构以及对冲基金等。这类参与者一般发挥着三种职能。第一，直接促使资金放贷和信用增强。要实现这一点有两个要素很重要。一是确立供应链金融业务标准，否则这些机构将面对较大风险，因为它们并不直接介入供应链的实际运行，所以，只有确立标准，才能使它们及时监控交易的细节与过程，把握可能存在的风险；二是管理贸易融资与以资产为基础融资之间的冲突与矛盾，即将以往借贷业务中很难开展的资产和业务转化成一种可融资对象的综合解决方案。第二，后台与风险管理。虽然在供应链金融中有交易风险管理者管理风险，但是由于金融机构是最终的风险承担者，所以，它也需要有风险管理体系和手段，这包括交易文件的管理，以及将信用与其他风险管理者结合起来的运作框架等。第三，融资产品条款的具体安排，包括供应链金融产品定价或收益设计等，特别是如何通过供应链金融体系的建立，使供应链参与各方获得相应的利益和回报。值得提出的是，目前有的金融机构正在打造的运营资金整合管理平台（见图 11 – 6），将在供应链金融中发挥着更为重要的作用，甚至会发展成为平台服务提供商和交易风险管理者。

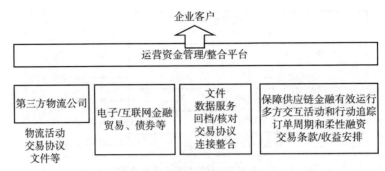

图 11-6　整合运营资金管理

三、微观机构参与者

如前所述，供应链上的宏观机构参与者有着不同的组织及流程。因而，供应链上运营及财务处理过程中所涉及的微观机构将会出现在不同组织中。不仅是企业内部，企业外部与供应链其他成员的交接处也因此处于动态变化之中。通常来说，微观机构参与者包括运营活动所涉及的所有部门（例如，采购、生产、分销及物流单位）。在供应链金融背景下，所有处理资金和财务活动的部门也都囊括了进来。当做出有关投资、会计、财务的决策时，会计部门、控制部门及财务部门也需要被考虑进来。

微观机构的主要职责是处理接口事宜。问题在于哪一级的哪一个部门该负责供应链金融的相应决策及相关任务。供应链管理旨在通过整合创造价值的流程来优化资金、物料及信息的流动。因此，供应链金融关注于管理物流过程中引发的金融职能。供应链金融试图通过协调参与者之间的联合活动来将此想法付诸实践。

第三节　创业型中小企业供应链融资品种

本章将着重介绍并探讨三种传统的供应链金融形态，即销售阶段的应收账款融资、运营阶段的库存融资、采购阶段的预付款融资以及一种新兴的供应链金融形态——战略关系融资。我们重点关注每种交易形态的业务流程与交易单元，从而深度刻画每种形态的具体细节。由于在国内实践中，商业银行相较其他金融机构，是最为主要的供应链金融参与者。因此，本章在论述供应链金融形态时，均以商业银行作为金融机构的代表。

一、应收账款模式

供应链应收账款融资模式是指企业为取得运营资金，以卖方与买方签订真实贸易合同产生的应收账款为基础，为卖方提供的，并以合同项下的应收账款作为还款来源的融资业务。供应商首先与供应链下游达成交易，下游厂商发出应收账款单据。供应商将应收账款单据转让给金融机构，同时供应链下游厂商也对金融机构作出付款承诺。金融机构此时给供应商提供信用贷款，缓解供应商的资金流压力。一段时间后，当下游厂商销货得到资金之后再将应付账款支付给金融机构。

应收账款融资模式一般出现在企业的销售阶段的供应链融资。充分利用企业应收款，盘活资金进行贷款，不但解决企业应收账款多的问题，也不占用资产进行融资，缓解资金压力。具体流程，如图 11 -7 所示。

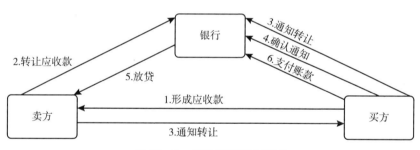

图 11 -7 应收账款融资模式

应收账款融资的主要方式，有以下三种。

（一）保理

保理业务主要是为以赊销方式进行销售的企业设计的一种综合性金融服务，是一种通过收购企业应收账款为企业融资并提供其他相关服务的金融业务或产品。保理的一般做法是，保理商从其客户（供应商或卖方）的手中买入通常以发票形式表示的对债务人（买方）的应收账款，同时根据客户需要提供与此相关的单项或多项服务，包括债款回收、销售分户账管理、信用销售控制以及坏账担保等。对于客户而言，转让应收账款可以获得销售回款的提前实现，加速流动资金的周转。此外，卖方也无需提供其他质押物和担保，对卖方来说压力较小。

（二）保 理 池 融 资

保理池融资指将一个或多个具有不同买方、不同期限、不同金额的应收账款全部一次性转让给保理商或银行，保理商和银行根据累计的应收账款给予融资。对供应商来说，该服务能够充分挖掘零散应收账款的融资能力，同时免去了多次保理服务的手续，提高了融资效率。但保理池融资对保理商或银行的风险控制能力提出了很高的要求。如果不能充分掌控每笔应收账款的交易细节，很容易出现坏账风险。

（三）反 向 保 理

反向保理也称为逆保理，主要适用于与焦点企业有大量稳定贸易往来的小微企业以及客户信用评级比较高的小微企业。通俗地讲，反向保理就是银行与焦点企业之间达成的，为焦点企业的上游供应商提供的一揽子融资、结算解决方案，这些解决方案所针对的是焦点企业与其上游供应商之间因贸易关系产生的应收账款。即焦点企业具有较强的资信实力及付款能力，无论任何供应商保有该焦点企业的应收账款，只要取得焦点企业的确认，就都可以转让给银行以取得融资。其实质就是银行对高质量买家的应付账款进行买断。反向保理与普通保理的根本区别在于：①保理商是对作为供应链焦点企业的买家进行风险的评估，而不是对供应商进行信用评估；②由于对买家比较了解，保理商可以选择买家同意支付的应收账款进行融资，降低了整体风险。

二、库存融资

库存融资又被称为存货融资。库存融资与应收账款融资在西方统称为 ARIF（accounts receivable and inventory financing），是以资产控制为基础的商业贷款的基础。从实践角度出发，目前我国库存融资的形态主要分为以下几类。

（一）静 态 抵 质 押 授 信

静态抵质押授信是指客户以自有或第三人合法拥有的动产为抵质押的授信业务。银行委托第三方物流公司对客户提供的抵质押的商品实行监管，抵质押物不允许以货易货，客户必须打款赎货。静态抵质押授信适用于除了存货以外没有其他合适的抵质押物的客户，而且客户的购销模式为批量进货、分次销售。静态抵质押授信是货押业务中对客户要求较苛刻的一种，更多地适用于贸易型客户。利用该产品，客户得以将原本积压在存货上的资金盘活，扩大经营规模。同时，该产品的保证金派生效应最为明显，因为只允许保证金赎货，而不允许以货易货，而赎货后所释放的授信敞口可被重新使用（见图 11-8）。

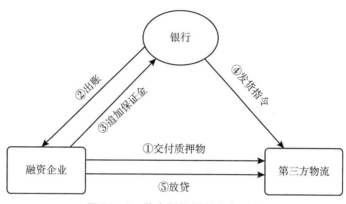

图 11-8　静态抵押授信业务流程

（二）动态抵质押授信

动态抵质押授信是延伸产品。银行对于客户抵质押的商品价值设定最低限额，允许在限额以上的商品出库，客户可以以货易货。这适用于库存稳定、货物品类较为一致、抵质押物的价值核定较为容易的客户。同时，对于一些客户的存货进出频繁，难以采用静态抵质押授信的情况，也可运用该产品。对于客户而言，由于可以以货易货，因此抵质押设定对于生产经营活动的影响相对较小。特别对于库存稳定的客户而言，在合理设定抵质押价值底线的前提下，授信期间几乎无须启动追加保证金赎货的流程，因此对盘活存货的作用非常明显。对银行而言，该产品的保证金效应相对小于静态抵质押授信，但是操作成本明显小于后者。因为以货易货的操作可以授权第三方物流企业进行（见图 11-9）。

（三）仓单质押授信

仓单质押可以分为标准仓单质押授信和普通仓单质押交割授信，其区别在于质押物是否为期货交割仓单。标准仓单质押授信是指客户以自有或第三人合法拥有的标准仓单为质押的授信业务。标准仓单是指符合交易所统一要求的、由指定交割仓库在完成入库商品验收、确认合格后，签发给货主用于提取商品的，并经交易所注册生效的标准化提货凭证。标准仓单质押适用于通过期货交易市场进行采购或销售的客户以及通过期货交易市场套期保值、规避经营风险的客户。对于

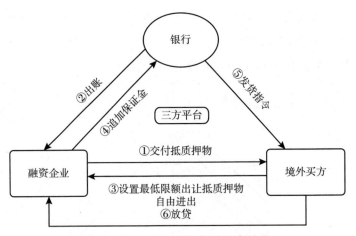

图11－9　动态抵质押授信业务流程

客户而言，相比动产抵质押，标准仓单质押手续简便、成本较低。对银行而言，成本和风险都较低。此外，由于标准仓单的流动性很强，这也有利于银行在客户违约情况下对质押物的处置。

　　例如，对于为公路建设提供钢材的企业来讲，企业手中可能会持有一定量的钢材的期货标准仓单，用以进行风险对冲操作，从而缩减成本及提高利润。但是，这又会在一定程度上占用企业的资金。在这种情况下，银行方面可以为企业提供标准仓单质押业务，用以满足企业的金融服务需求（见图11－10）。

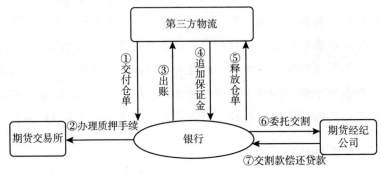

图11－10　标准仓单质押流程

三、预付款融资

　　预付款融资模式是指在上游企业承诺回购的前提下，由第三方物流企业提供信用担保，中小企业以金融机构指定仓库的既定仓单向银行等金融机构申请质押贷款来缓解预付货款压力，同时由金融机构控制其提货权的融资业务。在此过程中，中小企业、焦点企业、物流企业以及银行共同签署应付账款融资业务合作协议书，银行为融资企业开出银行承兑汇票为其融资，作为银行还款来源的保障，最后购买方直接将货款支付给银行。这种融资多用于企业的采购阶段。预付款融资可以理解为"未来存货的融资"，预付款融资的担保基础是预付款项下客户对供应商的提货权，或提货权实现后通过发货、运输等环节形成的在途存货和库存存货。当货物到达后，融资企业可以向银行申请将到达的货物进一步转化为存货融资，从而实现融资的"无缝连接"。

根据已有研究与相关企业实践，预付款融资的主要类型可以归纳为如下几种。

（一）先票/款后货授信

先票/款后货是存货融资的进一步发展，它是指客户（买方）从银行取得授信，在交纳一定比例保证金的前提下，向卖方议付全额货款；卖方按照购销合同以及合作协议书的约定发运货物，货物到达后设定抵质押作为银行授信的担保。

在实践中一些热销产品的库存往往较少，因此企业的资金需求集中在预付款领域。同时，因为该产品涉及卖家及时发货、发货不足的退款、到货通知以及在途风险控制等环节，所以客户对卖家的谈判地位也是操作该产品的条件之一。

对客户而言，由于授信时间不仅覆盖了上游的排产周期和在途时间，而且到货后可以转为库存融资，因此该产品对客户流动资金需求压力的缓解作用要高于存货融资。其次，因为是在银行资金支持下的大批量采购，所以客户可以从卖方争取较高的商业折扣，进而提前锁定商品采购价格，防止涨价的风险。

对银行而言，可以利用贸易链条的延伸，进一步开发上游企业业务资源。此外，通过争取订立卖方对其销售货物的回购或调剂销售条款，有利于化解客户违约情况下的变现风险。另一个好处在于，由于货物直接从卖方发给客户，因此货物的权属要比存货融资模式更为直观和清晰。先票/款后货授信的业务流程，如图 11-11 所示。

（二）担保提货（保兑仓）授信

担保提货是先票/款后货授信产品的变种，即在客户（买方）交纳一定保证金的前提下，银行贷出全额货款供客户向焦点企业（卖方）采购用于授信的抵质押物。随后，客户分次向银行提交提货保证金，银行再分次通知卖方向客户发货。卖方就发货不足部分的价值向银行承担退款责任。该产品又被称为卖方担保买方信贷模式，担保提货适用于一些特殊的贸易背景。比如，客户为了取得大批

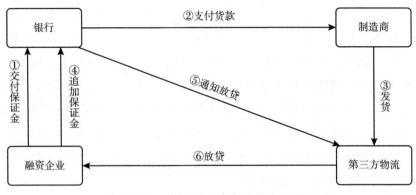

图 11 – 11   先票/款后货授信的业务流程

量采购的折扣，采取一次性付款方式，而厂家因为排产问题无法一次性发货，或者客户在淡季向上游打款，提供上游生产所需的流动资金。并锁定优惠的价格，然后在旺季分次提货用于销售。保兑仓融资模式的提出同样主要是针对商品采购阶段的资金短缺问题。

对客户而言，大批量的采购可以获得价格优惠，"淡季打款、旺季销售"的模式有利于锁定价格风险。此外，由于货物直接由上游监管，省却了监管费用的支出。对卖方而言，可以实现大笔预收款，缓解流动资金瓶颈。同时，锁定未来销售，可以增强销售的确定性。

对银行而言，将卖方和物流监管合二为一，简化了风险控制维度的同时，引入卖方发货不足的退款责任，实际上直接解决了抵质押物的变现问题。此外，该产品中焦点企业的介入较深，有利于银行对焦点企业自身资源的直接开发。

四、战略关系融资

上面介绍的三种融资方式都属于有抵押物前提下的融资行为，因而与原有的企业融资方式存在一定的相似性。然而在供应链中存在着基于相互之间的战略伙伴关系、基于长期合作产生的信任而进行的融资，我们将其称为战略关系融资。这种融资方式的独特之处在于要求资金的供给与需求方相互非常信任，通常发生在具有多年合作关系的战略合作伙伴之间。

战略关系融资的主要形态特点是，银行在融资过程中由于对供应链以及交易关系缺乏了解而仅仅成为资金来源（甚至有些情况并没有银行参与），供应链中的参与企业是融资服务的组织者，目的是通过引入融资加深彼此之间的战略合作关系，为未来的价值创造打下基础。例如，冯氏集团在其新三年计划中宣布，公司正重组其供应商支援服务，准备成立一个专责统筹供应商支援服务的部门，以提高公司全球供应链旗下的工厂及劳工安全、提升标准及优化营运效率。京东也正式发布"JD＋"计划，为新硬件创业公司提供营销、渠道和供应链等多方支持。"JD＋"计划主要包括这几个方面：供应链和营销、技术支持和数据共享、金融服务和投资。在供应链和营销方面，京东可以提供从仓储配送到营销推广诸多环节的帮助，创业公司只需要负责生产出产品，怎么去卖东西可以交给京东解决。创业公司如果愿意做贴牌生产，也可以考虑合作。技术方面，京东和百度都会把自家的云平台开放出来供创业公司用，京东的内部数据因为直接同消费行为相关，对创业公司来说很有价值。京东自己的手机钱包以及虚拟流量也会开放给合作伙伴使用。金融服务方面，加入"JD＋"计划的创业团队，可以在评估之后获得京东提供的小微贷款。基于长期交易关系所提供的融资，一方面可以充分降低融资的风险，另一方面通过提供包含融资在内的多种服务要素，焦点企业能极大改善供应链运营效率，获得竞争优势。战略关系融资业务流程，见图 11 - 12。

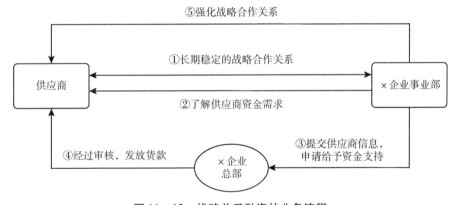

图 11 - 12 战略关系融资的业务流程

第四节 中小企业供应链融资平台

一、供应链融资平台的定义

平台提供商即供应链金融支持服务提供者。在供应链金融中，所谓平台提供商是为风险承担者或者流动性提供者提供必要应用（诸如，电子账单呈现与传递，即票据、应收应付账款等）或基础的主体，它促进了采购订单、票据、应付等文件在供应链买卖双方以及金融机构之间的交换与信息整合，它能使相应的参与方自动及时了解供应链交易的过程和信用。

二、供应链融资平台的种类

（一）以银行为代表的

供应链金融是银行围绕核心企业，管理上下游中小企业的资金流，把单个企业的不可控风险变成供应链企业整体的可控风险，降低风险的金融服务，是商业银行信贷业务的专业领域，也是企业的一种融资渠道。供应链金融一路经历了多个发展阶段，从供应链金融 1.0 中心化，提供主体为银行，以核心企业的信用做支撑的传统供应链金融线下模式。到供应链金融 2.0 线上化，提供主体变为银行和供应链参与者的线上化，再到供应链金融 3.0 即平台化，提供主体变为银行、供应链参与者、平台构建者，通过互联网技术，打造综合性的大型服务平台。最后到供应链金融 4.0 智慧化，提供主体是银行、供应链参与者、互联网金融，相比前三个阶段，4.0 去中心、实时、定制、小额，渗透到整个管理运营环节。从发展历程看出随着科技的进步，供应链金融也在不断地完善，的确能为企业与银行提供更好的帮助。浙商银行针对企业的融资问题打造了三大融资平台，分别是池化融资平台、应收款链平台、易企银平台。

（二）"区块链+供应链金融"服务平台

区块链技术的不可篡改性、可追溯性、共识机制和分布式储存等特点，能够帮助保障商业信息的真实性。习近平主席在中央政治局第十八次集体学习时，强调把区块链作为核心技术自主创新重要突破口，加快推动区块链技术和产业创新发展。传统的供应链金融与区块链技术的融合，具有许多天然的优势。

【案例 11 – 2】

壹诺"区块链+供应链金融"服务平台

壹诺供应链平台是布诺（深圳）科技有限公司基于 BubiChain 自主开发并运营的"区块链+供应链金融"服务平台，即壹诺金融。2017 年 5 月，正式亮相贵阳数博会，7月首家金融机构入驻上链。布诺（深圳）科技有限公司注册资金500万元。布诺科技有限公司积极开发BubiChainV3.0，这是其完全自主研发和拥有众多自主知识产权的区块链底层平台，获得工信部电子五所区块链产品认证，为数十家科研院所和金融机构等客户提供了服务。并在BubiChain基础上建立壹诺供应链平台，通过一支在业务、技术、金融全面的专业团队为客户提供"区块链＋供应链金融"产品设计以及营销和方案实施的服务，成为一家以"技术支撑＋业务咨询＋资源撮合"为业务输出体系的金融科技企业。截至2020年2月，壹诺金融已经有超过20家金融机构入驻，超过180家核心企业上链，共建的经销商超过4 000家，为超过1 100家经销商提供了全方位的供应链金融技术和业务支撑。壹诺金融共有24个区块链节点，覆盖17家不同机构，包括银行和核心企业。已发布资产总额超200亿元，融资余额超30亿元，交易笔数超3万笔，期间无任何交易发生逾期。

　　壹诺金融平台针对A公司的具体情况，迅速提供了解决方案，借助区块链技术，搭建供应链体系内共享账本，供应链上每个参与者的节点按照一致的协议在链上写入数据。同时，在共享账本内按照预设权限规则，企业通过读取节点获得业务相关信息，实现内部数据与外部数据的对接，保证企业经营情况的真实性，实现商流和信息流的互通，如图11-13所示。与壹诺一拍即合后，信息的统一可以帮助更多A公司下面次级经销商进行贷款。"库存成本下降了30%，而且资金的整个运行周期都加快了不少，看来今年扩张战略有底气了。"刘经理感叹道。并且通知了包括李经理在内的众多次级经销商。

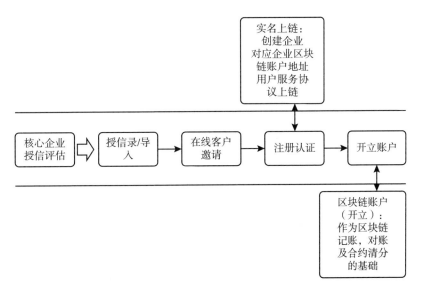

图11-13　壹诺金融企业资产上链过程

　　李经理的 B 公司虽然经营多年，但是还远远未达到一级经销商的条件，传统供应链金融模式下只有少数与核心企业联系紧密且拥有完整财务和贸易数据的一级经销商能够获得资金支持。A 企业向所有的经销商发布了入驻壹诺供应链平台的消息。B 经销商在 A 公司的邀请之下成功上链。借助区块链技术，核心企业 A 在完成凭证登记和凭证审批之后将凭证流转给各级经销商。一级经销商完成凭证签收和进行金额的拆分之后往下一级经销商流转，在最终融资方中完成凭证融资，B 企业获得除去费率之后的贷款金额，流程见图 11－14。上线后，李经理坐在办公桌旁听到 C 银行张经理的耐心解释。"以前凭证不可拆分很难融资，线下即使能够融资差不多也要等上两周，现在不仅能够贷到款，而且在一个小时就能够走完流程，资金问题解决了。"

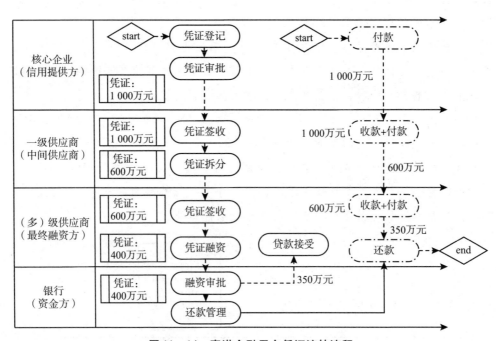

图 11－14　壹诺金融平台凭证流转流程

（三）穿透式供应链金融集成服务平台

　　穿透式供应链金融集成服务平台以物流为基石、供应链金融为手段、电商平台为引擎，建立了以智能寻源、智能预警、智能制造、智能配送等为代表的"智"系列微产品库，打通采购、运输、仓储、融资、销售等各环节，利用金融手段为产业链成员提供全流程穿透式集成服务。该平台打造了"能购""能运""能融""能售""能云"的"五能"供应链金融服务体系，其中"能融"居于核心地位。外部市场内部化的做法实现了全生命周期的物资采购、全状态的智慧物流、全场景的资金融通、全流程的物资售卖和创新式的科技服务，有效规避了市场风险，保证电力物资供应和财务指标的顺利实现。

【案例 11-3】

花好贷：为"三农"企业注入希望

作为 A 公司经营负责人，张经理正在为眼前的难题而头疼不已。在过去四年中，A 公司通过线上线下市场拓展、技术引入等途径在青州市花卉生产和销售行业脱颖而出，继而通过率先打造青州市大型花卉产业园区，与上下游商户形成了稳定发展的供应链条。如今，公司已经是山东花卉行业的领先者，是名副其实的花卉生产和销售业务的冠军，但随着 2019 年春天销售旺季的到来，来自全国线上线下的订单使 A 公司下游商户的业务销量比往年同期增长约 60%，资金需求量大幅增加。商户们由于无力垫支购入花卉货源所需的大量资金，向张经理提出了赊账购货 3 个月的诉求，刚才的电话便来自其中一位商户代表。

"赊？还是不赊？"张经理内心纠结。赊，公司正处于大量投资发展阶段，资金链紧张；不赊，则花卉货源被空置于园区之中，公司和供应链上下游商户都将错过此次市场机遇。如何妥善解决商户们所面临的资金问题、实现产业链共赢成为张经理目前迫切需要解决的问题。

潍坊银行为进一步推动我国三农产业的发展，通过创新技术不断完善涉农产品服务体系，围绕场景金融拓展平台业务，依托青州市百亿规模花卉产业，开发了针对青州花卉市场供需两端商户的线上经营性贷款产品"花好贷"。"花好贷"于 2019 年 3 月份正式在手机银行上线，支持部分流程处理线上进行。同时，客户只要在银行准许开展业务的行政区域范围内从事花卉种植和销售业务，符合准入要求，即可申请贷款。"花好贷"根据线上风控及人行征信、行内数据等手段进行客户线上反欺诈风险验证，客户经理经过考察后将相关资料收集并输入信贷管理系统，系统通过大数据风控模型进行风险测评。该风控模型按照固定算法通过对客户各种数据来源进行多维度交叉验证，评估业务风险，依据风控模型内部设定规则得出授信额度结果和执行利率，从提交全部信息到获知审批结果预计只需要 30 分钟。通过审查后，若实地调研情况与相应信息资料相符，客户可直接在线上签订合同并进行放款操作，待企业资金链状况好转再进行线上还款。该产品在帮助当地从事花卉种植和销售业务的商户缓解融资担保问题的同时，为客户提供了便捷获贷渠道，其高效率授信吸引着越来越多的"三农"企业前来咨询。

然而，由于有的商户线上花卉业务刚刚开始，还没有办法从网上获取大量数据支持，导致部分商户综合信用评分较低。银行客户经理表示，如果依据该结果，银行会认为即使市场前景明朗，商户们也仍存在难以还本付息的风险。正当各商户有些沮丧，准备另寻出路时，客户经理提出可以尝试采用供应链金融融资模式，看是否可以给商户增信。也就是以 A 企业为供应链核心企业，统筹 A 公司和上下游商户的综合信用，将商户个体的不可控风险转变为供应链整体的可控风险，通过提高商户自身价值争取银行贷款许可及额度。其增信原理如图 11 - 15 所示。

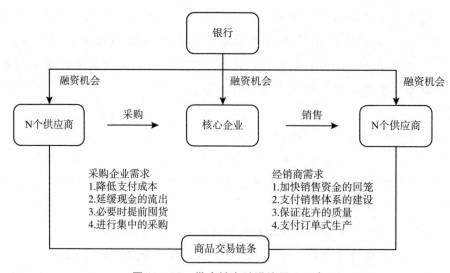

图 11 - 15　供应链金融增信原理示意

A 公司作为青州地区花卉种植和销售行业的龙头企业，具有稳定的市场环境和充足的花卉货源供应，可为各个下游商户提供有力的平台支撑。如果银行对 A 公司信用评级高、与商户之间业务量大且频繁，银行可能会更愿意贷款给各商户，提高授信额度也是有可能的。27 位商户负责人在对供应链金融模式进行了解后，同意了客户经理的提议，表示会充分配合银行的审核工作，进行 A 公司和商户两方面的情况审核，解决融资困境。

案例来源：宋晓华，郭亦玮，余中福，赵彩萍，许嘉桐. 中国管理案例共享中心案例库. 花好贷：为"三农"企业注入希望. 2020.

第五节　创业型中小企业供应链融资成本与风险

供应链金融最大的特点是不需要固定资产抵押，采用自偿性贸易融资方式，这对缺乏抵押品的中小微企业来说，无疑是个好消息。也正因为该模式有助于缓解中小微企业融资难融资贵的问题，国家政策层面对其高度重视。然而理想很丰满，现实很骨感，现实中供应链金融的交易规模并不大。国家统计局数据显示，2016 年，规模以上工业企业应收账款净额为 12.6 万亿元，但 2016 年我国商业保理业务量却仅有 5 000 亿元，仅为净额的 3.97%。供应链金融发展不尽如人意的一个重要原因是目前该业务存在诸多障碍，导致量做不起来。其中，主要问题是风险大、成本高、效率低。

供应链金融涉及信息流、物流、商流、资金流，及相对应的多个参与方，面临的风险主要包括企业主体风险、交易风险、操作风险。企业主体风险包括核心企业信用风险和上下游企业主体风险。供应链金融的基础在于交易，交易风险又称作贸易背景真实性风险，主要指交易关系是否真实，是否有目的诈骗。由于供应链金融过程中存在核验发票、核心企业确权、押品盘点、货值盯市、回款管理等工作，操作风险是指在这些操作中由于漏操作、误操作、操作不准确等所带来的资金损失风险。从现有的经验看，当前供应链金融风险主要集中在交易风险、操作风险上。具体来说，在传统线下模式下，由于技术手段的原因，金融机构对供应链中企业交易背景的真实性并不能完全把握，导致"萝卜章"骗贷，甚至上下游合伙骗贷的案件时有发生。据统计，近年保理业务发生违约风险的业务中，欺诈原因占比高达 94%。此外，还存在着存货虚置、中途人为调换、故意拖延还款等风险。为控制此类风险，金融机构不得不在合同、发票查验，抵押品现场清点、客户资金流向监督等方面花费大量人力物力成本，由此带来供应链金融业务成本居高不下、盈利能力不足的问题。

较大的风险和高企的成本打击了金融机构参与供应链金融业务的热情，很显然供应链金融要获得进一步更大的发展，其关键在于在控制风险、降低成本方面找到新的办法。传统手段如人海战术，发挥作用的空间已不大，金融机构管理层意识到供应链金融业务未来的希望在于业务环节中引入互联网、物联网、区块链等信息技术，实施数字化转型，通过技术手段而非经济手段来降低供应链金融风险和管理成本。而这一思路也正好跟国家近年来所倡导的"互联网＋""信息技术＋”“数字经济＋”战略吻合。

供应链金融作为供应链参与者之间依托金融资源实现商流、物流结合的一种创新行为，必然会受到各种影响供应链运营因素的影响，并且对融资量、融资周期和融资费率产生作用。具体来讲，影响供应链金融风险的因素按照不同的来源和层次划分，可以分为供应链外生风险、供应链内生风险和供应链主体风险三大类。

一、供应链外生风险

供应链外生风险主要是指由于外部经济、金融环境或产业条件的变化，供应链资金流与物流、商流的协调顺畅受到影响从而产生的潜在风险。市场利率、汇率变动导致供应链上企业融资成本上升，或者宏观经济政策调整、法律修订、产业组织等因素导致产品需求中断，供应链增值难以实现，由此引起资金循环迟缓甚至中断的风险。这一类风险尽管不是完全由供应链运营管理者所能决定和管理的，但是在供应链金融业务的实际开展过程中，供应链金融的综合管理者需要实时关注这些因素的变化，以及这些变化可能对供应链金融运行产生的正面或负面影响，进而根据这些因素调整或决策供应链金融业务绩效的三个维度。总体上讲，如果外生风险越大，融资的周期和总量就会越小，费率相应就会偏大。在供应链外生风险的分析过程中，除了自然灾难、战争等不可抗拒的风险因素外，很多风险驱动因素往往与供应链运营的行业、领域密切相关。因此，进行供应链外生风险判断，首先需要对供应链业务所在的领域进行识别，进而确立融资对象（客户）所在的行业，并基于行业领域进行各种外生风险要素分析，形成供应链外生风险程度分析报告，并考虑供应链融资三维决策（见图 11－16）。具体讲，主要的供应链外生风险包括以下几方面。

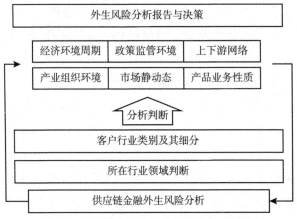

图 11－16　供应链金融外生风险管理流程

（一）经济环境与周期

经济性因素，特别是经济周期性波动是供应链金融活动中应当关注的外生因素之一。任何供应链的运行都是在一定的经济环境下展开的，特别是金融性活动涉及上下游企业之间，以及平台服务商、综合风险管理者和流动性提供者之间密切的合作和经济往来，一旦整个的经济状况出现波动，必然使得其中的环节或者主体所面对的风险增大，从而加剧了整个供应链的资金风险。经济周期波动是指总体经济活动沿着经济增长的总体趋势而出现的有规律的扩张和收缩。在经济的复苏和繁荣阶段，经济上可能出现的一般特征是，伴随经济增长速度的持续和提高，投资持续增长，产量不断提高，市场需求旺盛，就业机会增多，企业利润、居民收入和消费水平都有不同程度的提高，但也常常伴随着通货膨胀。当经济出现下行或者衰退时，投资减弱、产量压缩，市场需求开始出现疲软，与此同时很多不具有强大实力的企业就会面临破产倒闭的风险。造成经济周期波动的原因既有外部的因素。诸如，行业创新性行为、政府政策决策等，也有内部的因素，像银行信用的扩张紧缩、投资、消费、心理等因素，众多成因之间存在错综复杂的交互影响。在不同的社会条件下，众因素之间会产生不同的组合与作用，故周期的具体进程多有不同，经济周期的具体进程反过来对成因亦有重要影响。而所有这些都会对供应链金融活动产生正反两方面的作用。例如，钢铁行业融资业务可能在前几年经济持续上升、基础设施投资巨大、房地产行业发展繁荣时期是一项很好的供应链金融创新；而在目前经济发展放缓、房地产行业萧条时期，此类业务的开展就需要谨慎处理，没有真正良好的市场、信用担保，此类金融活动就会较容易产生巨大的风险。因此，全面细致地分析行业随周期波动程度、波动方向和波动时间对于控制此类风险就显得尤为重要。

（二）政策监管环境

监管环境是制度环境的一部分，管制维度和社会中的法律、政策、规定等由法律权威或者类似于法律权威的组织所颁布的细则有关，它会通过奖励或惩罚来约束行为，这个维度属于工具性质的制度系统。具体来讲，监管环境是指国家或地方的法律和政策对行业的支持或限制，以及其变动的可能性。这对行业的发展具有很大的影响，进而会进一步影响到供应链融资的风险。监管环境对供应链金融的影响通常是比较确定的，一般而言，应该避免将贷款投放到监管不健全，或是国家地方政策限制发展的行业或领域。相关的法律和政策环境对一个行业的发展有着重要的影响，同时也影响着企业的生存环境，并可直接或者间接地体现在企业的财务报告中。如果是被法律和政策限制的行业，必然会对企业的发展产生极大的消极影响；而如果是国家鼓励发展的行业，则可能享受诸如税收优惠等多方面的支持。

（三）上下游网络稳定与力量均衡分析

在外生分析的因素中，上下游网络的稳定和力量均衡也是需要关注的要素。波特（1980）在分析产业结构的过程中，就曾指出"供应商们可能通过提价或降低所购产品或服务质量来向某个产业中的企业施加压力。供应商压力可以造成一个产业因无法使价格跟上成本增长而失去利润"。显然，上下游之间的力量均衡和稳定对于供应链金融具有很大的影响，如果某行业对其他行业依赖性过大则此行业的信贷风险此时不仅包括该行业的风险，还应包括与其关联行业的风险，因此依赖性对行业分析的影响也比较大。具体来讲，上下游网络稳定和力量均衡分析应当包括上下游集中化的程度和对比、替代品的程度、上下游相互之间的重要程度、上游投入业务的重要程度、上游差异化程度、转换成本从上游向下游延伸一体化的程度等。

二、供应链内生风险

供应链内生风险主要是供应链内在的结构、流程或要素出现问题而导致的潜在金融风险，显然，这是供应链组建和运行不当所产生的风险。供应链上的各个环节、流程、要素以及参与主体相互关联、相互依存，一旦中间出现问题或障碍，就可能波及整个供应链体系。朱特等学者（2003）的研究认为，供应链内生风险的产生有三个原因。一是由于供应链中企业的供需界限变得模糊，为了集中于核心能力，企业大量采用外包获取外部的生产资源、分销资源和物流资源，这种网络化的行为可能会混淆责任的界限，出现断货或过度仓储等现象；二是供应链中复杂的力量有时会导致供应链"混乱效应"，这种"混乱效应"来自供应链的过度反应、非必要性的介入、不信任以及信息扭曲等原因；三是供应链结构和系统的惯性，亦即固有供应链体系使得供应链的结构和运作模式难以应对环境和市场的变化，因为供应链新体系的建立往往是以成本的上升为代价。而整个供应链体系运行的状态又会对企业信用评价产生影响。供应链的运营状况良好，交易风险较小，就可以弱化链内企业的综合信用风险，融资的总量将放大、融资周期延长，而费率下降；反之，则会加剧链内企业的综合信用风险，使其信用状况恶化，融资的代价增大，而融资量和融资周期下降。从流程上讲，首先需要对产业链进行分析，产业链是一个行业上下游的经营结构和状况，它反映了一个产业纵横向发展的程度，也是价值链和供应链分析的基础和前提；其次在产业链分析的基础上进行价值链分析，价值链最早是由波特（1980）提出的，即企业的价值是由相互不同但是互为关联的价值活动组成的。也就是说需要分析产业链中价值产生、形成和流动的状态。在此基础上，进一步深入分析了为了实现价值过程而转变为组织化的供应链网络状况。上述两个大方面的供应链分析，直接对融资总量、融资周期和融资费率产生作用（见图11-17）。

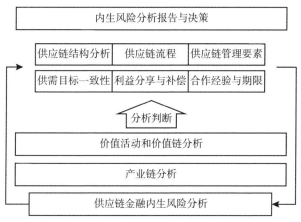

图 11-17　供应链金融内生风险分析流程

（一）供应链结构分析

供应链结构分析主要是对企业供应链的组织方式和各自的空间位置进行分析。也就是说，一个企业的供应链是如何构成的，采用什么样的方式，供应链参与者以及供应链金融的推动者（平台服务商、综合风险管理者以及流动性提供者）所处的位置和发挥的作用。供应链的结构是开展供应链金融的基础，如果供应链结构设计有问题，金融性活动就会存在巨大的风险。在供应链结构分析中，一方面需要对供应链中的上下游企业结构进行分析，特别是融资对象在供应链生态中的作用。如果焦点企业在供应链群体中处于关键的协调和管理地位，其特征就决定了供应链整体的特征。一般来说，供应链内焦点企业具有实力雄厚、产品开发能力强、市场占有率高和信誉良好等特点。因此，其所在的供应链群体的行业与市场地位就相应地处于优势地位。另一方面还需要对供应链金融活动推动者在供应链结构中的地位进行分析。例如，平台服务商能否真正为企业供应链运行提供完整、全面的信息化服务，切实地掌握供应链运行的细节。此外，综合风险管理者能否了解供应链运营参与方的状况，把握其收益的来源，掌握潜在风险的程度等，都对供应链金融的有效开展发挥重要的作用。

（二）供应链流程分析

除了技术上的信息系统和网络平台的支持外，供应链金融高效和持久运作还依赖于综合需求和客户关系管理、供应商关系管理、物流服务传递管理、复合型的能力管理、资金和融资管理等主要流程的整合与协调，达到有效控制客户需求、生产过程及供应商绩效的目的。能力管理是对成员的技术能力和服务质量进行组织的过程，它是企业供应链实现竞争差异化的要素之一。而要实现对客户需求的快速反应，还依赖于在需求管理中对客户多变的需求进行预测和计划。关系管理包括了客户关系管理和供应商关系管理两方面。客户关系管理需要对客户需求进行全面的开发和理解，同时集中资源和能力来满足这些需求，其内容包括客户细分和客户关系的监管。作为供应链运作的推动力，还应该包括快速的响应和应变能力以确保客户的需求得到及时和全面的满足。当然，客户价值的实现还需要整个链条上各参与方的合作和协同，需要供应商关系管理来辅助，包括了从供应商的选择、评价、协约到管理的多项管理活动。此外，为了实现整条服务供应链的共同发展和进步，供应链焦点企业还必须具备有效协调各节点间的竞合关系的复合型能力，同时协调内部能力与外部资源，使各参与方在整个供应链获益的基础上实现自身的发展，及时有效地传递集成化服务。所有上述要点都是需要评价的关键流程，否则，供应链流程上的失误就会导致供应链金融的巨大风险。

（三）供应链管理要素分析

供应链运营的水平以及流程的顺畅性还与供应链的组织管理能力密切相关，组织管理能力越强，供应链越趋于稳定，运营的质量较高；反之，即便初始的供应链结构和流程设计较好，之后也会产生诸多问题。组织管理能力包括计划与控制、组织结构、管理方法、领导力、风险与收益管理、企业文化等。对运营的计划与控制是使组织或者供应链向理想的方向前进的关键，联合计划的程度对供应链的成功有很大影响，而运营控制则是衡量供应链成功与否最好的绩效工具。组织结构涉及个人、企业和供应链，其中交叉功能小组的运用体现了一种流程方法。当这些小组跨越组织边界时，也就从更大程度上整合了供应链。此外，权力的运用、风险和收益的共享都会影响到渠道成员的长期承诺，此二者对于员工评价以及如何使他们参与到企业管理过程中也很重要。以上这些可以归纳为两类，一类是物质和技术方面，包括了有形的、可测得和容易改变的部分；二类是管理和行为方面，这些部分是无形的，而且通常不易评估和改变。两方面互相影响，都对供应链结构和流程实现起着重要的支持和辅助作用，进而影响到了供应链金融运行的风险。

三、供应链主体风险

供应链主体分析主要是对供应链焦点企业（或者说融资需求方）本身的调查和分析，其目标是为了防止在供应链金融活动中，融资需求方或关联企业采取机会主义行为，从而使金融活动组织者或者某一方产生巨大的损失。机会主义行为普遍存在于商业交易中。威廉姆森将机会主义定义为"为了追求自我利益最大化，主动或被动、事前或事后出现的说谎、欺骗，或是提供不完全或扭曲信息的行为"。机会主义是驱动交易成本理论的一个重要的行为变量。交易成本理论将组织理论与契约理论结合在一起，用来预测和解释伴随着企业间的交易出现的各种不同的组织治理结构，以及发展和理解不同系统的比较优势。此外，还要了解企业经营者或合作对象的素质和信用，是否符合供应链金融长期合作的要求（见图 11 – 18）。

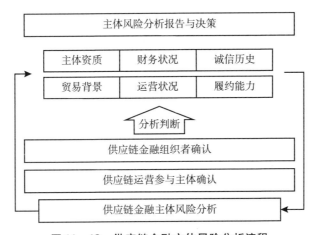

图 11 – 18　供应链金融主体风险分析流程

（一）主体资质分析

主体资质指的是行为主体的资源能力，以及其在行业或领域中的地位。从供应链融资的服务对象讲，主要是该企业的经营资源和能力，特别是该企业抗拒行业变动和风险的能力，如果融资对象的能力有限（包括技术、生产等能力），而融资总量过大，或者融资周期过长，相应的风险就会很大。例如，2008 年，受全球金融危机的影响，某省钢铁生产企业 A 公司资金链断裂，企业资产被法院保全。这对下游钢铁经销商 W 公司打击巨大。A 公司是一家民营钢铁企业，年产量为 90 万吨，是 W 公司的钢材供应商之一。9 月底 W 公司刚向 A 公司预付了四季度钢材款 2 500 万元，而当时只提取了价值 500 多万元的货物，尚有 1 900 多万元货物未提。W 公司的融资银行也同时得到此信息，因为 W 公司以厂商银业务模式（即"厂商一票通业务"）从银行取得融资 1 750 万元。W 公司和融资银行当天派人赶到某省，可是为时已晚，A 公司所有资产被其他债权人向法院申请保全。显然在这一事件中，融资对象的选择不够慎重，A 公司是民营钢铁企业，年产量仅为 90 万吨，在钢铁行业中排名靠后，没有竞争优势，经不起行业洗牌。从供应链金融的组织者角度来讲，主体资质涉及不同参与者的能力。诸如，平台服务提供商是否具有信息整合、管理和沟通的能力，综合风险管理者是否具备连接各方利益，周密设计融资流程，管理、控制交易和物流过程，管理风险的能力。流动性提供者能否具备与综合风险管理者沟通、协调并且参与风险管理的能力等。

（二）财务状况

在供应链金融中，尽管金融产生的基础是供应链运营中的贸易过程和物流过程，而不完全依据企业的财务报表和财务指标，特别是对于很多中小型企业，往往很难凭借其财务报表进行风险判断和管理，但是财务状况分析仍然是必要的，包括分析企业的盈利率和资金运作效率。财务分析中的一项关键任务是对客户企业的资产状况进行全面分析，了解企业的资产组成，确定各项资产的流动性状况，尤其是流动资产的各项内容，分析企业各项资产的流动性是否满足企业正常运营的需求。一旦资产不能满足流动性要求，或者融资的资金总量和周期超越了正常生产经营所需要的程度，则需要加以关注。甚至企业的财务表现大大超过了行业平均利润率或业绩，也需要深入加以调查，防止企业套取资金用于其他非正常性投资或活动。

（三）诚信历史与现状

诚信是开展供应链金融的基础和前提，供应链参与方或金融组织者如果没有良好的诚信，供应链金融活动就会产生巨大的危机。然而这一问题也是目前中国开展供应链金融的最大障碍，一是目前在资金市场上尚无完善的征信和信用管理体系，特别是中小企业的征信较为困难；二是由于政策执行上的不尽完善，使得违约的代价不足以抵清违约行为所获得的利益。所有这些都使得诚信管理变得异常困难。正是因为这样，建立有效的信用识别体系显得尤为重要，而这种诚信体系的建构不仅包括对中小企业基本素质、偿债能力、营运能力、盈利能力、创新能力、成长能力、信用记录以及行业状况等影响因素的考察，还包括对企业所处供应链的整体运营绩效、上下游企业的合作状况、供应链的竞争力及信息化共享程度等因素的综合评价，甚至还要关注中小企业所有者在社会网络中的地位、关系等。也就是管理学中谈到的"社会资本"，它是一个企业为了实现其商业价值所构建的企业与其外部利益相关者之间的各种关系网络的统称，这种关系网络的状况也反映了一个企业被利益相关者所接受的程度，以及可以运用的社会资源的多少，只有建立起这样的信用管理体系才能更加全面、系统、客观地反映处在供应链中的中小企业的综合信用状况。

本章小结

本章综合梳理了供应链金融的具体交易单元和融资形态。以应收账款融资、库存融资与预付款融资为代表的自偿性贸易融资方式在供应链金融中发挥了中流砥柱的作用。由于有着较为成熟的运作模式和产品设计，银行能够将风险控制在一定限度内。因此，以上三种融资方式在国内得到了广泛的运用。战略关系融资是未来供应链金融理论与实践发展的新方向，也是进一步提升供应链价值创造能力的新源泉。但同时出现了"泛互联网金融""泛供应链金融"现象，这不仅没有对产业实体经济产生正面影响，反而极大危害了经济的有序运行，也造成互联网金融领域的混乱。如何认识这些系统性的供应链金融风险，特别是产生投机性金融行为的制度、产业和环境因素，包括虚假的金融行为方式，已经成为保障供应链金融良性发展的关键。

本章思考题

1. 请谈谈自己对供应链金融的内涵及其实践的理解。
2. 阐述不同类型的供应链融资模式有什么样的特点。
3. 请简要分析供应链金融存在哪些风险，对于中小企业考虑供应链金融时应当注意哪些？

本章案例分析

供应链金融数字化助力永辉超市

2014 年，零售行业资本之间的角逐愈演愈烈，零售巨头家乐福、麦德龙、沃尔玛开始布局三、四线城市，如果永辉超市不积极应对，那么将面临市场份额的逐步萎缩的局面。未来几年，永辉要想突出重围，开发新的地区市场必不可少，这需要供应商的协同配合，但是供应商们能否跟上永辉的节奏，继续与永辉合作？

广发银行为永辉超市与供应商提供了解决方案，广发银行利用互联网技术将现金管理系统连接到永辉的供应商服务系统，实行一体化管理。供应商们在供应商服务系统"供零在线"上进行交易信息处理、货物管理和资金流转，永辉将"供零在线"交于广发银行运行。广发银行通过平台数字化技术，可以实时获取授信对象的现金流、物流、信息流的信息，并且基于大数据分析和云计算技术可以对供应商的交易数据、资金流转情况进行分析、统计，动态地调整供应商的授信额度，识别风险（见图 11−19）。

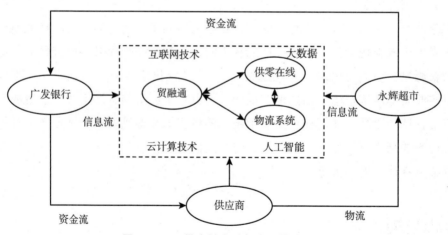

图 11−19　供应链金融数字化模式运作

首先，确定融资对象，永辉以优先解决与永辉合作关系稳定，且自身经营状况良好的供应商的资金难问题为出发点，确定了食品用品类供应商成为本次优先获得授信的客户，并根据食品类供应商对永辉超市的年供应量和年收入确定目标对象，再将目标对象依据销售经验、渠道控制能力、企业销售能力分为 A、B、

C 三个等级，分别确定单户最高授信额度和非抵押授信额度。其次，永辉与供应商利用供应商服务系统完成应收账款类质押融资。由于永辉超市从下单、配货、结算全部为线上操作的运营模式，所以永辉超市与供应商的交易数据做到可查、可溯，应收账款单据全部为电子化单据不可轻易篡改，显著减少了由于存在信息不对称而产生的风险。再次，广发银行利用互联网技术将现金管理系统连接到永辉的供应商服务系统，实行一体化管理。广发银行通过平台数字化技术，可以实时获取授信对象的现金流、物流、信息流的信息。最后，广发银行在为以永辉为核心的供应链金融数字化系统中，可以通过技术手段有效地降低操作风险。

自 2014 年借助供应链金融数字化模式，永辉的应付账款期限延长，资金使用成本明显降低，并且永辉线下竞争格局得到优化，市场占有率快速提升。同时，由于永辉为上游中小型供应商提供担保，做信用背书，供应商的资金收回时间也明显缩短。

案例来源：李唯滨，侯宇，王野. 中国管理案例共享中心案例库. 供应链金融数字化助力永辉超市——融合共享、成于至善. 2021.

案例思考题

1. 在本案例中，永辉超市为什么选择供应链金融数字化这种融资模式？

2. 供应链金融数字化具体有哪几种模式？在本案例中采用的是何种模式，是如何运作的？

3. 核心企业永辉超市在本案例中发挥什么作用？在当下大数据技术、云计算、区块链等技术广泛应用的背景下，你对核心企业在供应链中的作用以及供应链金融数字化模式未来的发展有怎样的思考？

参 考 文 献

［1］保罗莱昂，詹弗兰科·A.托.信用担保机构与中小企业融资［M］.北京：中国金融出版社，2013.

［2］陈怡西.中小企业集合债券法律制度研究［M］.北京：法律出版社，2020.

［3］陈萍，潘晓梅.企业财务战略管理［M］.北京：经济管理出版社，2010.

［4］程继爽，程锋."对赌协议"在我国企业中的应用［J］.中国管理信息化（综合版），2007（5）：49-50.

［5］胡华成.企业金融：策略、流程、案例一本通［M］.北京：电子工业出版社，2020.

［6］黄福广，柯迪，张振泽，等.多轮次融资对创业企业价值的影响机制研究——以启奥科技为例［J］.管理案例研究与评论，2019，12（1）：26-40.

［7］韩金涛.实物期权法在新能源企业并购估值中的应用［J］.现代商业，2021（27）：49-51.

［8］蒋越.农业上市公司财务可持续增长研究［D］.合肥：安徽农业大学，2021.

［9］孔令学，张文亮，王静.破解融资困局：中小企业融资渠道、政策、实务［M］.北京：中国市场出版社，2016.

［10］黎精明，兰飞，石友蓉.财务战略管理［M］.北京：经济管理出版社，2017.

［11］李文婧.基于财务战略矩阵的TCL集团财务战略研究［D］.上海：东华大学，2021.

［12］梁怡.专利权质押融资创新发展［M］.成都：西南财经大学出版社，2023.

［13］刘云.创业企业定价方法研究［J］.价格理论与实践，2010（11）：74-75.

［14］廖连中.企业融资：从天使投资到IPO［M］.北京：清华大学出版社，2017.

［15］李有星，冯泽良．对赌协议的中国制度环境思考［J］．浙江大学学报（人文社会科学版），2014，44（1）：159－167．

［16］吕思颖．基于财务战略矩阵的申通快递财务战略研究［D］．大庆：东北石油大学，2023．

［17］刘元浩，王松江．基于随机利率的PPP项目无套利均衡估值［J］．系统工程，2023，41（3）：102－113．

［18］马铂伦．企业融资Ⅲ：从股权估值到上市后管理［M］．北京：清华大学出版社，2021．

［19］孟韬，徐广林．专利申请、创业融资与独角兽企业估值及成长性［J］．科学学研究，2020，38（8）：1444－1450，1472．

［20］宁静，杨景岩，杨淑飞，等．浅谈盈利补偿协议与对赌协议的区别［J］．财务与会计，2013（1）：50．

［21］人民网．徐州举行"343"创新产业集群四链融合对接会24个优质项目现场签约［EB/OL］．（2023年8月15日）．http：//js. people. com. cn/n2/2023/0815/c360301－40532504. html

［22］沈俊．创业融资：理论、工具及实践［M］．上海：上海财经大学出版社，2020．

［23］宋立丰，祁大伟，宋远方．中国新兴独角兽企业估值比较基础与分析框架［J］．科技进步与对策，2019，36（3）：70－76．

［24］吴瑕，千玉锦．中小企业融资：案例与实务指引［M］．北京：机械工业出版社，2021．

［25］汤谷良，刘辉．机构投资者"对赌协议"的治理效应与财务启示［J］．财务与会计，2006（20）：33－36．

［26］王静．基于可持续发展的中小型上市公司财务战略研究［M］．北京：经济科学出版社，2014

［27］吴瑕，千玉锦．中小企业融资：案例与实务指引［M］．北京：机械工业出版社，2022．

［28］杨宜．中小企业投融资管理（第二版）［M］．北京：北京大学出版社，2022．

［29］王茵田，黄张凯，陈梦．"不平等条约？"：我国对赌协议的风险因素分析［J］．金融研究，2017（8）：117－128．

［30］肖菁．对赌协议与企业财务绩效的关系分析［J］．财会研究，2011（1）：42－43．

［31］谢海霞．对赌协议的法律性质探析［J］．法学杂志，2010，31（1）：73－76．

［32］项海容，李建军，刘星．基于激励视角的对赌合约研究［J］．上海经济研究，2009（3）：92－98．

［33］徐利飞，王雪娇．储能企业价值评估模式研究——以宁德时代为例［J］．会计之友，2022（15）：18－25．

［34］谢冰，蔡洋萍，欧阳飞雪．新常态下科技型中小企业的融资：理论、策略与实践［M］．北京：中国经济出版社，2016．

［35］杨英，崔文琴．数字化转型背景下中国农业上市公司估值分析——来自A股农业上市公司的经验数据［J］．河北北方学院学报（自然科学版），2023，39（7）：43－49．

［36］姚文韵．公司财务战略—基于企业价值可持续增长视角［M］．南京：南京大学出版社，2011．

［37］杨明宇．私募股权投资中对赌协议性质与合法性探析——兼评海富投资案［J］．证券市场导报，2014（2）：61－71．

［38］张陆洋，钱瑞梅．关于科创企业估值难点的思考［J］．安徽师范大学学报（人文社会科学版），2019，47（4）：104－110．

［39］张波，费一文，黄培清．"对赌协议"的经济学研究［J］．上海管理科学，2009，31（1）：6－10．

［40］中国注册会计师协会．公司战略与风险管理［M］．北京：中国财政经济出版社，2023．

［41］张淼．股权融资：理论、案例、方法一本通［M］．北京：电子工业出版社，2017．

［42］中国注册会计师协会．财务成本管理［M］．北京：中国财政经济出版社，2023．

［43］中国注册会计师协会．公司战略与风险管理［M］．北京：中国财政经济出版社，2023．